영혼을 훔친 황제의 금지문자

中國文字獄
作者：王業霖
copyright ⓒ 2007 by 中國花城出版社
All rights reserved.
Korean Translation Copyright ⓒ 2010 by Vision B&P Co. Ltd.
Korean edition is published by arrangement with 中國花城出版社
through EntersKorea Co., Ltd, Seoul.

문자옥文字獄, 글 한 줄에 발목 잡힌 중국 지식인들의 역사

금지문자

왕예린 지음   이지은 옮김

애플북스

시작하면서

‘문자’는 문명사회의 이기이지만 때로는 부메랑처럼 독이 되어 돌아오기도 한다. 한 시대를 풍미하던 지식인들 역시 이 ‘문자’에 발목 잡혀 고초를 치르거나 목숨을 잃기도 했다. 중국에서는 문자나 글 때문에 화를 당하는 일을 ‘문자옥文字獄’이라 일컫는다. 루쉰이 쓴 아래의 시는 ‘문자옥’의 속성을 잘 보여 준다.

弄文罹文網, 抗世違事情

積毀可銷骨, 空留紙上聲.

글을 쓰다 글의 덫에 빠지고, 세상에 저항하다 세속 인정과도 멀어지네

　중국 역사에서 문자로 말미암은 '감옥', 즉 문자옥의 사례가 처음 등장하는 것은 춘추春秋시대 제齊나라 장공莊公, 기원전 554-548 때의 일이다. 제나라의 대부大夫 최서崔杼가 왕인 장공을 살해하고 권력을 쥐었다. 하늘을 찌를 듯한 최서의 기세에 아랑곳없이 당시 태사太史(사관史官)는 최서가 왕을 시해했다며 사실을 있는 그대로 담담하게 기록했다. 자신을 비난하는 글을 본 최서가 그냥 지나칠 리 없었다. 화가 머리끝까지 난 최서는 그 자리에서 태사를 처형하라고 명하고 그의 동생을 후임으로 임명했다. 하지만 죽은 형을 대신해 태사의 자리에 오른 동생도 붓을 굽히지 않고 최서의 죄악을 그대로 적어 결국 형과 같은 화를 당하고 말았다. 세 번째로 태사의 자리에 임명된 사람은 그 가문에 남아 있는 마지막 사내였다. 하지만 그 역시 죽음을 두려워하지 않고 최서가 왕을 시해했다고 기록했다. 그러자 최서는 그 강직한 모습에 오히려 겁을 먹고 더는 태사의 목을 치지 못했다.

　한편 고향에 은거하던 또 다른 사관 남사씨南史氏는 태사들이 잇달아 죽어나간다는 소식에 "들판에 난 불은 모든 것을 다 태워버리지만 봄바람이 불면 들판에는 또다시 새싹이 자란다野火燒不盡 春風吹又生"며 죽간을 들고 죽을 각오로 도성을 향해 길을 나섰다. 도중에 마지막 태사는 살아남았으며 사실대로 역사를 기록했다는 이야기를 듣고는 비로소 고향으로 돌아갔다고 한다.

　문천상文天祥의 《정기가正氣歌》에 수록되어 있는 이 이야기는 '문자옥’의 특성을 잘 보여 준다. 즉, 문자옥이 정치와 떼려야 뗄 수 없는 관계를 맺고 있으며, 문자옥의 피해자인 문인들은 비록 붓밖에 가진 것 없는 나약한 처지지만 죽음의 공포에 맞선 채 붓을 굽히지 않았다는 사실이다. 아무리 광폭하고 무자비한 문자옥도 역사의 진실과 그것을 지키려는 문인들의 정신을 영원히 가둘 수는 없었다.

인류 역사에 남아 있는 ‘문자옥’에는 동서고금을 불문하고 관통하는 특징이 있다. 바로 ‘문자옥’이 ‘권력’의 이익에 반하는 ‘사상’을 단죄하기 위한 도구로 활용됐다는 점이다. 이른바 ‘사상죄’다.

공자孔子는 ‘사상죄’로 처벌해야 할 ‘4가지 행위四死’를 제시했다. 첫째, 교묘한 말솜씨로 규율을 어기고, 이름에 기대어 기존 질서를 함부로 무너뜨리며 부정한 길에 빠져 정치를 혼란케 하는 자는 죽음으로써 그 죄를 묻는다. 둘째, 어지러운 소리나 기이한 복장, 기묘한 잔재주나 물건으로 윗사람의 마음을 어지럽게 하는 자는 죽음으로써 그 죄를 묻는다. 셋째, 거짓으로 행동하고 거짓말을 늘어놓으며, 널리 배우지도 못하고 자랑할 만한 도리도 하지 못하면서 함부로 대중의 마음을 미혹시키는 자는 죽음으로써 그 죄를 묻는다. 넷째, 귀신이나 무당, 점으로 대중의 눈을 가리는 자는 죽음으로써 그 죄를 묻는다.

시詩 300편을 통해 사상에 대한 심의와 문자에 관한 심사 규정을 제정한 공자는 어떻게 보면 ‘사상죄’의 틀을 만든 셈이다. 하지만 공자 역시 가해자가 아니라 피해자였다.《공자가어孔子家語》의 기록을 보자.

조趙나라 간자簡子가 자신의 심복에게 천하를 제패하겠다는 야망을 털어놓으며 이렇게 말한다.

"조나라의 독주瀆犫, 진晉나라의 탁명鐸鳴, 노魯나라의 공구孔丘(공자) 세 사람은 과인이 천하를 얻는 데 방해가 되는 인물이다. 이 세 사람을 모두 죽일 수만 있다면 천하에서 그 누가 감히 나에게 대항할 수 있겠는가?"

이후 조간자는 독주와 탁명, 공자에게 높은 관직을 주겠다며 조나라 땅으로 불러들였다. 조나라에서 멀리 떨어진 노나라에 있던 공자보다 독주와 탁명이 먼저 조나라 땅에 들어가 벼슬을 얻었다. 하지만 얼마 지나지 않아 조간자는 작은 실수를 꼬투리 삼아 두 사람을 가차 없이 처형했다. 한편 공자는 조나라로 향하던 길에 독주와 탁명이 처형당했다는 소식을 듣고는 유유히 흐르는 강물 앞에서 긴 한숨을 내쉬었다.

"자고로 군자는 같은 처지의 사람이 불행한 일을 당하면 슬퍼한다는데, 지금 내가 나와 같은 처지의 사람들을 죽였으니 어찌하여 이리 되었는가?"

자신이 정한 '사사四死' 규정이 조간자가 독주와 탁명을 죽이는 빌미가 되었다는 사실에 공자는 깊이 탄식하며 스스로를 원망했다. '어찌하여 이리 된 것인가?', '누가 그런 것인가?'

역사 속에서 살펴보면 문자옥을 만든 사람도, 희생된 사람도 지식인이었다. 지식인들은 자신의 앞길을 방해하는 사람을 체포하거나 밀고하기 위해 교묘한 말로 없는 죄를 덮어씌우고 그를 사지死地로 밀어 넣었다. 때로는 달콤한 말로 기득권자의 마음을 사로잡은 후 반역을 일으켜 권력을 손에 넣기도 했다. 배움이 남다르면 관직에 올라 천하를 평안하게 해야 한다는 의무감에 사로잡혔던 지식인들은 붓을 칼 삼아 치열한 전쟁을 벌였다. 이 모든 것은 생존을 위한 것이었다. 자신이 살기 위해 남을 죽여야 한다면 반대로 내가 남의 손에 죽음을 당하는 것도 지극히 자연스러운 일이었다.

권력의 힘은 짧지만 글의 힘은 천 년이 지나도 사라지지 않는다. 문자옥은 권력과 글의 알력이 빚어낸 감옥이다. 2,000년이 넘는 중국 역사 속에서는 어떤 문자옥들이 세워지고 허물어졌을까? 필자는 중국 역사를 종횡무진하며 흥미롭고 의미 있는 문자옥의 사례들을 꼼꼼하게 살폈다. 덕분에 이 책은 중국 역사의 전체적인 흐름 속에서 특기할 만한 문자옥을 가려 뽑아 현대적인 표현과 관점으로 다룬 첫 책이 되었다.

이 책은 방대한 중국 역사를 보기 쉽게 정리하고 자칫 어렵게 여겨질 수 있는 역사적 사건을 재미있게 풀어 쓴 책이다. 통사적 체계 속에서 각 시대를 대표할 만한 의미 있는 문자옥들의 배경과 전개과정을 쉽고 흥미롭게 풀어내기 위해 노력했다. 아울러 역사 속 인물들의 인간적인 매력과 현재를 살아가는 우리에게 시사하는 교훈까지 함께 이야기하고자 했다.

이제, 중국 역사에서 '문자'가 어떻게 '죽음의 도구' 혹은 '좌절의 상징'이 되어왔는지를 살펴보자. 이를 통해 문자가 가진 힘과 그 영향, 이를 지키고 혹은 빼앗으려 했던 인물들의 정치·문화적 배경과 심리도 짐작해볼 수 있다. 무엇보다 보이지 않는 문자의 힘이 한 인간의 삶을 어떻게 바꿔놓았는지, 그 흥미진진한 이야기가 펼쳐진다.

차례

지식과 문화를 짓밟는 권력은 오래가지 않는다

중국 역사상, 가장 가혹하고 거대한 문자옥을 만든 사람은 진秦나라 시황제始皇帝일 것이다.

그는 지식인의 글에 관심을 기울이며 그들을 탄압하고 무자비하게 살육했다. 그가 저지른 분서갱유焚書坑儒는 중국 역사상 가장 악명 높은 문자옥이다.

사실 분서와 갱유는 그 성질이 전혀 다르다. 분서를 일으킨 사람은 이사李斯였고, 갱유를 일으킨 사람은 시황제 자신이었다. 이사는 두 가지 이유로 분서를 일으켰다. 첫째, 시황제에게 흑백을 구분하고 최고의 존엄을 세울 수 있는 환경을 마련해주기 위해서였다. 둘째, 자신의 기득권을 더욱 확고히 하려면 '다른 사람의 칼을 빌려' 적대세력을 제거해야 한다는 절박한 심정 때문이었다.

분서의 배경부터 알아보자. 때는 시황제 34년. 함양궁咸陽宮에서 열린 연회에 박사博士 70명이 앞자리를 차지하고 주연을 즐겼다. 그러던 중에 주청신周靑臣이 분위기를 돋우고자 시황제의 업적을 크게 칭송하기 시작했다.

"황제께서 기존의 제후제를 군현제로 바꾸셨으니 앞으로 전쟁 걱정은 사라지고 백성도 모두 편안하게 살 수 있게 되었습니다. 이는 예로부터 지금껏 그 누구도 해내지 못한 것이니 누가 감히 대왕의 위엄에 맞설 수 있겠습니까?"

그러자 박사 순우월淳于越이 주청신의 말을 반박했다.

"군현제로 수정한 것은 잘못된 것이옵니다. 앞으로 나라에 어지러운 일이 일어나면 누가 황제를 바로잡을 수 있겠습니까? 주청신은 대왕의 과오를 가리고 오히려 이를 더욱 부풀리고 있습니다. 그럼에도 자신의 죄를 알지 못하고 그저 아부만 떨고 있으니 저런 자가 대역 죄인이 아니고 무엇이겠습니까!"

이렇게 시작된 논쟁으로 연회에 참석했던 대신들이 두 파로 나뉘었다. 사실 이 논쟁은 진나라 건국 초기 일어났던 논쟁이 되풀이된 것이나 다름없었다. 시황제가 천하를 통일했을 때, 승상丞相 왕관王綰을 위시한 일부 관료들이 주나라에서 멀리 떨어져 있는 연燕, 제齊, 초楚나라를 여러 왕자에게 나눠주고 왕으로 삼아야 한다고 주장했다. 이사는 홀로 이에 반대했다. 그런데 다시금 제후제와 군현제 논쟁이 일자 이사는 당연히 주청신의 편에 섰다.

진나라는 법가法家 통치를 실시했다. 당시 산동육국山東六國 가운데 진나라는 왕권에 의한 극단적인 전제 정치, 잔혹한 형벌 제도를 실시하고 있어 '호랑이와 승냥이가 날뛰는 나라'로 불렸다. 천자天子는 천한 백성 위에 서는 자라고 생각하는 이사의 전제적인 정치관은 인의仁義로 민심을 얻어 왕위에 올라야 한다고 주장하는 공자와 맹자孟子의 유가儒家적 정치관과 대립한다. 왕도정치로 대표되는 유가와 전제 정치로 대표되는 법가는 오랫동안 치열한 이념 투쟁을 벌였다. 하지만 이는 그야말로 '다윗과 골리앗의 싸움'이었다. 언제나 이상보다는 현실이 앞서는 법이기 때문이다. 이상적이지만 현실적이지 못한 유교는 형이상학적인 이념으로만 채택되었을 뿐이고 현실에서는 항상 법가가 왕실의 '총애'를 받았다.

진나라가 중국을 통일한 후 정통파인 유가는 비록 음양오행가陰陽五行家와 함께 조정에서 상당한 세력을 유지할 수 있었지만 이사를 위시한 순파荀派 유학과 법가 학파에 견주어 항상 열세였다. 계속되는 열세 속에 고전을 면치 못하던 유교학파가 자신들의 생존권을 지키기 위해 투쟁의 끈을 끝내 놓지 않자 자기 방어에 나선 이사는 숙적을 물리치기로 마음을 굳혔다. 그러던 중 드디어 꿈에 그리던 절호의 기회가 찾아왔다.

시황제와 여러 박사들이 대면하여 군현제에 대해 논쟁을 벌이는 것을 보고 이사는 조용히 입을 열었다. 그는 자신의 생각이 시황제의 관심을 끌 수 있을 것이라고 확신했다. 그도 그럴 것이 역사적으로 보더라도 자신의 생각은 결코 시들지 않는 매력을 내뿜으며 역대 전제 독재자의 마음을 사로잡았기 때문이다.

"지금 황제께서 천하를 통일하시었으니 흑백을 구분하고 최고의 위엄을 세워야 합니다. 그렇지 않으면 각 학파가 황제의 결정을 놓고 걸 핏하면 논쟁을 벌이게 될 것입니다. 황제의 위엄이 흔들리면 나라를 지키는 주된 세력은 힘을 잃고 조정을 지키는 당파의 수준도 떨어져 제국의 무궁한 안녕과 번영이 방해를 받습니다. 이를 막기 위해 엄격한 금서禁書 조치를 취해야 할 것입니다. 사관들의 장서藏書는 오직 진나라의 것으로만 한정하고, 다른 나라에 관한 장서는 모두 불태워야 합니다. 세상에 있는 시詩, 서書, 백가百家에 관한 글은 모두 지방관에게 제출하여 불태워야 할 것입니다. 무엄하게도 나라에서 정한 법을 어기거나 옛것만 들먹이는 자들이 있다면, 지위를 빼앗거나 멸족을 시켜야 할 것입니다. 법을 어긴 자가 있다는 것을 알고도 이를 신고하지 않은 사관이 있다면 마땅히 똑같이 그 죄를 물어야 할 것입니다. 앞으로 30일이 지나도 책을 태우려 하지 않는 자가 있다면 4년 부역형을 내려 만리장성을 쌓고 있는 변방으로 보내야 할 것입니다. 세상에 남겨두어야 할 것은 오로지 의학과 약학, 점술, 농사에 관한 책이어야 합니다."

이사의 주장은 한때의 충동이 아니라 왕권을 강화하면서도 자신의 지위를 더욱 견고히 하기 위해 오랜 세월에 걸쳐 남몰래 세운 치밀한 음모였다. 서예가이자 산문가散文家인 이사는 사상과 문화를 말살하려는 '분서의 난' 선봉에 섰다. 후대에 나온 이사에 관한 평가 중에서는 사마천司馬遷의 평이 가장 공정하다.

"이사는 육예六藝(고대 중국에서 교육한 여섯 가지 과목, 곧, 예禮, 악樂, 사射, 어御, 서書, 수數-옮긴이)의 귀결을 알면서도 군주의 결점을 보완하고 정치를 공명정대하게 펼치는 데 힘쓰지 않았다. 나라에서 주는 많은 국록을 탐하며 군주에게 아부하고 구차하게 영합하고 엄격한 형벌을 실시했다. 세상은 그가 충성을 다하고도 처형을 받았다지만, 자세히 살펴보니 세간에 알려진 것과 다르다. 그렇지 않다면 이사의 공이 어찌 주공周公, 소공召公과 같지 않겠는가?"

이사와 주공, 소공 모두 나라를 세우는 데 큰 힘을 쓴 중신이다. 하지만 주공과 소공은 모두 겸손하고 자신보다는 백성을 위하는 마음이 더 컸지만 이사는 국록과 관직을 탐했다.

분서가 개인의 탐욕과 왕권 강화를 위해 오랜 세월 치밀하게 준비된 것과 달리 갱유는 그저 화풀이나 보복, 전제 정치에 대한 비방을 막으려는 단순한 목적으로 이루어졌다. 시황제 34년의 분서에 이어 35년에 일어난 갱유는 시황제의 명령으로 진나라 전역에서 자행되었다. 시황제는 애당초 유생이라는 존재를 못마땅하게 여겼다. 시황제 26년, 봉선封禪(하늘과 땅에 지내는 제사-옮긴이)을 하기 위해 시황제가 태산을 찾았을 때 노나라와 제나라에서 온 유생 70명이 예로부터 내려오는 의례를 들먹이며 앞다투어 상소를 올렸다.

"고대 제왕들이 태산에서 봉선을 올릴 때는 산에 있는 초목과 영험한 나무의 뿌리를 보호하기 위해 항상 갈대로 수레바퀴를 감쌌습니다. 또 땅을 치우고 제사를 지낼 때 천을 바닥에 깔았는데 지금의 것을 어찌 예라고 하겠습니까?"

이 말에 화가 난 시황제는 유생들에게 따라오지 말라고 명하고 자신만 산에 올랐다. 산중턱에 이르렀을 때 갑자기 폭우가 쏟아졌다. 근처에 있던 커다란 소나무 아래에서 간신히 비를 피한 시황제는 비가 그치자 그 소나무를 '오대부송五大夫松'으로 봉하고 계속 산에 올랐다. 한편 산 아래에서 발목이 묶인 유생들은 시황제가 폭우를 만나 힘들게 산에 오르고 있다는 소식을 듣고 내심 고소해했다.

태산에서 봉선을 올린 후 시황제는 서시徐市에게 선산仙山을 찾으라고 명했다. 선산을 찾아 진나라를 떠난 서시에게서 아무런 소식이 없는 7년 동안 시황제는 불로장생을 이루게 해줄 불로초를 찾기 위해 전국을 뒤졌다. 이 일을 알게 된 후생侯生과 노생盧生은 몰래 어리석은 시황제를 비난했다.

"시황제는 성격이 너무 직선적이고 이기적이니 마치 옥리獄吏와 같다. …… 백성에게 잔혹한 형벌을 내리고 그 위에 위엄을 세우려 하니 천하가 죄를 짓지 않을까 전전긍긍하는구나. …… 국록을 받은 자는 나라에 충성하지 못하네. …… 위에 있는 자들은 자신에 대한 비방을 참지 못하고 날로 교만해지며, 아래에 있는 백성은 살아남기 위해 남을 위협하고 기만하기를 밥 먹듯이 하네. …… 권세를 이리 탐할지니 어찌 선약仙藥을 구할 수 있으리오?"

시황제에게 크게 실망한 두 사람은 조용히 함양을 떠났다. 이 소식을 들은 시황제는 노발대발했다.

"선산을 찾아 바다를 건너간 서시는 소식도 없이 그저 내 돈만 갉아먹고 있구나. 후생과 노생도 모두 도망쳤으니 유생이라는 자들은 모두 사기꾼이렷다!"

설상가상 자신의 주요 업적이라 할 만한 군현제에 대해 유생들이 계속해서 케케묵은 옛 경전을 끌어들여 왕명에 대항하자 시황제의 인내심은 바닥을 드러냈다. 시황제는 나라를 어지럽히고 왕권을 약하게 한다며 유생 460명을 산 채로 땅에 파묻어버리라고 명했다. 시황제의 장자長子 부소扶蘇는 이를 극구 말리다가 미움을 사서 몽염蒙恬 장군이 있는 곳으로 좌천당해 만리장성 축조를 감독하게 되었다.

분서의 목적은 사상의 통제, 갱유의 목적은 왕권 수호였다. 이를 위해 이사는 시황제의 '권위'를, 시황제는 이사의 '계략'을 이용했다. 그들은 조용히 손을 잡고 그 누구도 빠져나갈 수 없는 감옥을 만들어 자신들의 '사냥감'을 제거했다. 이 끔찍한 사건으로 수많은 사람들과 귀중한 사료들이 사라졌다. 그러나 분서갱유를 일으킨 자들의 목적은 끝내 이뤄지지 않았다. 갱유가 일어난 지 2년 후 시황제는 세상을 떴고, 천하를 호령하던 진나라는 그로부터 3년 후 멸망하고 말았다. 평생을 바쳐 세운 제국이 이렇게 허무하게 사라질 줄 시황제는 과연 알았을까? 당나라의 장갈章碣은 중국 역사상 전무후무한 이 잔혹한 사태에 대해 이렇게 평했다.

竹帛煙銷帝業虛.
關河空鎖祖龍居.
坑灰未冷山東亂,
劉項原來不讀書.

죽간과 백서를 불태우니 황제의 위업도 재가 되었다.

용의 조상 진시황의 터를 지키던 황하와 함곡관은 텅 비었네.

분서의 연기가 채 가시기도 전에 산동에서는 진승과 오광의 난이 일어났으니,

진나라를 무너뜨린 유방과 항우는 글 읽는 선비 출신이 아니었거늘.

이 시는 문체도 기교도 그리 대단하지는 않다. 하지만 절대 불변의 진리를 정확하게 집어냈다. 즉 지식과 문화를 짓밟는 권력은 오래가지 않는다는 것이다. 또한 중국 봉건 사회에서 일어난 반역의 주인공은 지식인이 아니라 책을 읽지 않은 세력이라는 것이다.

■ 참고문헌
판원란范文瀾의 《중국통사간편中國通史簡編》, 《사기史記》 〈시황본기始皇本記〉·〈이사열전李斯列傳〉

한 왕조의 호족탄압정책에
희생되다

양
운

흔히 중국 최초의 문자옥으로 서한西漢 시대에 일어난 양운楊惲 사건을 꼽는다. 1915년 상무인서관商務印書館이 펴낸《사원辭源》중 문자옥에 관한 내용에 다음과 같은 주석이 달려 있다.

"글이 화禍를 초래한 경우가 있는데, 이를테면 한나라의 양운은 〈보손회종서報孫會宗書〉로 허리가 두 동강이 났으니……."

유명한 산문가인 황상黃裳도《필화사담총筆禍史談叢》〈후기〉에서 역사적으로 글로 말미암아 죽음을 당한 최초의 사례는 양운 사건이라고 주장했다. 그런가 하면 문학평론가 리창李長은 저서《사마천의 인격과 풍격》에서 양운은 '글'이 아니라 '입' 때문에 허리가 잘렸음을 강조했다. 엄밀히 말해 양운 사건이 최초의 '문자'옥은 아니라는 말이다.

《한서漢書》에 기록된 양운의 이야기를 살펴보자.

양운은 한나라 소제昭帝 때 승상丞相을 지낸 양창楊敞의 아들로, 어머니가 대문호 사마천의 딸이었다. 양운은 뛰어난 재능으로 어린 시절부터 널리 이름을 알리며 여러 인재, 선비들과 사귀었고 조정에도 익히 알려져 있었다. 양운은 젊어서 높은 벼슬에 올랐는데, 그가 정계政界에 발을 들여놓을 수 있었던 데는 남다른 집안 배경이 한몫했다. 명문가 후손으로 자신의 능력보다 더 많은 것을 누리기는 했지만 그렇다고 양운이 마냥 철부지 도련님이었던 것은 아니다. 양운의 처세와 정치적 재능을 살짝 엿볼 수 있는 사건이 곽광霍光의 모반 사건이다. 곽광이 모반을 주도한다는 소식을 입수한 양운은 시중侍中 김안상金安上을 통해 황제에게 역적모의가 이루어지고 있다고 고했다. 양운 덕분에 모반을 일으키기 전에 곽광을 처벌한 황제는 양운을 평통후平通侯로 봉하고 중랑장中郎將의 벼슬을 내렸다. 양운의 인물 됨됨이에 대해《한서》에서는 이렇게 평가한다.

"전殿에서만 자란 양운은 청렴하고 사사로운 욕망을 좇지 않으며 공정한 사람이다."

하지만 그에게도 치명적인 약점이 있었다. "성격이 몹시도 모질고 다른 사람을 모함하기를 잘했다. 같은 자리에 있는 자 가운데 자신에게 해로운 자가 있으면 자신의 남다른 재주를 드러내고자 반드시 상대방을 제거했다. 그래서 조정에 양운을 원망하는 자가 많았다"는 것이다.

한때 나는 새도 떨어뜨릴 만큼 막강한 권력을 자랑하던 양운이 권력의 중심부에서 밀려나게 된 것은 대장락戴長樂 사건 때문이었다. 한나라 선제宣帝의 측근인 태부太仆 대장락은 황제의 위임을 받아 종묘에 제사를 지내고 돌아오던 중 부하에게 한껏 자랑을 늘어놓았다.

"황제께서 친히 나를 부르시어 제사를 돕도록 하셨다. 투후秺侯 김일제金日磾도 나를 위해 직접 마차를 몰지 않던가!"

이 말이 밖으로 새어나가면서 대장락이 해서는 안 되는 말을 망령되게 지껄였다며 처벌해야 한다는 고발장이 접수되었다. 대장락은 자신을 고발한 배후에 양운이 있다고 생각하고, 감옥 안에서 양운의 죄악을 알리고 그를 체포해야 한다는 내용의 서신을 작성했다. 눈에는 눈, 이에는 이, 대장락은 양운이 저지른 잘못을 하나하나 짚으며 그의 죄를 까발렸다.

"고창후高昌侯의 수레가 놀라 달려오며 북액문北掖門을 박차고 들어왔습니다. 그러자 양운이 부평후富平侯 장정수張廷壽에게 '소제 때도 이와 비슷한 일이 있었습니다. 수레가 전문殿門 앞까지 미친 듯이 달려들었는데 수레를 끌던 말은 대문에 부딪혀 죽고 그 문은 산산조각 났습니다. 결국 얼마 지나지 않아 소제께서 붕어하셨습니다. 지금 고창후의 수레가 다시 한 번 궁문 안으로 달려들었으니 설마…… 이것은 하늘의 뜻이란 말입니까?' 하고 말했습니다. 폐하, 이는 분명히 양운이 황제를 저주하고 있는 것이옵니다!"

대장락이 고발한 양운의 죄상은 또 있다.

"양운이 초상화를 보다가 걸왕桀王과 주왕紂王의 초상화를 가리키며 악창후樂昌侯 왕무王武에게 '천자께서 이곳을 지나올 때 이들에게 무슨 잘못이 있었는지를 분명히 물으실 것입니다. 또 그들에게서 어떠한 교

훈을 얻어야 하는지 물으실 것입니다' 하고 말했습니다. 폐하! 요순우
堯舜禹 같은 위대한 성군의 초상화가 엄연히 저곳에 걸려 있는데도 그
곳에 가서 찬양하지 않고 걸왕이나 주왕 같은 폭군의 초상화를 보며
이리저리 떠들어대는 것은 폐하를 무지한 군왕이라고 욕하는 것이 아
니겠습니까?”

대장락의 성토에도 불구하고 성정이 자애로운 선제는 차마 주살하
라는 명을 내리지 못하고 양운과 대장락을 서인庶人으로 강등했다. 이
렇게 해서 양운은 관직을 잃었다. 하지만 그는 농사를 짓고 집을 지으
며 재산을 불리는 등 여전히 무시할 수 없는 영향력을 자랑했다. 그러
자 그의 벗 안정태수安定太守 손회종孫會宗이 양운에게 행동거지를 조심
하라는 서신 한 통을 보냈다.

“대신이 관직을 잃고 은퇴했으면 무릇 대문을 걸어 잠그고 행실을 조
심해야 하는 법이네. 반성하는 뜻에서 재물을 늘리는 일이나 손님들과
왕래하는 일을 삼가해야 하네.”

관직을 잃고도 여전히 풍족한 생활을 누리는 양운에게 이런 충고 따위
가 들릴 리 없었다. 본래 오만한 양운은 한때 떵떵거리며 살다가 하루아
침에 조정에서 내쳐진 것에 대해 내심 불만을 품고 있었다. 그래서 속에
담고 있던 온갖 불만을 답신인 〈보손회종서報孫會宗書〉에 쏟아냈다.

양운은 서신에서 먼저 자신의 가문을 잔뜩 치켜세웠다.

“내 가문이 융성했을 때는 붉은 바퀴로 된 수레를 타고 다니던 사람
이 무려 열 명이나 되었소. 또 조정에서 경卿과 어깨를 나란히 했고 통
후通侯라는 관직을 받아 궁 안의 모든 시종관을 호령하며 정사政事를 함

께 논했소.”

서인의 신분이 된 양운은 집에 기거하며 사업에 몰두했다. 별 볼일 없는 것을 사들였다가 나중에 비싼 값으로 되팔아 큰 재물을 쌓으며 풍족한 삶을 즐겼다. 대개 관직에서 쫓겨나면 어려운 생활을 했지만 양운은 여전히 곳간 가득 곡식과 금은보화를 쌓아두고 ‘좋은 시절’을 보내던 터라 오히려 예전보다 콧대가 더 높아져 있었다. 그의 서신은 이렇게 이어진다.

“무릇 서하西河와 위魏나라의 땅에는 문후文侯가 성행했으니 단간목段幹木, 전자방田子方의 유풍遺風이 남아 있다. 모두 엄하여 기개가 있으니 거취의 구분을 알았네.”

아주 도발적인 글이다. 빈곤했지만 결코 기죽지 않았던 전자방과 관직을 끝끝내 사양한 단간목을 글에 담은 것은 조정에 협력하지 않겠다고 선언한 것이나 다름없기 때문이다. 서신의 내용을 안 양운의 조카 양담楊譚은 화들짝 놀라 급히 양운을 뜯어 말렸다.

“서하태수西河太守 두정년杜廷年은 과거에 죄를 지어 폐출된 적이 있습니다. 비록 한때 과오를 저질렀지만 지금은 어사대부御使大夫로 봉해지지 않았습니까? 숙부님의 죄는 크지 않은데다 과거에 큰 공로까지 세우셨으니 머리를 숙이고 죄를 인정한다면 분명히 다시 등용될 것입니다.”

하지만 양운은 조카의 말에 콧방귀를 뀌었다.

“그따위 황제라면 내가 있는 힘껏 모실 가치도 없네!”

그즈음 일식이 일어났는데, 말을 키우는 소관이 황제에게 상주문을 올렸다.

"양운이 자신의 죄를 뉘우치지 않고 오만하고 사치를 부리는 바람에 하느님도 하늘을 가린 것이옵니다."

이는 그야말로 양운의 목에 '시퍼런 칼날'을 들이민 것이나 다름없었다. 옛사람들은 일식을 나라의 흉사를 예고하는 하늘의 뜻으로 받아들였기에 민감할 수밖에 없었다. 《좌전左傳》에서 이와 관련된 내용을 찾아볼 수 있다.

"은공隱公 3년 봄에 일식이 일어났고 3월 경술庚戌에 천왕天王이 붕어했다. 초여름 4월 신묘辛卯에 군씨君氏가 죽고, 8월 경진庚辰에 송공宋公이 죽었다."

이처럼 일식이 일어나면 나라 안의 큰사람이 죽었는데, 하필 양운이 손회종에게 서신을 보낸 시기에 일식이 일어나는 바람에 선제는 참았던 화를 끝내 터뜨리고 말았다. 결국 조정에서는 양운이 대역죄를 지었다는 판결을 내리고 허리를 부러뜨려 죽이는 요참형腰斬刑을 선고했다. 이는 사법부에서 '윗분'의 뜻을 헤아려 내린 최종 판결이었다. 양운과 깊은 우애를 자랑하던 경조윤京兆尹 장창張敞, 서하태수 손회종은 모두 이 일에 연루되어 파관되었다. 부인의 눈썹을 곧잘 그려 주어 당시 여인네들 사이에서 이상적인 남편상으로 이름을 날렸던 장창은 아무 말도 하지 못하고 집에 틀어박혀 부인 눈썹이나 그려주는 신세로 전락하고 말았다.

사건의 전말을 보면 양운의 죽음은 〈보손회종서〉에서 비롯된 것이 결코 아님을 알 수 있다. 한나라 선제가 비록 양운의 서신을 보았다고 해도 그저 '진노'했을 뿐 결코 '죽여라'는 말은 하지 않았을 것이다. 〈보손회종서)는 양운을 사지로 몰아넣은 일종의 '촉진제'일 뿐이었고 그를 죽음으로 몰고 간 원인은 다른 데 있었다. 막강한 호족豪族의 등장을 줄곧 경계했던 서한 왕조의 정책과 절대로 군주를 모시지 않겠다는 양운의 극단적인 태도가 죽음을 불렀고 양운이 서신을 보낸 때에 맞춰 일어난 일식이 쐐기를 박았다. 일식에 민감했던 탓에 양운을 죽여야 한다는 여론이 일었던 것도 그의 죽음을 앞당겼다.

서한 왕조는 중앙집권적 통치 체제를 확고히 하기 위해 줄곧 호족의 등장을 막는 정책을 취했다. 한나라 고조高祖가 육국六國 군왕의 후예들, 호걸과 명문가 등을 비롯한 10만여 명을 이끌고 관중關中 땅을 밟은 것도 이들을 자신의 곁에 가까이 두고 틈틈이 감시하며 마음대로 부리기 위해서였다. 또한 무제武帝 때 전국을 13개 주州로 나누고 모든 주에 자사刺史를 파견한 뒤 육조六條에 따라 군현郡縣을 조사하라는 조치를 내린 것 역시 같은 맥락으로 이해할 수 있다. 육조 중에서도 가장 으뜸은 '강한 자가 약한 자를 괴롭히지 않고, 무리의 수가 적은 이들에게 함부로 굴지 못하도록 막강한 권세를 자랑하는 가문과 사람의 경우, 그 집과 밭을 엄하게 관리한다'는 항목이다. 선제 때는 백성 사이에서 "2,000석石의 빚을 짊어질지언정 호족 가문을 짊어지지는 않겠네"라는 말이 크게 유행했을 정도이니 당시 지방 호족에 대한 한나라 왕실의 탄압이 얼마나 심했는지 미루어 짐작할 수 있다. 엄한 관리로 유명한 엄연년嚴延年을 하남태수河南太守로 임명한 선제는 그에게 호족 세력을 뿌리 뽑고 가난한 민초들을 도우라는 임무를 내리기도 했다.

한마디로 양운은 호족 세력의 성장을 경계했던 한나라 왕조의 성책에 희생됐다. 정권 안정을 위해 선제가 양운을 제거한 것은 당연했다. 명문가 출신인 양운은 조정에서 쫓겨나고도 장사로 큰돈을 벌며 자신의 장원莊園에 노래 부르는 노비만 여러 명을 둘 정도로 풍족한 생활을 누렸다. 뿐만 아니라 여보라는 듯 무희들을 불러다가 춤을 추고 놀면서, 향락을 좇는 것이 뭐가 그리 잘못된 일이냐며 오만함의 끝을 보여주기도 했다. 그럼에도 후세 사람들은 양운을 위해 동정의 눈물을 흘렸는데, 여기에는 세 가지 이유가 있다.

첫째, 약자弱者를 동정하는 인간의 본성에서 비롯된 눈물이다. 둘째, 양운의 외조부인 대문호 사마천을 위해 흘리는 눈물이다. 부인이 예쁘면 처갓집 말뚝을 보고도 절을 한다는 말처럼 위대한 역사가로 추앙받는 사마천의 외손자라는 이유 하나만으로 양운은 수천 년 동안 많은 문인들에게서 동정을 받았다. 사실 양운은 시인도, 작가도 아니고 나라에서 주는 녹을 먹고 사는 관리였다. 《전한서前漢書》에 수록된 〈보손회종서〉 외에는 양운이 남긴 작품을 전혀 찾아볼 수 없다. 마지막으로 양운은 〈보손회종서〉에서 조정에 협력하지 않겠다는 오만한 태도를 보이며 가문의 역사를 자랑했는데, 이는 마치 《아Q정전阿Q正傳》에서 "아, 어머니! 지금 이 몸은 어머니 때보다 훨씬 행복하답니다!"라고 외치는 어리석은 아Q와 같다. 자신을 비웃고 내치는 현실에 적응하지 못하고 삐뚤어진 시선으로 사회를 바라보며 자신을 마구잡이로 동정하며 자위했던 아Q와 같은 양운의 태도는 실의에 빠진 정객이나 의지가 꺾인 문사文士들의 공감을 사기에 충분했다. 이들이 양운을 동정한 것은 사실상 자신을 동정하고 위로하는 것과 다름없었다. 그러했기에 모두 그가 부유한 호족 출신이며 성격이 모질고 사람들을 궁지에 몰아넣기 좋아한 사람이었다는 사실을 까맣게 잊은 것이다. 이것 역시 일종의 '집단적 망각' 아닐까.

■ 참고문헌
《전한서》〈양운전楊惲傳〉, 판원란의 《중국통사간편》

백성을 위해 웅얼거리기라도 해주시오

양송

마오쩌둥毛澤東의 군사·경제 정책을 비판해 숙청당한 중국공산당지도자 펑더화이彭德懷가 사후 복권되자 중국인들 사이에서는 그를 동정하는 노래가 크게 유행했다.

穀撒地, 薯葉枯.

靑壯煉鐵去, 收穫童與姑.

來年日子怎麼過麼 請爲人民鼓嚨胡.

곡식은 땅바닥에 흩어지고, 고구마 잎은 말라 비틀어졌네.

젊은이들은 쇳덩이를 두드리러 가고, 남은 아이들과 여인네들이 수확하네.

내년엔 또 어떻게 살아야 하나? 청컨대 백성을 위해 목소리를 드높여주시오.

이 시의 원본은 《후한서後漢書》 중 〈오행지伍行志1〉에 등장하는데 한나라 환제桓帝 집권 초기에 크게 유행한 동요童謠라고 한다.

小麥靑靑大麥枯.
誰當獲著婦與姑, 丈人何在西打擊胡.
吏買馬, 君具車.
請爲諸君鼓嚨胡.

밀은 아직 푸르고 보리는 말라 비틀어졌네.
어찌하여 아녀자들이 수확을 하고, 장정들은 서쪽에 가서 오랑캐를 부수고 있는가.
그럼에도 관리는 말을 사고, 세도가들은 수레를 타고 다니네.
청컨대 여러 세도가들에게 목소리를 드높여주시오.

이 동요가 탄생한 시기는 후한 환제의 집권 초기인 원가元嘉 연간年間이었다. 양주凉州 지역의 강인羌人들이 폭동을 일으켰는데 그 세력이 점점 커져 남쪽으로는 촉한蜀漢을 압박했고 동쪽으로는 삼진三秦을 위협했다. 이들의 폭동을 진압하기 위해 조직된 정부군이 반정부군에 연패하면서 전쟁이 길어질 조짐을 보였다. 결국 집집마다 남자들은 징집되었고 각종 무기 등도 민간에서 충당했다. 나라 전체가 전쟁 준비에 돌입하자 보리 수확 등 농사일은 어쩔 수 없이 여인네의 몫이 되었다. 전쟁의 공포와 굶주림에 시달리는 백성의 가슴에는 조정에 대한 불만과 원망이 쌓였지만, 차마 겉으로 드러내지 못하고 끙끙거리며 속앓이를 하고 있었다. 본문에서 말한 '목소리를 드높여 달라'는 문구를 직역하면 목구멍에서 작게 소곤거린다는 뜻으로 '웅얼거린다, 중얼거린다'는 뜻이다. 고되게 사는 백성을 생각해서 작게 소곤거려 달라는 말은, 공포 정치에 침묵으로 일관할 수밖에 없는 현실이지만 백성들을 가엽게 여겨 조금이라도 이야기를 해달라는 뜻으로 풀이할 수 있다.

이렇듯 백성이 정부에 대한 불만을 대놓고 드러내지 못하고 속으로만 중얼거릴 수밖에 없게 된 것은 후한 말엽의 공포정치 때문이었다.《후한서》〈혹리전서酷吏傳序〉에 따르면 '광무제光武帝의 중흥中興' 이후 각종 법령이 엄해지면서 중국 역사상 다시는 찾아보기 힘들 정도로 폭압적인 정치가 행해졌다. 위로부터 아래까지 관리들이 흉포하기 이를 데 없어 제대로 조사도 해보지 않고 무조건 백성을 탄압하거나 사사로운 이익을 위해 꾀를 부려 가문을 멸족하는 일이 허다했다. 하룻밤 사이에도 목숨이 왔다 갔다 하는 마당에 언론의 자유는 일찌감치 자취를 감췄다. 자칫 잘못 걸리면 목숨을 내어놓아야 하기는 황실의 친척도 예외가 아니었다.

광무제의 사위 양송梁松은 경서經書에 박식하여 광무제의 총애를 한 몸에 받았다. 광무제는 세상을 뜰 때 양송을 내각 대신으로 명한다는 유언을 남겼다. 광무제 덕분에 벼슬길에 나선 양송은 서신에서 조정의 일을 논하다가 고발되어 결국 파면되었고, 이 일로 조정에 큰 불만을 품기 시작했다.

명제明帝 영평永平 5년63년에 양송은 조정을 비방하는 글을 함부로 내걸었다는 죄목으로 하옥되었다. 익명으로 걸린 글의 내용은 아쉽게도 알 수 없다. 광무제 사후 등극한 명제는 선제先帝가 아꼈던 황실의 부마에게 관심을 기울이기는커녕 오히려 감옥에 가두고 죽여 버렸다. 아마도 양송은 익명의 글로 목숨을 잃은 중국 역사상 최초의 인물일 것이다. 양송은 처형을 당했고 그의 동생 양송梁竦과 양공梁恭도 모두 화를 당했다. 양송의 아내 역시 구진九眞(지금의 베트남 하노이Hanoi 남쪽 지역—옮긴이)로 쫓겨났다.

억울하게 죽은 형을 위해 그의 동생들은 멱라汨羅(굴원이 스스로 몸을 던진 강—옮긴이)를 지날 때 〈도소부悼騷賦〉를 짓고 검은 돌을 강에 던졌다. 백성들이 굴원의 죽음을 애통하게 여겨 물고기가 그의 시신을 먹지 못하도록 강물에 찹쌀로 만든 떡을 던진 것처럼 형 양송의 죽음을 애도한 것이다.

자고로 나랏일은 함부로 논해서는 안 되는 법이다. 특히 나랏일을 맡은 사람이라면 마구잡이로 떠들어서는 안 될 것이고, 나랏일을 하는 사람을 두고 이러쿵저러쿵 입방아를 찧어도 안 될 것이다.

■ 참고문헌

《후한서》 〈오행지1〉·〈양송전梁松傳〉

순진한 문사,
옛것에 기대 절대권력을 조롱하다

이백李白은 예형을 회고하며 지은 〈회예형懷禰衡〉이라는 시에서 "높은 재주를 함부로 펼치고 얕은 지식으로 천형을 범했다才高竟何施, 寡識冒天刑"고 노래하고 있다. 이백은 비록 예형을 이야기한다고 했지만 사람들은 그의 시에서 공융孔融의 무리를 떠올렸다.

시에서 말하는 '함부로 펼친 재주'와 '얕은 지식'은 옛것을 믿고 자만해 가볍게 행동한 것으로 이해할 수 있다. 역사에서 이러한 과오를 범한 사람이 적지 않은데 진수陳壽는 《삼국지三國志》〈최염전崔琰傳〉에서 이렇게 말했다.

"노魯나라에 공융이라는 자가 있는데 남양南陽의 허유許攸, 누규婁圭와 함께 옛것을 믿고 겸손하지 않아 주살당하고 말았다. 그 무리 중에서도 최염의 죽음을 세상이 가장 안타까워하니 지금까지도 이를 원망하는 사람들이 있다."

이들을 죽인 것은 다름 아닌 조조曹操다. 이들은 당시 최고 권력가인 조조와의 '돈독한 관계'를 믿고 자신의 재주나 생각을 마음대로 세상에 알릴 수 있을 것이라고 생각했다. 하지만 이들의 생각은 빗나갔다. 조조가 함부로 떠들어대는 무리들을 내버려둘 리 없었다.

조조와 공융은 여러 면에서 비슷한 점이 많았다. 두 사람 모두 세도가勢道家의 자손으로 연배도 비슷하다(조조가 공융보다 두 살 적다). 두 사람 모두 글솜씨가 월등했지만, 권모술수에서는 단순한 공융이 치밀한 조조의 발끝에도 미치지 못했다. 별다른 기술이나 재주는 없고 오로지 책만 파고들던 공융은 건안建安 원년元年 원담袁譚이 병사들을 이끌고 전쟁터에 나섰을 때 느긋하게 책장을 넘기며 담소를 나누고 있었다. 결국 원담의 화를 산 공융은 아내와 아들을 포로로 내주고 간신히 도망쳐 혼자화를 면했다. 훗날 연승을 거두며 승승장구하던 조조가 연거푸 각종 법령을 내놓자 눈치 없는 공융은 그를 찬양하는 시를 쓰기는커녕 그의 정책을 비웃고 욕설이 난무한 잡문을 썼다. 그 글을 본 조조의 얼굴이 시퍼렇게 질렸음은 불 보듯 뻔한 일이다. 그러던 중 조조의 아들 조비曹丕가 원희袁熙의 아내 견씨甄氏를 맞이하면서 그렇지 않아도 껄끄럽던 공융과 조조 사이에 커다란 금이 가기 시작했다.

건안 9년 조조는 업성鄴城을 함락하며 원소袁紹에게 커다란 패배를 안겨주었고 성 안에 있던 원소 가문의 여인네와 자손들을 모조리 포로로 잡아들였다. 그러던 중 조조의 큰아들 조비가 원희의 아내 견씨의 미색에 반해 자신의 침소에 들였다. 이 일에 대해 공융은 화를 감추지 못하며 주周나라의 무왕武王이 은隱나라의 주왕紂王을 토벌했을 때 주공周公에게 달기妲己를 준 이야기와 함께 조씨 부자를 비웃는 내용이 담긴 서신을 보냈다.

"인애로운 선비가 어찌 사사로이 적국의 요부妖婦를 맞는단 말이오. 그대 두 부자가 그런 짓을 한다면 이는 인의仁義를 훔치는 짓이니 개돼지와 다를 것이 무엇이오?"

처음에 조조는 서신에 담긴 공융의 신랄한 비난을 대수롭지 않게 생각하고 공융에게 그런 일이 있었냐며 출처를 물었다. 그러자 공융이 한 치의 머뭇거림도 없이 입을 열었다.

"지금 승상이 하는 짓을 보고 옛일을 추측해보았을 뿐입니다. 아마 그랬을 것입니다."

'아마 그랬을 것이다'라는 말은 추론이자 상상에 불과하다. 18세기 프랑스의 계몽사상가 몽테스키외Baron de Montesquieu는 추리에 대해 이렇게 이야기한 적 있다.

"자유로운 나라에서 추리가 맞느냐 맞지 않느냐 하는 문제는 대개 그다지 중요한 일이 아니다. 오직 충분히 추리하고 상상할 수 있다는 것, 그 자체가 바로 자유의 표현인 것이다. …… 전제 정치를 펼치는 나라에서도 추리가 맞는지 맞지 않는지는 그리 중요하지 않다. 오직 추리하고 생각하는 행위 자체가 해롭다는 현실이 중요할 뿐이다."

어설픈 추리로 가장 먼저 피해를 보는 것은 바로 추리를 한 당사자다. 조조는 생각의 옳고 그름을 떠나 제멋대로 생각하고 추리할 수 있는 사회 분위기 자체를 용납할 수 없었다. 공융의 발언은 그런 조조의 인내심을 시험하기에 충분했다. 천진난만한 공융은 어두운 그림자가 자신을 향해 서서히 다가오는 것을 전혀 알지 못한 채 여전히 세상을 느긋하게 바라보고 있었다.

계속되는 전란으로 식량이 부족해지자 조조는 헌제獻帝에게 사치를 막기 위해 금주령禁酒令을 내리라는 상주문을 올렸다. 평소 사람 사귀기를 좋아하던 공융의 집은 항상 손님들로 넘쳐났고 술항아리가 바닥을 드러낸 적이 없었다. 당연히 공융은 조조가 제정한 금주령에 크게 불만을 품고 경전을 인용해 조조의 정책을 반대하는 내용의 서신을 조조에게 보냈다.

"술의 아름다운 덕은 실로 오래되었소. 하늘에는 주성酒星이 빛나고, 땅에는 주천酒泉이라는 군郡이 있소. 사람이라면 마땅히 술의 덕을 찬양해야 할 것이오. 요 임금께서 1,000잔의 술을 마시지 않았더라면 태평천하를 세울 수 없었을 것이고, 공자도 100곡斛(10말을 일컫는 단위-옮긴이)의 술을 들지 않았더라면 성현으로 불리지 못했을 것이오. 홍문鴻門의 회합에서 한나라 고조를 구한 번쾌樊噲가 돼지고기와 1,000잔의 술이 없었다면 어찌 용맹함을 떨칠 수 있었겠소. 한 고조 역시 술에 취해 백사白蛇를 베지 않았다면 어찌 큰 뜻을 펼칠 수 있었겠소. …… 이로 보건대, 술이 어찌 정치를 저버린단 말이오?"

공융은 여기서 그치지 않고 굴원이 초楚나라에서 어려운 시절을 보낸 것도 모두 술을 마시지 않기 때문이라고 주장했다. 글 자체만 본다면 요즘의 술 광고 문구보다 훨씬 운치 있고 멋지다. 하지만 조조의 눈에 공융의 글은 자신을 비웃고 비방하는 것이나 다름없었다. 조조는 겉으로는 참는 듯했지만 속으로는 공융의 목을 칠 칼을 갈고 있었다.

어느 날 공융은 대신 치려郗慮와 한바탕 설전을 벌였다. 상황은 이러했다. 헌제가 공융에게 치려의 장점이 무엇이냐고 묻자 공융은 치려가 지켜보는 앞에서 도道를 함께 이야기할 수는 있으나 실권實權을 맡겨서는 안 된다고 대답했다. 한마디로 치려는 입만 살았지 실무를 제대로 돌볼 수 없다고 욕한 것이나 매한가지였다. 시간과 장소, 상황을 무시하고 자신의 생각을 거침없이 말하는 점이 바로 공융의 단점이었다. 치려는 속으로 이를 바득바득 갈며 공융에게 맞섰다.

"공융 그대는 과거에 실권을 얻어 북해령北海令을 지냈는데 그때 어떠한 공적을 쌓았는가? 공적은 온데간데없고 부리는 사람도 모두 흩어졌으니……."

이 일을 계기로 오랜 친구였고 평소 이웃보다도 가깝게 지냈던 두 사람은 상대를 못 잡아먹어 안달하는 철천지원수가 되었다. 조조는 그 일을 기회로 삼아 먼저 공융에게 힘을 모아 한나라 왕실을 떠받들어야 한다는 서신을 보냈다. 그리고 서신의 맨 마지막에 서늘한 경고의 말 한마디도 잊지 않았다.

"나는 조정을 받드는 신하로, 나아가서는 천하를 감화시키지도 못했고 또 물러나서는 덕을 세우고 사람들을 조화롭게 하지 못했소. 하지만 나라를 지킬 병사들을 보듬고 나라를 위해 이 한 몸 바칠 각오는 하고 있으니 단결을 해하는 못된 무리 몇 명을 없앨 능력은 있소이다!"

조조에게서 서슬 퍼런 내용이 담긴 서한을 받은 공융은 놀란 마음에 냉큼 조조에게 자신의 잘못을 인정하고 반성하는 내용이 담긴 서한을 보냈다. 하지만 때는 늦었다. 조조는 공융이 몰래 술을 만들었다며 그를 잡아들여 죄를 물으라고 승상군에게 이미 명령을 내린 상태였다. 조조의 계획대로 공융은 승상부로 잡혀 들어와 재판을 받았고 그에게는 크게 세 가지 죄목이 선고되었다.

첫째, 대역죄이다. 황건군黃巾軍을 소탕하기 위해 조조 등이 고군분투할 때 공융은 사사로이 무리를 모으고 자신은 대성大聖(공자)의 후예이니 어찌 천하를 다스리는 데 '묘금도卯金刀(묘금도를 합치면 유劉가 된다-옮긴이)'만 있을 필요가 있느냐고 함부로 떠벌렸다. 둘째, 조정을 함부로 비방한 죄이다. 공융은 손권孫權이 보낸 사자使者 앞에서 조정을 비방했다. 셋째, 망령된 말을 함부로 내뱉은 죄이다. 공융은 황실과 중앙정부의 정사를 처리하는 벼슬아치임에도 조정의 의론을 지키지 않고 의관도 제대로 갖추지 않은 채 궁액宮掖(궁 안에 비빈들이 머물던 처소)을 함부로 드나들었다. 또 예형 등과 함께 걸핏하면 헛소리를 늘어놓아 질서를 문란케 했다. 예를 들어 "부모가 자식에게 어떤 애정이 있겠는가? 부모가 자식을 낳은 것은 본디 자신의 정욕을 채우는 과정에서 뜻하지 않게 얻은 존재일 뿐이다. 그저 뱃속에 열 달 동안 있다가 세상에 나오면 서로 헤어진다"고 하였다. 이러한 행위는 조정의 위엄을 떨어뜨리고 사회 질서를 어지럽히기에 반드시 죄를 엄하게 물어야 한다는 것이 판결의 요지였다.

공융은 당초 조조에게 서신을 띄울 때 그저 글재주를 부려 적당히 비위를 맞추면 될 것이라 여겼지 자신이 비참한 죽음을 당하리라고는 전혀 생각하지 못했다. 시퍼런 칼날이 번개처럼 번뜩이자 큰 별이 땅으로 떨어졌다. 건안칠자建安七子(후한 말, 헌제의 마지막 연호 '건안'대의 뛰어난 7명의 문사인 공융, 진림, 왕찬, 서간, 완우, 응창, 유정을 뜻한다 —옮긴이) 중에서도 으뜸으로 꼽히는 공융은 이렇게 허무하게 세상을 떠났다.

공융의 죽음이 오랫동안 치밀하게 짜인 조조의 계획에 의해서라면, 최염이 죽음을 맞은 것은 교만한 조조의 평소 성품 때문이었다.

대유大儒 정현鄭玄의 제자 최염崔琰은 현명하고 태도가 방정한 선비 중에서도 으뜸으로 꼽히는 인물이다. 조조가 가장 총애했던 조식曹植이 바로 최염의 조카사위이기도 하다. 따라서 최염과 조조는 사돈지간이라고도 할 수 있다. 평소 강직하기로 유명하고 원리원칙을 강조했던 최염은 조정 내에서도 명망이 높아 조조조차 그를 경외했다고 한다. 그의 강직함을 보여주는 사례로 태자 책봉 문제가 있다. 당시 위왕魏王의 자리에 오른 조조가 태자를 세우는 문제로 무척이나 골머리를 앓고 있었다. 조조가 누구를 태자로 세울지 묻자 사람들은 위왕의 뜻을 받들어야 한다며 비위를 맞추었지만, 최염은 오랜 전통에 따라 장자長子인 조비를 태자로 세우는 것이 마땅하다고 대답했다.

조조가 위왕의 자리에 오르자 최염의 추천으로 조정에 들어온 양훈楊訓이 냉큼 조조의 공덕을 찬양하는 상주문을 올렸다. 약삭빠르게 알랑방귀를 뀌는 양훈의 행동을 두고 당시 비난 여론이 들끓었고, 사람들은 하나같이 최염에게 어찌 저렇게 '훌륭한 사람(?)'을 찾아냈느냐며 이죽거렸다. 그러자 최염은 양훈의 상주문을 구해 대충 훑어본 뒤 짤막한 서신을 보냈다.

"무릇 상주문에는 귀를 즐겁게 하는 말을 줄여야 하오. 아, 때가 되었소. 변화가 있어야 할 때가省表事佳耳. 時乎時乎, 會當有變時!"

이 짧은 한마디로 화를 당하리라고 최염은 꿈엔들 생각해본 적이 있을까? 누군가가 이 서신을 구하여 즉시 조조에게 달려가 최염이 세상을 우습게 보고 원망과 비방을 늘어놓는다고 일러바쳤다. 공융을 죽일 당시 조조는 주변의 시선을 피해 몰래 사람을 사서 일을 맡겼지만 이제는 상황이 달라졌다. 위왕의 자리에 올랐으니 더 이상 사람들의 눈을 피해 일을 처리할 필요가 없었다. 결국 조조는 조금의 망설임도 없이 자신과 사돈 관계인 최염을 부정한 자라고 부르며 죽이라고 명했다.

최염을 죽음으로 몰고 간 글에 담긴 속뜻은 오로지 땅속에 있는 최염만 알 뿐 예나 지금이나 누구 하나 시원하게 풀이하지 못한다. 하지만 그런 점이 오히려 조조에게는 더할 나위 없이 좋았다. 그래야 마음대로 죄명을 뒤집어씌울 수 있기 때문이다.

선제 때의 양운이 호족의 성장을 경계한 정책에 희생됐다면, 공융은 절대 권력을 조금도 두려워하지 않고 오히려 신랄한 비판과 조롱을 퍼부었기에 목숨을 잃었다.

한편, 조조의 아들 조비는 부왕의 행동이 잘못되었다고 생각했다. 그래서 왕위에 오르자마자 공융의 누명을 벗겨 주었다.

"천하에서 공융의 글을 모으는 자에게 즉시 금을 내리겠다. 공융이 지은 시, 송頌·비碑·문文·논論·의議·육언六言·책문策文·표表·격문檄文·교敎·영令·서書를 모아 25편으로 기록하라."

조비의 한마디 말로 공융이 남긴 글을 집대성한 전집全集이 만들어졌다. 이뿐만 아니라 조비는《전론논문典論論文》에서 공융의 글을 객관적으로 평가했다.

"공융의 문체는 크고 오묘하며 다른 이보다 월등히 뛰어나다. 허나 지론을 펴지 못하고 문장의 도리가 단어를 이기지 못하여 잡다하게 말장난만 친다. 이는 양웅힐揚雄頡, 반고班固와 짝을 이룰 만하도다."

조비에 의해 공융은 문학사에서 반고, 양웅힐과 어깨를 견줄 만한 자리에 오른 셈이다.

■ 참고문헌

《후한서》〈공융전孔融傳〉,《삼국지》〈최염전〉

총애와 질투를 한 몸에 받았던
천재 시인의 운명

당나라의 이름난 서예가인 유공권柳公權의 저서인 《소설구문小說舊聞》에는 수나라 사람 설도형薛道衡의 이야기가 등장한다.

"글을 잘 지은 수나라 양제煬帝는 자신보다 더 나은 사람이 나타나기를 원하지 않았다. 설도형이 죄를 지어 훗날 주살당했다. 설도형을 죽일 때 양제는 설도형에게 '너는 아직도 '빈 용마루에 제비똥 떨어졌네空梁落燕泥'라는 시 따위를 쓸 수 있겠는가?'라고 빈정거렸다."

유공권은 설도형의 죽음에 얽힌 이야기를 모조리 밝히지는 않았다. 설도형이 죽음을 당한 이유를 그저 그의 글재주를 질투한 양제의 속 좁은 심보 탓으로만 돌리고 있기 때문이다. 설도형은 환관집안 출신으로 조부 설총薛聰은 북위北魏의 제주자사濟州刺史였고 아버지 설효통薛孝通

43

은 북제北齊의 당산태수堂山太守를 지냈다. 자字는 현경玄卿으로 어릴 때부터 천재로 불렸는데, 열세 살 어린 나이에 《좌전》을 풀이했고 자산子産이 정鄭나라에 있었던 일을 소재로 〈국교찬國僑贊〉이라는 글을 짓기도 했다. 뛰어난 문체와 톡톡 튀는 재치가 돋보이는 이 글을 보고 배언裴讞이 크게 감탄했다.

"공자가 서쪽으로는 진秦나라 땅을 밟지 못했다고 하여 관서 땅에 위대한 선비가 없는 줄 알았는데 오늘에서야 그대 같은 인재를 만날 줄 누가 알았으랴?"

설도형은 성격이 전혀 다른 두 황제를 보필했다. 개국황제인 문제文帝 양견楊堅과 2대 왕인 양제 양광楊廣이다. 문제는 문학적 재능이 거의 없었던 것으로 보인다. 《수서隋書》에 따르면 문제는 책이나 시를 즐기지 않았으며 학교를 폐지했다고 한다. 문제가 즉위한 후 대신 이악李諤은 육조六朝의 문풍이 속뜻을 알지 못하고 화려한 문구와 수식에만 치우쳐 있다며 상주문을 올렸다.

"군자의 큰 뜻이나 덕을 잊고, 벌레처럼 작은 기교만을 새기기 좋아합니다."

개황開皇(문제의 연호-옮긴이) 4년 문제는 나라의 것이든 개인의 사사로운 글이든 모두 기록하라는 명을 내렸다. 글공부를 멀리하던 문제가 문풍을 바로 세우기로 결심한 것이다. 조서가 반포된 지 얼마 되지 않아 사주자사泗州刺史 사마유司馬幼가 수식이 번지르르한 글을 썼다고 하여 벌을 받았다. 기교가 뛰어난 글을 썼다고 화를 당한 것은 중국 문자옥 역사상 전무후무한 것이었다. 이때부터 화려한 수식에만 치중한 글들이 조금씩 사라졌고 유명한 대신들이나 세도가들도 화려함을 버리고 고서를 파기 시작했다.

좀 이상한 일이지만 글공부를 싫어했던 문제가 난데없이 어느 날부터인가 시인 설도형을 유달리 총애하더니 급기야 설도형을 사신으로 임명하고 강남의 진陳나라로 보내 수나라의 위엄을 만천하에 알리라는 임무를 맡겼다. 문제가 갑자기 설도형을 사신으로 임명해 진나라로 보낸 까닭은 무엇일까? 그 이유는 당시 설도형의 작품을 모르면 강남 사람이 아니라는 말이 있을 정도로 강남땅에서 설도형의 인지도가 상당했기 때문이다. 한 예로 설도형의 〈인일사귀人日思歸〉라는 시는 강남 선비들 사이에서 큰 화제를 낳으며 인기를 모았다.

入春才七日, 離家已二年

人歸落雁後, 思發在花前.

입춘이 지난 지 겨우 일주일인데, 고향을 떠난 지는 이미 2년이구나.

고향에 돌아갈 날은 기러기가 온 후일까, 꽃 앞에서도 고향 생각 절로 나네.

처음 이 시의 첫 두 구절을 읽었을 때 강남 사람들은 모두 배를 잡고 웃음을 터뜨렸다.

"이게 무슨 시야. 설도형이라는 촌놈이 시를 잘 짓는다고 한 사람이 도대체 누구야?"

하지만 나머지 두 구절을 마저 읽고는 웃음을 거두고 과연 소문대로

라며 그의 글재주에 감탄했다.

설도형을 처형할 때 양제가 말한 '빈 용마루에 제비똥 떨어졌네'라는 구절은 설도형의 〈석석염昔昔鹽〉이라는 시에 나온다. 청나라의 문학가이자 시인인 심덕잠沈德潛은 '석석昔昔'은 '야야夜夜(어두운 밤-옮긴이)'를 가리키며, '염鹽'의 원뜻은 노래를 의미하는 '인引'인데 잘못된 발음 때문에 '염鹽'으로 알려졌다고 주장했다. 심덕잠의 주장에 따르면 '석석염'은 '밤마다 노래 부른다'는 뜻이다. 수나라 때의 노래曲 〈소칙염騷救鹽〉, 당나라 때의 노래 〈돌궐염突厥鹽〉이나 〈아작염阿鵲鹽〉 등의 '염'은 역사의 기나긴 물결 속에 흔적도 없이 사라졌지만, 유독 설도형의 〈석석염〉은 중국 문학사에 고스란히 남아 아직까지도 널리 불리고 있다.

개황 8년 수나라가 진나라를 공격할 때, 설도형은 회남도행대淮南道行臺 상서이부랑尙書吏部郎으로 임명되었고 서한과 글을 관리하는 자리를 겸하게 되었다. 대군이 양자강을 건너기 바로 전날, 대원수大元帥 고경高頻과 설도형은 한밤중까지 촛불을 켜고 이야기를 나누었다. 고경이 물었다.

"이번 전쟁으로 진나라를 무너뜨릴 수 있을 것 같소?"

그러자 설도형은 수나라가 반드시 이길 수밖에 없다며 네 가지 이유를 들었다. 그 말을 들은 고경의 입이 귀까지 걸렸다.

"님이 승패를 이야기한다는 것은 이미 사리事理를 똑똑히 구분할 줄 안다는 것입니다. 그 말씀을 들으니 아군이 승리할 것이라는 제 생각이 틀림없다는 것을 다시 한 번 확신할 수 있겠습니다. 저의 재주와 학문은 의지할 만한 것으로 결코 넘겨짚어 이야기하는 것은 아닙니다."

조정에서도 설도형은 상당히 적극적인 행보를 보여 주었으며, 특히 어사대부 소위蘇威, 예부시랑禮部侍郎 노개盧愷, 상서우승尙書右丞 왕홍王弘, 고공시랑考功侍郎 이동화李同和 등과 관계가 돈독했다. 하지만 그의 행보가 거침없을수록 반대 세력의 불만은 쌓여만 갔다. 이들은 설도형의 무리를 소위蘇威의 앞잡이라고 비난하며 왕홍과 이동화를 가리켜 소위 무리를 이끄는 세자世子, 숙부叔父라고 불렀다. 이 이야기를 들은 문제는 소위가 함부로 붕당을 만들어 조정의 분열을 부추겼다며 그를 파면시켰다. 이 과정에서 설도형도 별수 없이 영남嶺南으로 유배되었다.

이때 훗날 양제가 될 양광楊廣은 아직 태자의 자리에 오르지 못하고 진왕晉王의 번호藩號라는 신분으로 양주揚州에 머물고 있었다. 황태자의 자리를 엿보며 노골적으로 인재를 모으고 있던 양광은 설도형이 영남으로 쫓겨났다는 소식을 듣고 즉시 사람을 보내 문제에게는 자신이 설명할 테니 지금 당장 자신이 있는 양주로 오라는 밀서를 보냈다. 그러나 설도형이 어디 그리 허술한 사람이던가! 설도형은 양광의 '도둑배'에 후다닥 오르지 않았다. 그로부터 얼마 지나지 않아 문제는 설도형을 경사로 불러들였다. 그러나 양광은 이때 자신의 편에 서지 않았던 설도형을 손봐주기로 마음먹었다.

글재주가 남다른 설도형이었지만 글을 지을 때 생각이 떠오르지 않으면 몇 시간이고 혼자 빈 방에 앉아 벽을 마주보는 특이한 버릇이 있었다. 그럴 때마다 설도형은 조용히 하라고 주변에 단단히 이르고는 혹시라도 문 밖에서 누군가가 얼쩡거리는 소리라도 들리면 욕설을 쏟아부었다고 한다. 특이한 버릇이었지만 문제는 설도형의 작품은 하나같이 마음에 든다며 그를 유달리 아꼈다. 황제의 한결같은 총애를 받은 설도형은 오랫동안 조정의 요직要職을 오가며 천하에 이름을 날렸고, 태자들도 그를 차지하기 위해 치열한 물밑 경쟁을 벌였다. 설도형을 자신의 편으로 둔다는 것은 단순히 글재주가 뛰어난 문인을 부리는 데 그치지 않고 보좌에 가까이 다가갈 발판을 확보한다는 의미가 있었기 때문이다.

자신이 죽고 난 후 비극이 일어나리라는 것을 예감했던 것일까? 문제는 설도형을 보호하기 위해 그를 경사로 불러들인 뒤 양주襄州 총관總管으로 임명했다. 양주로 떠나기 전 문제는 설도형을 마주보며 상심한 표정으로 입을 열었다.

"지금 그대가 가면 짐의 어깨가 잘린 듯 아플 것이오."

결국 문제가 붕어하고 양제가 즉위했다. 양제는 탁월한 시인인 동시에 대단한 폭군이었다. 양제가 보위에 오른 지 5년이 지나 70세에 이른 설도형은 은퇴하고 싶다는 뜻을 전하며 경성에 올라와 문제에 대한 애절한 그리움을 담은 〈고조문황제송高祖文皇帝頌〉이라는 글을 지었다.

"…… 아침 일찍 조정에 들고 저녁 늦게 퇴청하네. 잠자는 것도, 배고픈 것도 잊고 그저 백성이 편안치 않을까, 스스로 작은 실수라도 저지르지 않을까 전전긍긍했네. 낮에는 선왕의 도를 행하고 늦은 밤에는 여러 왕들이 저지른 실수를 고치는 데 힘쓰니 새벽동이 터오는 줄도 모르네. 좋은 일을 보면 기쁜 마음이 얼굴에 훤히 드러나고, 잘못된 일을 들으면 깊은 한숨을 내뱉네. 부역을 가벼이 하고 농사를 중히 여기니……."

드디어 양제가 복수의 칼을 휘두를 기회가 다가왔다. 설도형의 글을 본 양제는 소위에게 설도형이 선조先祖를 찬미하니 이것은 어조魚藻의 뜻이 아니냐며 따져 물었다. '어조'는 《시경》 중 〈소아小雅〉에 등장하는 글로, 위衛나라 무공武公이 주周나라 유왕幽王을 풍자하는 내용을 담고 있다. 글재주가 남달랐던 양제는 명성에 걸맞게 설도형의 명줄을 끊을 꼬투리를 '어조'에서 찾아낸 것이다. 즉, 겉으로는 문제를 비롯한 선조들의 공로를 찬양하지만 이는 곧 현 조정의 무능함을 비방하는 글이 아니냐는 것이었다.

설도형의 오랜 벗인 사예자사司隸刺史 방언겸房彦謙은 양제의 속뜻을 알아차리고는 설도형에게 쓸데없는 오해를 사지 않도록 손님을 일절 맞이하지 말고 조용히 근신하라는 내용이 담긴 서찰을 급히 보냈다. 하지만 양운, 공융처럼 오만했던 설도형의 귀에 친구의 충고가 들어올 리 없었다. 마침 이 무렵 양제는 새로운 법령을 추진할 계획을 세우고 있었는데, 여러 대신이 논의만 하고 결정을 내리지 못하고 있다는 소식에 설도형은 한숨을 쉬었다.

"만일 고경高熲이 아직 살아 있었다면 이렇게 우물쭈물하지는 않을 터인데……."

설도형이 조정을 비방해 주살당한 고경을 들먹였다는 소식을 접한 양제는 죽은 귀신 따위를 어찌 그리워하냐며 불같이 화를 내고 그를 관부에 넘겨 죄를 묻게 했다. 순진한 설도형은 그저 자신이 왕의 총애를 잃었다고만 생각했지 죽을죄를 지었다고 생각하지 못했다. 그래서 관부에 자신에 대한 판결을 빨리 내려달라고 재촉하는 한편, 집에는 돌아가 마실 술상이나 거나하게 차려 놓으라고 연락을 취했다. 집으로 돌아갈 채비로 바쁜 설도형 앞에 성지聖旨를 든 사자가 나타났다. 자결하라는 성지가 내려왔다는 사자의 소리에 설도형은 무언가 잘못되었다며 끝끝내 성지를 받지 않았다. 결국 성지가 다시 한 번 내려왔다. 친절한 양제는 이번에는 어떻게 자결할 것인지 똑똑하게 써주기까지 했다.

"목을 매달아 용서를 구하라!"

결국, 70세 노인은 밧줄 하나에 목을 매달았다. 3척呎짜리 탁자에는 그가 생전에 남긴 문집 70권만이 덩그렇게 남았다. 그의 죽음에 대해 역사는 그저 침통하고 짤막하게 기록하고 있다.

"천하가 그 죽음을 원통하게 여긴다."

■ 참고문헌

《수서》〈설도형전薛道衡傳〉·〈양제본기煬帝本紀〉·〈문제본기文帝本紀〉,《시화총구詩話總龜》

'문자옥'이 허물어지던
문안들의 태평천국

왕발 외

당나라는 건국 이후 국가 체제, 정부 기구 등 국정의 주요 틀은 수나라의 것을 답습했지만 사대부에 대한 대우는 전혀 달랐다. 수나라 통치자들이 무인武人을 중시했던 것과는 달리 당나라의 최고 통치자들은 사대부를 우대하고 따뜻하게 품었다.

당나라 초기에 있었던 삼격三檄의 경우를 살펴보자. 삼격은 왕발王勃의 〈격영왕계檄英王鷄〉, 원만경元萬頃의 〈격고려문檄高麗文〉, 그리고 낙빈왕駱賓王의 〈위서경업토무조격爲徐敬業討武曌檄〉을 가리킨다.

당나라 초기 사걸初唐四杰(왕발王勃, 양형楊炯, 노조린盧照鄰, 낙빈왕駱賓王-옮긴이) 중 한 명인 왕발은 남다른 재주로 어릴 때부터 주변의 기대를 한몸에 받고 자랐다. 글을 잘 짓기로 유명했던 왕발은 약관弱冠도 채 되지 않은 나이에 조정의 부름으로 여러 차례 황실을 찬양하는 시를 바쳤다고 한다. 왕발은 특히 여러 황자와 돈독한 관계를 유지했는데 특히 영왕英王, 패왕沛王 등과 끈끈한 우정을 자랑했다. 당시 장안성長安城에는 닭싸움이 크게 유행했는데 황궁 안도 예외가 아니었다. 평소 황자들과 닭싸움을 자주 했던 왕발은 영왕이 기르고 있는 닭을 무찌르겠다는 선언을 담은 시를 재미삼아 지었다. 그런데 우연히 이 시를 본 고종高宗의 안색이 붉으락푸르락했다. 제아무리 장난삼아 썼다고 하지만 싸움을 부추기는 글이 황자들 사이를 해칠 수 있다고 생각한 고종은 불편한 심기를 감추지 못하며 왕발을 황궁 밖으로 쫓아내고, 다시는 황자들 곁에 얼씬도 하지 말라는 엄명을 내렸다. 훗날 왕발은 유명한 〈등왕각서滕王閣序〉에서 조정에 대한 원망과 황자들에 대한 그리움을 털어놓기도 했다.

"황궁의 궁문을 그리워해도 보이지 않으니, 궁실宮室을 모신 지 어언 몇 년이던가? 오호라, 때와 운이 따르지 않으니 멀리 밖으로 떠나라는 명을 받았네."

〈격고려문〉의 작가인 원만경에 대한 평은 《신당서新唐書》에서 찾을 수 있다. 기록에서는 원만경에 대해 "활달하고 호방하여 유학자의 모습이 느껴지지 않는다"고 적고 있다. 당나라 초기에 대장군 이적李勣과 함께 고려高麗 원정에 나선 원만경은 서기로 일하며 보고나 각종 서신을 작성하는 일을 담당했다. 이적이 별장군別將軍 곽대봉郭待封에게 함대를 이끌고 고려의 평양平壤으로 접근하라는 명령을 내리고, 빙사본憑師本에게는 군량미의 수송을 담당하라고 명했다. 그러나 어찌된 영문인지 군량미가 지원되지 않아 곽대봉의 병사들과 병마들은 극심한 굶주림에 시달리게 되었다. 결국 곽대봉과 함께 원정길에 올랐던 원만경이 군량미를 요청하는 서신을 썼는데, 불현듯 군량미가 부족한 아군의 상황을 적은 서신이 고려군의 수중에 들어가기라도 한다면 끝장이라는 생각이 떠올랐다. 궁리 끝에 원만경은 고려인들이 쉽게 알아보지 못하도록 암호를 쓰기로 했다. 원만경은 남녀 사이의 이별을 노래하는 시로 가장하여 하루라도 빨리 군량미를 보내달라는 서신을 이적에게 보냈다.

시의 내용은 지금 알 수 없지만 아마도 비익조比翼鳥(날개를 나란히 하고 같이 나는 새로 금실 좋은 부부를 뜻한다-옮긴이)가 제대로 날지 못하고 있다는 등의 내용이었을 것으로 짐작된다. 이적은 원만경의 시에 담긴 뜻을 이해하지 못하고 일촉즉발의 상황에 한가롭게 사랑 타령이나 한다면서 불같이 화를 냈다. 그러고는 군기를 바로잡겠다며 본보기 삼아 곽대봉을 처형하라는 명을 내렸다. 소식을 들은 원만경은 상황이 여의치 않게 돌아가고 있음을 직감하고 모두 자신이 한 일이라고 고백했다. 어쩔 수 없이 이적은 손을 내저으며 그만두라고 명할 수밖에 없었다.

원만경의 남다른 글재주를 알게 된 이적은 그에게 고려 정벌을 앞둔 당나라 군사들의 사기를 끌어올리기 위해 격문을 쓰라고 명했다. 그런데 어찌된 노릇인지 원만경은 또다시 설레발을 치고 말았다. 원만경은 격문에서 압록강鴨綠江이라는 천혜의 요새를 지킬 줄도 모르고 덤비는 어리석은 족속이 고려라며 한껏 약을 올리는 내용을 적었다. 그런데 격문에 적힌 이 한 마디 말이 궁지에 몰려 있던 고려군을 막다른 벼랑 끝에서 구해낼 줄 누가 알았으랴? 고려 조정에서는 즉각 압록강으로 군대를 보내 반드시 이곳을 사수하라고 명한 뒤 병력을 크게 강화했다. 결국 당나라 군대는 압록강을 넘지 못하고 중원으로 퇴각하고 말았다. 질 줄 알았던 싸움에서 뜻밖의 승리를 거둔 고려는 당나라 조정에 약을 바짝 올리는 글을 보냈다.

"그대들의 가르침이 아니었다면 압록강을 지킬 생각도 하지 못했을 것이오. 진심으로 고맙소이다!"

결국 원만경의 격문은 다된 밥에 코 빠뜨린 격이 됐고 그는 그 죄로 영외嶺外로 쫓겨나 남쪽 변방으로 유배되었다. 하지만 그로부터 얼마 지나지 않아 원만경은 다시 장안성으로 돌아와 관직에 올랐다.

당나라 때 격문으로 이름을 떨친 또 다른 사람으로 낙빈왕이 있다. 그가 쓴 격문은 왕발이 재미삼아 쓴 시나, 쓸데없이 생각만 많았던 원만경의 글과는 달리 가슴 깊은 곳에서부터 우러나오는 울분과 아픔을 생생하게 담고 있다. 〈위서경업토무조격〉은 당시 당나라 최고의 권력을 휘두르던 무측천武則天에게 직접 화살을 거누고 있다. 부드러운 미소를 지으며 이 글을 읽던 무측천은 "한 줌 흙이 채 마르지도 않았는데 육 척呎이나 되는 여우를 어찌 받들겠는가?"라는 구절을 읽고는 미소를 거두었다. 그러고는 싸늘한 표정으로 재상인 적인걸狄仁杰에게 이 글을 쓴 자가 누구냐고 물었다. 낙빈왕이 썼다는 적인걸의 말에 무측천은 무릎을 치며 한숨을 뱉었다.

"재상이라는 사람이 어찌하여 이처럼 뛰어난 인재를 조정으로 끌어오지 못했단 말입니까?"

이는 그녀가 왜 중국 역사상 유일한 여황제女皇帝인지를 보여주는 대목이다. 과연 상투를 틀어 맨 남정네 중에서 그녀처럼 호탕하게 인재를 품으려고 했던 이가 있을까?

무측천을 쫓아내고 왕위를 되찾은 중종中宗은 왕위에 오르자마자 사람들의 예상을 깨고 과감한 행보를 보여 주었다. 먼저 전국에 명하여 낙빈왕의 글을 모으도록 했는데 그 수가 무려 수백 편에 달했다. 뿐만 아니라 중종은 최융崔融, 장광張洸 등에게 낙빈왕을 재평가하라고 명했다.

중종 이현李顯은 모후인 무측천에 의해 제위를 빼앗긴 인물이다. 그런 중종이 낙빈왕의 글을 수집한 것은 아마도 모후에 대한 반항심 때문이었을 것이다. 주변에서는 낙빈왕이 반역의 무리에 가담했고 용서할 수 없는 말로 모후를 욕했다고 수선을 떨었지만 중종은 대수롭지 않게 생각하고 그의 글재주를 아꼈다. 그에게 문학과 정치는 별개의 것이었다. 당나라 역대 황제들이 문자옥을 세울 때조차 인간미를 잃지 않았던 것도 바로 이 때문이 아닐까.

《당인소설唐人小說》에는 우승유牛僧孺라는 사람이 한밤중에 밖에 나갔다가 귀신을 만난 이야기를 담은 〈주진행기周秦行紀〉라는 소설이 있다. 일인칭 주인공 시점으로 기록된 이야기의 줄거리는 다음과 같다. 과거에 참가했다가 낙방한 우승유는 명고산鳴皋山 아래를 지나다가 날이 어두워지자 길가에 있는 커다란 집의 문을 두드리며 하룻밤 묵어갈 수 있을지 물었다. 화려하기 짝이 없는 대문을 열고 우승유를 맞은 것은 자칭 한나라 문제文帝의 모후인 박태후薄太后였다. 그 뒤로 우승유는 한나라 고조高祖의 부인인 척부인戚夫人, 왕소군王昭君, 양옥배楊玉环(양귀비楊貴妃), 제반숙비齊潘淑妃, 석숭石崇의 애첩인 녹주綠珠로부터 뜨거운 환대를 받았다. 전 왕조에서 광영을 누리던 태후와 시대를 초월하는 절세가인 들이 비록 그 혼이라고 하지만 모두 모여 우승유와 술자리를 벌였다. 어스름한 달빛 아래 흥에 취하고 술에 취한 우승유는 미인들과 세상 돌 아가는 이야기를 도란도란 나누며 이야기꽃을 피웠다. 덕종德宗이 보좌 에 올랐다는 이야기를 우승유가 들려주자 양귀비가 덕종의 아명兒名를 언급하며 놀란 표정을 지었다.

"심沈씨가 낳은 아들이 보좌에 올랐단 말이오?"

희미한 달빛 아래 기분 좋게 취한 여인네들과 우승유는 신세를 한탄 하며 시를 짓고 노래를 불렀다. 어느덧 동녘 하늘이 서서히 밝아오자 미 인들은 감쪽같이 사라지고 쓰러져가는 사당 앞에는 우승유 혼자 잠이 들어 있었다. 놀란 우승유가 주변을 둘러보며 사당의 문을 열고 들어가 보니 한나라 문제의 모친인 박태후의 위패가 세워져 있었다.

이 이야기는 사실 이덕유李德裕의 제자인 위관韋瓘이 쓴 것이다. 이덕유 는 우승유와 '우이당쟁牛李黨爭'을 일으키며 정치적으로 크게 대립했는 데 둘 사이는 그야말로 철천지원수와 다름없었다. 위관은 자신의 스승 과 원수지간인 우승유에게 황제의 아명을 부르고 태후를 욕보였다는 죄 를 덮어씌우기 위해 우승유를 주인공으로 하는 소설을 지었던 것이다.

그로부터 몇십 년이 흐른 뒤, 문종文宗 개성開城 연간에 이르러 말년 에 끈 떨어진 연 신세가 된 우승유를 해하고자 누군가가 이 소설을 올 렸다. 이를 본 문종은 소설에 등장하는 우승유는 필히 누가 그의 이름을 함부로 사칭한 것이 분명하다며 여유롭게 미소를 지었다.

"우승유는 정원貞元에 진사가 되었는데 어찌 덕종 황제를 감히 '심씨의 아들'이라고 부르겠소?"

그러고 나서 문종은 불편한 기색 없이 잠이 들었다고 한다. 현명한 문종은 간신의 세 치 혀에 미혹되지 않고 이성적으로 상황에 대처함으로써 오랫동안 비밀리에 추진되고 있었던 문자옥을 허물어뜨렸다.

이번에는 유우석劉禹錫의 경우를 살펴보자. 왕숙문王叔文이 이끄는 개혁파의 한 명인 유우석은 개혁이 실패하자 여러 차례 좌천과 유배를 당했다. 재상의 자리에 오른 무원형武元衡이 인재를 귀하게 여겨 멀리 남만南蠻의 황무지로 쫓겨났던 유우석을 장안성으로 불러들이고 그에게 남성군南省郡의 자리를 주었다. 10년도 넘게 유배 생활을 하다가 다시 중앙정부에 등용되었다는 사실에 유우석은 크게 기뻐하며 시 한 편을 지었다.

紫陌紅塵拂面來, 無人不道看花回.
玄都觀裏桃千樹, 盡是劉郎去後栽.

붉은 논두렁에서 피어난 붉은 먼지가 얼굴을 뒤덮으니, 꽃을 보다 돌아왔는지 묻지 않는 이가 없구나.
어수룩한 관리가 안에 심긴 복숭아나무 수천 그루를 보고 있으니, 전부 유랑(유우석)이 뒤에서 심은 것이네.

누군가가 이 시를 황제에게 바치며 몇 가지 의심스러운 점을 조목조목 짚었다. 즉 유우석이 기존 관리의 무능함을 비웃고 있으며 자신을 유배했던 조정의 처분에 대한 원망을 노골적으로 드러내고 있다는 것이었다. 이렇게 해서 유우석은 다시 한 번 황제의 눈 밖에 나 귀주성貴州省 준의遵義 일대 파주播州로 유배되었다. 어사중승御史中丞 배도裴度가 헌종憲宗에게 유우석에 대한 처벌이 너무 가혹하다며 하소연했다.

"파주는 장안성에서 너무도 멀리 떨어진 곳으로, 원숭이만 출몰하는 야만의 땅이라고 합니다. 듣자 하니 유우석에게는 여든을 넘긴 노모가 있다고 하던데 늙은 어미가 어찌 아들을 따라 그리 험한 곳으로 가겠습니까? 이승에 머물 날도 얼마 남지 않았으니 유우석이 지금 파주로 간다면 살아서는 다시 노모를 보지 못할 것입니다. 이리 되면 부모를 섬기는 효로 나라를 다스리겠다는 폐하의 원대하신 뜻에도 어긋나니 부디 그의 유배지를 가까운 곳으로 바꾸어주소서!"

"흥, 아들이라는 자가 늙은 제 어미를 생각했다면 언행에 더욱 신중해야 하거늘 어찌하여 오히려 걱정을 끼친단 말인가? 이는 제 부모를 제대로 모시지 못한 것이니 그 또한 죄가 아닌가!"

그로부터 얼마 뒤 헌종은 노기를 거두고 담담한 표정으로 다시 입을 열었다.

"과인이 화를 낸 것은 아들 된 자로서 불효를 저지른 유우석에 대한 분노이지, 그 노모의 가슴을 아프게 하려 함은 아니네."

이리하여 유우석의 유배지는 파주에서 연주連州, 다시 기주夔州로 바뀌었다.

위의 몇 가지 사건을 통해 짐작할 수 있는 것은 당나라의 황제들이 문인과 사대부를 아꼈으며 그들의 잘잘못을 판단할 때도 이성적이고, 인간적인 기준을 갖추고 있었다는 사실이다. 사람을 함부로 사지로 밀어넣지 않고 잘못을 너그러이 용서해줄 줄 아는 도량과 가슴을 가진 군주들 덕택에 많은 이가 화를 면할 수 있었다.

그렇다고 해서 당나라 조정이 사대부들에게 너그럽기만 한 것은 아니었다. 이번에는 조정 대신들이 개인적인 이익을 위해 사람을 해친 경우를 살펴보자.

좌사낭중左司郎中 교지지喬知之에게는 요랑窈娘이라는 여종이 있었는데 그 미모와 기예가 출중하여 교지지로부터 총애를 받았다. 무측천의 조카인 무승사武承嗣가 이를 알고 재미삼아 그녀를 만나고 싶다는 뜻을 교지지에게 전했다. 교지지의 주선으로 요랑을 직접 만난 무승사는 그 미모에 반해 그녀를 돌려보내지 않고 자신의 집에 가뒀다. 자신의 애첩이 무승사의 손에 넘어갔다는 것을 알게 된 교지지가 간수를 매수해 자신이 쓴 시를 요랑에게 몰래 건넸다. 시를 읽은 요랑은 크게 울음을 터뜨리며 우물에 몸을 던지고 말았다. 우물에서 요랑의 시신을 끌어올리던 무승사는 비록 조금 번지기는 했지만 그녀의 젖은 치맛자락에 적힌 교지지의 시를 볼 수 있었다. 교지지는 시에서 진晋 무제武帝 때 권신 손수孫秀가 석숭石崇의 애첩 녹주綠珠를 빼앗은 일을 심하게 비꼬고 있었다. 화가 머리끝까지 난 무승사는 사람을 시켜 교지지를 잡아들이고 심하게 매질한 뒤 재초載初 원년690년 3월에 감옥에 집어넣었다. 그로부터

한 달 만에 교지지는 주검이 되었다.

이 밖에 명시名詩를 빼앗기지 않으려다가 목숨을 잃은 유희이劉希夷 사건도 있다. 변방으로 떠난 사랑을 그리워하는 시를 잘 짓기로 유명한 유희이는 무측천 시대의 대시인인 송지문宋之問의 외조카이다. 그가 지은 〈대비백두옹代悲白頭翁〉이라는 시는 특히 오랫동안 사랑받았는데 그중 몇 구절을 소개한다.

"꽃 떨어지고 사람 얼굴빛 바뀌었는데, 내년 꽃필 때는 누가 다시 있을꼬今年花落顔色改, 明年花開誰復在. …… 해가 가고 세월이 가도 꽃은 그대로인데, 사람은 해마다 달라지네年年歲歲花相似, 年年歲歲人不同."

이 시를 가장 먼저 읽은 송지문은 기가 막힌 글이라며 칭찬을 아끼지 않았다. 시가 매우 마음에 들었던 나머지 송지문은 조카 유희이에게 슬쩍 입을 열었다.

"이 시를 다른 사람에게 보여준 일이 있더냐?"

"아직 아무에게도 보여주지 않았습니다."

"오호, 그래? 그러면 이 시를 나에게 다오. 아무도 이 시를 네가 지었는지 모를 터이니……."

하지만 유희이는 외삼촌의 부탁을 일언지하에 거절했다. 이 일로 자존심에 상처를 입은 송지문은 훗날 흙 포대로 자신의 조카인 유희이를 압사시켰다.

803년 섬서陝西 지역에 심한 가뭄이 들자 백성들은 굶주림과 갈증을 견디며 비참한 삶을 간신히 이어가고 있었다. 그런데 경조윤京兆尹이 백성의 고통은 아랑곳하지 않은 채 평소와 다름없이 세금을 걷자 백성들

은 살고 있던 집의 벽을 허물어 벽돌을 팔아 세금을 냈다. 재주를 팔아
먹고살던 성보서成輔瑞가 극악한 관리들을 조롱하는 시를 지었다.

秦地城池二白年, 何朝如此賤田園.
一頃靑苗五石米, 三間堂屋二千錢.

지난 200년 동안 삼진 땅에, 전답을 이리도 황폐하게 둔 이가 있었던가.
한 경짜리 밭에 핀 푸른 보리싹은 쌀 5석이오, 세 칸짜리 집은 2,000냥이네.

당나라가 세워진 지 200년 동안 기보畿輔(왕도 주위로 500리 이내의 땅 -옮
긴이) 지역인 삼진三秦에는 지금처럼 백성을 탄압한 일이 없었는데 지금
경조윤이 폭정을 하고 있다며 원망과 울분을 토하는 내용이었다. 이 시
를 본 경조윤은 성보서를 잡아들인 후 나라를 비방하고 관리를 조롱했
다며 그의 목을 쳤다.

아쉽게도 위의 세 이야기는 당나라 황제의 귀에 전해지지 않았다. 그
다지 유쾌하지 않은 일이 가끔 일어나기도 했지만 당나라는 시인들이
가장 동경하던 태평천국이었다. 아마도 그런 까닭에 당시唐詩가 화려하
게 피어나지 않았을까.

■ 참고문헌
《구당서舊唐書》〈유우석전劉禹錫傳〉·〈왕발전王勃傳〉, 《신당서》〈원만경전元萬頃傳〉, 《시화총구》, 《당인소설》

양날의 검이 된
송대 권신들의 당쟁과 암투

백
거
이
외

북송과 남송의 군주들은 사대부에게 비교적 관대한 편이었다. 이런 송대 황제들의 태도는 《상신종황제서上神宗皇帝書》의 기록에서 확인할 수 있다.

"진秦, 한나라와 오대五代의 역사를 두루 살펴보건대 간諫을 하다 화를 당해 죽은 이가 수백 명을 넘는다. 그러나 건륭建隆(조광윤趙光胤이 세운 송나라 왕조의 첫 연호) 이후, 말이나 글로 죽은 이가 없었다. 물론 가벼운 질책은 있었지만 훗날 더 높은 자리를 누렸다. …… 자리에서 나아가 간을 한 사람들이 관직의 높고 낮음을 따지지 않고, 신분의 귀천에 연연하지 않고 생각한 바를 말하니 천자 역시 잘못을 들으면 그 점을 고쳤다……."

황제의 잘못이나 허물에 대해서까지도 자유롭게 이야기할 수 있었다는 내용으로 미루어보건대 송나라는 언론의 자유를 상당히 보장하고 있었음을 알 수 있다. 또 사대부와 문인을 우대했는데, 저우구청周谷城은 이에 대해 다음과 같이 설명하고 있다.

"송나라 황실은 과거科擧와 학당을 통해 지주 계층을 정계로 끌어들였다. 이로써 신분상승의 기회를 얻은 이들이 벼슬길에 나서 영화를 누렸다. 이들은 관리로서 후한 녹봉을 받았다. 돈뿐만 아니라 비단, 곡식, 하인을 비롯해 차茶, 소금, 술, 석탄 등 일상용품을 나라에서 지급받았다. 이들은 퇴직 후에도 정부에서 각종 지원금과 물자를 받았고, 당사자가 세상을 떠나더라도 그 후손이 직전職田을 받을 수 있었다. 뿐만 아니라 조상 중에 관직에 오른 자가 있다면 그 후손은 음보蔭補(조상의 덕으로 벼슬을 얻음-옮긴이)를 받았다."

송대의 관료제는 기본적으로 당나라의 것을 그대로 이어받았다. 당나라의 경우, 삼반三班(문관, 음관, 무관을 통틀어 이르는 말-옮긴이) 관리들은 월급으로 700역권驛券(역참에서 마필, 마부를 징발할 수 있는 증서-옮긴이)과 양고기 두 근 반을 받았다. 역권은 요즘으로 치면 출장 및 접대비에 해당한다. 관리들이 월급에 불만을 품기는 예나 지금이나 마찬가지인 모양이다. 물가는 상승했는데 월급은 오르지 않아 살기가 어렵다며 누군가 불만을 토로하는 시를 벽에 쓰기도 했다.

三班奉職實堪悲, 卑賤孤寒卽可知.

七白料錢消甚使, 半斤羊肉幾時肥?

왕궁까지 전해진 이 시를 보고 관리들이 월급에 불만이 있음을 알아
차린 진종眞宗은 대신들과 논의 끝에 월급을 올려 지급토록 했다.

《정사程史》에 따르면 송나라 태조太祖 조광윤이 막 보위에 올랐을 무렵
에는 민심이 무척 흉흉했다고 한다. 당시《추배도推背圖》라는 예언서가
크게 유행했는데 딴마음을 먹은 자들은 이를 악용하여 각종 음해성 유
언비어를 쏟아냈다. 사정司呈이 이를 태조에게 알리고 사회통합을 위협
하는 썩은 뿌리를 근절해야 한다고 고했다. 태조 조광윤은 즉각 두 가지
조치를 동시에 실시했다. 먼저 백성이 엉뚱한 곳에 정신을 팔지 않도록
온갖 〈혹민지惑民志(민심을 어지럽게 하는 글-옮긴이)〉를 배포했고 '번형벽繁刑
辟(잦은 형벌과 규제-옮긴이)'을 실시해 각종 형벌을 만들었다. 개봉부開封府의
상황을 보고한 기록에 따르면 태조가 취한 조치로 감옥에 빈 곳이 없을
만큼 많은 사람들이 잡혀 들어갔다고 한다. 죄인들을 가둘 곳이 여의치
않자 한 관리가 조광윤에게 법을 어긴 사람들을 계속해서 잡아들여야
하는지 물었다. 그러자 조광윤은 웃음을 띠며 여유롭게 말했다.

"더 이상 잡아들일 필요 없다. 다양한《추배도》와 〈혹민지〉를 마구 내
놓다 보면 백성들은 뭐가 진짜이고 뭐가 가짜인지 구분하지 못하게 될
것이다. 그리하다 보면《추배도》의 내용 역시 서로 어긋날 터이니 시간
이 지나고 나면 백성 스스로《추배도》에서 마음을 돌릴 것이다."

어찌 보면 비열한 방법이라고 하겠지만 실제로는 상당한 효과를 거두었다. 송나라 왕조는 피 한 방울 흘리지 않고도 대대적인 사회정화에 성공해 순항할 수 있었다.

송나라 진종에 이르러 진팽년陳彭年과 조광장晁光莊 등 네 명의 인사가 과거 시험문제를 출제하는 시험관으로 임명되었다. 송나라에서 시험관이 되기란 결코 쉬운 일이 아니었다. 우선 황제와 조정 대신들의 전폭적인 신뢰를 받아야 하고 그 외에도 능력, 인품, 관직, 파벌, 재력 등 여러 분야에서 월등한 조건을 갖추어야 했다. 모든 면에서 나무랄 데가 없는 조건을 갖춘 시험관들을 곤욕스럽게 하는 이들이 있었으니 바로 유독 '드센' 과거 응시생들이었다. 사대부를 후대한 송나라 때는 문인과 사대부의 목소리가 그 어느 시대보다 높았다. 여기에 힘입어 과거 응시생들도 다른 시대에 비해 사건을 많이 일으켰는데 대문호 구양수歐陽修 역시 이들로부터 공격을 받았다. 상황이 이러하다 보니 시험문제를 출제하는 시험관들은 혹시나 과거 응시생들의 미움을 사지 않을까 전전긍긍했다. 그러나 진팽년은 보란 듯 득의양양하게 과거 응시생들을 대했다.

과거가 끝나고 합격자를 알리는 방이 내걸린 날, 진팽년의 외조카는 자신이 낙방했음을 알고 화가 머리끝까지 난 나머지 어찌된 일이냐고 따지려 진팽년의 집으로 갔다. 때마침 진팽년은 집을 비웠고 탁자 위에는 황궁에서 보낸 성지가 놓여 있었다. 수년 동안 해온 글공부가 물거품이 되었다는 생각에 눈에 뵈는 것이 없었던 진팽년의 조카는 황제의 조서 뒤에 삼촌을 조롱하는 칠언시를 적었다. 뿐만 아니라 대담하게도 그런 무능한 인간을 과거를 관장하는 자리에 올린 조정의 어리석음을 비웃었다. 집에 돌아온 진팽년은 외조카가 남긴 시를 보고 화가 머리끝까지 났다. 제 능력이 부족한 것을 알지 못하고 집안의 어른이자 나라의 중신, 나아가 조정을 모욕하는 시를 썼으니 대의를 모욕한 것이 아닌가! 자신의 자존심을 떠나 조정 대신으로서 체통을 지키기 위해서라도 외조카를 따끔하게 야단쳐야겠다고 결심한 진팽년은 이 같은 사실을 황제에게 고했다. 어찌 보면 집안일로 그칠 수 있는 일을 정치적 사건으로 확대한 것이다. 당시 권력의 중심에 서 있던 유후劉后는 이 사실을 알고도 진팽년의 외조카에게 죄를 묻지 않았다. 비록 심기는 불편했지만 작은 잘못은 눈감아 주는 분위기가 대세였던 까닭이다.

　이처럼 말과 글에 너그럽던 송나라 사회에 어두운 그림자가 드리워졌다. 어둠을 몰고 온 주인공은 다름 아닌 조정의 권신들이었다. 당나라부터 북송, 남송 시대에 이르는 동안 문단文壇은 상당한 규모를 자랑하고 있었지만 그 속을 들여다보면 그다지 건전한 편은 아니었다. 그 원인은 바로 조정 내부의 파벌 투쟁이었다. 당나라 때의 우승유와 이덕유의 당쟁을 필두로 북송시대 범중엄范仲淹과 구양수의 붕당론, 그리고 왕안석王安石의 신법新法을 둘러싼 신구 당파의 갈등 등 암투가 끊이지 않았다. 이는 결국 적대 세력의 정계 진출을 막기 위해 온갖 음모가 난무했던 원우당쟁元祐黨爭으로 이어졌다. 남송시대에도 주희朱熹를 위시한 의리파義理派와 시세파時勢派 사이에 치열한 권력 다툼이 일어났다. 왕동령王桐齡은《중국사中國史》에서 송대 문인 세력의 권력다툼에 대해 이렇게 분석한다.

"역대 중국 왕조에서 일어난 당화黨禍는 모두 소인배가 군자를 위험에 빠뜨리면서 일어났다. 그러나 송나라의 당쟁 혹은 당화는 그 성격이 다르다. 송대의 당쟁은 상당히 복잡하고 불분명한 원인과 현상을 보인다. 많은 이들이 자신의 부족함을 모르고 불빛을 향해 달려드는 불나방처럼 그저 무턱대고 당쟁에 뛰어들었다. 여기에는 어리석은 자뿐만 아니라 현명한 자도 있었다. …… 사대부들은 치열한 기 싸움을 벌이며 송의 정치를 혼란으로 몰고 갔다. 송의 역사는 정권 투쟁의 역사라고 정의할 수 있다. 못난 자들은 당쟁에 빌붙어 사리사욕을 채우려 했고, 현명한 자들도 정쟁으로 자신의 뜻을 높이려 했다. 치열한 정쟁과 쓸모없는 소모전 속에 서로를 깎아내리는 한편 붕당이라는 이름으로 세력을 긁어모았다. 이렇게 해서 일어난 신당과 구당의 갈등으로 북송 시대는 끝내 막을 내렸다."

송대 사대부들은 자신들의 정치적 목적을 달성하고 상대방을 무너뜨리기 위해 '글'로 서로를 공격하고 죄목을 만들어냈다. 서두르지 않고 끈질기게 기회를 살피다가 조금이라도 비집고 갈 틈이 있으면 그 즉시 파고들어 상대의 목을 쳤다. 또한 황제의 심기를 계속 건드리면서 제 손은 더럽히지 않고도 상대방의 목을 칠 수 있었다.

당나라 원화元和 10년815년 재상 무원형武原衡이 암살당했다는 소식이 퍼지면서 장안성은 혼란의 도가니에 빠졌다. 당시 태자를 보필하는 좌찬선대부左贊善大夫 자리에 있었던 44세의 백거이白居易는 재상을 살해한 범인을 하루빨리 잡아들여 나라의 치욕을 갚아야 한다는 상주문을 황제에게 올렸다. 이 상주문을 본 재상 장홍정張弘靖, 위관韋貫 등은 일개 관리가 간관諫官보다 먼저 조정의 일에 감 놔라 배 놔라 했다며 몹시 괘씸하게 생각했다. 사실 이전부터 백거이는 과감한 직언으로 많은 사람들의 눈 밖에 난 상태였다. 특히 이덕유는 시종일관 백거이를 못 잡아먹어 안달이었는데 얼마나 미워했는지 백거이가 쓴 시문조차 읽지 않았다고 한다.

《신악부新樂府》에서 백거이는 환관을 조롱하는 시를 쓰는 바람에 졸지에 '모난 돌'로 전락하며 사방에서 '정釘'을 맞았다. 백거이를 제거하기 위해서 호시탐탐 기회만 노리던 권신과 환관들은 이때다 하며 재빨리 손을 잡고《신악부》를 가지고 백거이를 모함하기 시작했다. 그런데 그 내용이 유치하고 치졸하기 짝이 없다. 예를 들면, 백거이의 어머니가 꽃을 보다가 실족하여 우물에 빠져 죽었는데 훗날 백거이가 아름답게 핀 꽃을 보며 지은 시 중에 우물에 대한 이야기가 들어 있는 것을 문제 삼는 식이다. 권신들과 환관들은 시구를 들먹이며 제 어미가 우물에 빠졌는데 우물을 노래하고 있으니 이것은 패륜이라고 주장했다. 중서사인中書舍人 왕애王涯는 백거이의 행동은 경박하기 짝이 없으며 지방을 다스리는 행정장관직도 그에게는 과분한 것이라는 상주문을 올렸다. 거듭되는 모함으로 백거이는 좌찬선대부에서 주자사州刺史로 좌천당했고 다시 강주사마江州司馬로 쫓겨났다.

당나라에서 송나라에 이르기까지의 문자옥은 마치 양날 검과 같았다. 검을 쥔 쪽이나 검을 막는 쪽 모두 날카로운 칼날에 손이 베여 피를 흘렸다. 고매한 현자든, 치졸한 소인배든 모두 양날 검을 사방으로 휘두르며 그저 상대방을 베는 데만 열을 올렸다.

북송 때에도 사대부 간의 권력다툼으로 인한 문자옥이 빈번했다. 대표적인 사건의 주인공은 《송사宋史》〈간신전姦臣傳〉에 가장 먼저 이름이 올라 있는 태학생太學生 채확蔡確이다. 왕안석이 신법을 추진하던 시기에 채확은 천하에 자신의 이름을 알릴 기회를 잡았다. 태학생 우번虞蕃이 학관學官을 고발한 일을 알게 된 채확은 이 일에 여러 조신들이 관련되었음을 알고는 마음을 독하게 먹고 한림학사 허장許將 이하 여러 조신을 체포해 한 감방 안에 몰아넣었다. 그러고는 커다란 대접에 먹을 것을 쏟아부어 놓고는 함께 먹게 했다. 감방에 갇힌 여러 조신들이 대접 하나에 머리를 쑤셔 박은 채 음식을 먹는 모습은 개돼지와 다를 바 없었다. 《송사》에서는 채확이 여러 대신을 개돼지처럼 취급한 간신이라고 평가하고 있다. 원풍元豊 5년1082년 채확이 중서우부사中書右仆謝 겸 중서시랑中書侍郞으로 임명되자 부필富弼이 "채확은 큰일을 할 그릇이 못 된다"는 상주문을 올리기도 했다.

다른 사람들의 머리를 짓밟아 정상에 오른 사람이 힘을 잃었을 때 그 말로가 얼마나 비참할지는 불 보듯 뻔한 일이다. 채확이 실각하자, 그의 스승인 오처후吳處厚가 채확이 안륙安陸(학처준郝處俊의 고향-옮긴이)에서 차개정車蓋亭을 유람할 때 지은 열 편의 시를 문제 삼아 고발했다. 당시 채확은, 당나라 고종이 무측천에게 왕위를 양위하려고 하자 학처준이 이를 강력하게 반대한 일을 소재로 시를 지었다.

측천무후의 권세에도 동하지 않은 학처준이야말로

용기 있는 명신이로구나.

채확이 쓴 시를 빌미로 삼아 그를 고발한 상주문의 내용은 한마디로, 채확이 송나라의 장헌태후章獻太后가 무측천처럼 수렴청정垂簾聽政을 하려 한다고 떠벌렸다는 것이었다. 이 상주문은 채확의 죽음을 알리는 사형선고였다. 조정 대신들은 너 나 할 것 없이 복수의 칼을 빼 들었는데 특히 장도張燾, 범조우范祖禹, 오안의吳安議, 유안세劉安世 등은 배고픈 승냥이마냥 채확의 목덜미를 인정사정없이 물어뜯기 시작했다. 어사 이상李常, 성도盛陶, 적은翟恩, 조정지趙挺之, 왕팽년王彭年 등은 채확이 차개정에서 불온한 시를 지었다는 것을 알면서도 조정에 보고하지 않았다고 하여 벌을 받았다. 재상 범순인范純仁만이 객관적인 태도를 취했다. 그는 장헌태후의 곁에 서서 의미심장한 말을 던졌다.

"폐하께서는 애매한 말이나 글로 대신들을 주살해서는 안 될 것입니다. 지금의 결단과 행동은 앞으로의 법이 될 것이니 나쁜 선례를 남겨서는 아니 될 것입니다."

황제는 범순인의 진심 어린 충고에 귀를 기울이지 않았고 동료 대신들도 범순인의 편에 서지 않았다. 문자옥으로 화를 당한 소식蘇軾조차 범순인의 큰 뜻을 제대로 이해하지 못하고 조정에 상주문을 올렸다.

"채확에 대한 처분은 신중해야 할 것입니다. 그 벌이 가볍다면 대신들은 폐하의 효심이 부족하다 할 것입니다. 채확이 태후마마를 요부 무측천에 비유했으니 어찌 이를 가볍게 여길 수 있겠습니까? 처분이 무겁다면 천하 사람들은 태후마마가 사사로이 복수를 하려 든다며 어렵게 대할 것입니다. 그러하니 먼저 폐하께서 채확의 죄를 묻는 조서를 내리신 뒤 태후께서 너그러이 처분을 하겠다는 조서를 다시 내리는 것이 가장 좋을 듯합니다.”

소식의 주장은 끝내 받아들여지지 않았고 채확은 남쪽으로 쫓겨나 비참하게 죽고 말았다. 채확을 사지로 몰아넣는 데 결정적인 공헌을 한 오처후는 위주衛州를 관리하는 자리로 승진했다. ‘선례를 남겨서는 안 되는 일이 선례를 남기게 되자’ 사대부들은 자신도 언제든지 문자옥으로 끌려들어갈 수 있다는 두려움에 전전긍긍했다. 그 누구도, 심지어 자신도 믿지 못하는 시대가 된 것이다.

■ 참고문헌

저우구청의 《중국통사》, 《정사》, 《백거이전집白居易全集》〈연보年譜〉, 《송사》〈간신전〉, 《송인질사회편宋人軼事匯編》

편지는
기억보다 강하다

한나라의 공융, 청나라의 홍량길洪亮吉과 함께 송나라의 구양수(자는 취옹醉翁)는 서신으로 인해 문자옥에 갇힌 대표적인 사람이다. 구양수 사건을 이해하려면 범중엄范仲淹이라는 인물을 먼저 알아야 한다. 북송北宋의 명신名臣 범중엄은 강직하고 지조가 굳기로 유명했다.

"항상 천하에서 일어나는 일을 적극적으로 논의하느라 제 한 몸 돌보지 않았다. 엄격하고 강직한 사대부의 시조는 범중엄에서 비롯되었다."

범중엄은 사대부에 대한 세상의 인식을 새롭게 만든 장본인이자 강직하고 용맹한 지도자로 평가받는다. 그는 개인의 이익보다는 나라와 백성을 먼저 생각해 문제를 처리했는데, 자신의 의지를 관철하기 위해 다른 사람과 얼굴을 붉히는 일도 마다하지 않았다고 한다. 태후가 붕어하면서 인종仁宗 황제를 보필하고 나라의 큰일을 결정하는 데 도움이 되라며 태비太妃 양씨楊氏를 태후로 봉한다는 유지遺志를 남겼다. 이와 관련해 범중엄은 인종에게 수렴청정에 대한 우려를 노골적으로 드러냈다.

"지금 양태후께서 붕어하시면 또 다른 태후를 세우실 것입니다. 그리되면 천하 사람들은 폐하께서 어찌하여 하루라도 여인네의 치마폭에서 벗어나지 못하느냐고 의문을 품을 것입니다."

그러던 중 강회江淮와 경동京東 일대에 심각한 자연 재해가 일어나 천리도 넘는 땅이 하루아침에 시뻘건 민둥산으로 변했고, 그 위를 메뚜기 떼가 까맣게 뒤덮었다. 백성에 대한 근심으로 가득했던 범중엄은 하늘의 화를 달래고 민심을 달래는 의미에서 인종에게 궁에서 반나절 동안 금식禁食할 것을 청했다.

이렇듯 강직한 성품으로 유명했던 범중엄은 사람들에게 큰 존경을 받았지만, 너무 곧으면 꺾이기 마련이란 말이 있듯이 조정에 많은 숙적을 두고 있었다. 특히 재상 여이간呂夷簡과는 첨예한 갈등을 빚었다. 여이간은 자신의 권세를 이용해 친척과 핏줄들을 대거 벼슬길로 끌어들였다. 이에 범중엄은 〈백관도百官圖〉를 지어 여이간의 과오를 밝히고 당당하게 실력으로 선발된 사람과 뒷문으로 들어온 사람을 일일이 짚어가며 문제의 심각성을 이야기했다. 뿐만 아니라 조정의 인사권을 재상이 독점하고 있는 것은 형평성이나 효율성에도 문제가 있다며 그 폐단을 거리낌 없이 지적했다. 이 사실을 알게 된 여이간은 당연히 범중엄에게 복수의 칼을 갈기 시작했다.

어느 날 조정에서 천도遷都 문제를 둘러싸고 격렬한 논의가 벌어졌다. 범중엄은 도읍을 낙양洛陽으로 이전해야 한다는 주장을 내놓았다.

"태평한 시절에는 변량성汴梁城도 괜찮으나 나라에 큰일이 생겼을 때를 생각하면 낙양으로 천도하는 편이 훨씬 현명합니다. 낙양은 험준한 지형에 둘러싸여 있어 최고의 방어기지라 할 수 있습니다. 멀리 내다봤을 때 지금 낙양으로 도읍을 이전해 미리 대비를 해야 할 것입니다."

하지만 여이간은 범중엄의 주장을 세상 물정에 어두운 이가 내놓은 어리석은 생각이라고 폄하했다.

훗날 범중엄은 〈사론四論〉에서 사회 병폐를 명백하게 지적하며 인종에게 자신의 생각을 솔직하게 고했다.

"한나라 성종成宗 때 장우張禹와 왕봉王鳳이 동시에 집정했습니다. 왕봉은 성종의 숙부였기에 장우는 그와 다투기보다는 물러서려 했습니다. 허나 성종은 오히려 더욱 장우를 총애했습니다. 황제의 권세를 등에 업은 장우는 사리사욕을 채우며 자신의 네 아들과 외동딸에게 관직을 내리는 데 급급해 정사를 소홀히 하고 말았습니다. 그러던 중 왕봉이 권력을 독점하자 이를 두렵게 여긴 성종이 그의 눈치를 살피며 장우를 문책했습니다. 말도 안 되는 헛소리로 성종의 의심을 가까스로 모면한 장우는 훗날 왕망王莽의 찬위簒位를 도왔습니다. 소신은 지금 제2의 장우가 나타나 폐하의 태평치국을 해하려 들지 않을까 걱정스러울 따름입니다."

범중엄이 여기서 장우를 예로 든 것은 사실상 여이간을 나라를 망친 원흉으로 지목한 것이나 다름 없었다. 이에 가만히 당하고만 있을 여이간이 아니었다. 인종을 찾아간 여이간은 범중엄이 장우의 예를 든 것은 군신 사이를 이간질하기 위함이라고 주장했다. 또한 범중엄이 주변 사람들을 끌어들여 붕당을 세운 뒤 조정 여론을 어지럽게 하고 군신과 황제의 눈과 귀를 틀어막고 있다고 공격했다. 덩달아 평소 범중엄을 탐탁지 않게 생각하던 이들이 줄줄이 나서서 범중엄의 과오를 조목조목 지적했다. 전중시어사殿中侍御史 한독韓瀆은 여이간의 뜻에 따라 사악한 무리를 배척하고 기강을 올바르게 세워야 한다며 인종에게 "조당朝堂에서 범중엄과 한패가 된 무리의 이름을 일일이 밝혀야 한다"고 고했다. 좌사간左司諫 고약납高若納 역시 평소와 달리 공개적으로 범중엄을 비난하며 죄를 지었으니 그에 따른 벌을 받는 것이 당연하다고 주장했다. 귀가 얇은 인종은 화가 머리끝까지 나 범중엄을 요주饒州로 좌천했다.

그러나 일부 대신들은 위험을 무릅쓰고 앞으로 나가 인종에게 직언을 했다. 비서승秘書丞 여정余靖은 재상의 눈 밖에 난 범중엄을 요주로 좌천하라는 명령은 지나치다며 상주문을 올렸다.

"옛날 범중엄이 폐하와 태후마마에 대한 일을 입에 올렸을 때도 폐하께서는 화를 내지 않으셨는데 어찌하여 이번에는 그를 용서해주지 않으시는지요?"

그러나 화가 머리끝까지 나 있던 인종에게 여정의 말 따위가 제대로 들릴 리 없었다. 여정은 오히려 인종의 화를 사는 바람에 좌천되고 말았다. 태자중윤太子中允 윤수尹洙 역시 스스로 벌을 청했다.

"여정과 범중엄이 알고 지낸 시간은 그리 길지 않습니다. 허나 소신과 범중엄은 사제師弟의 정을 나누고 있으니 소신도 아무런 원망 없이 스승과 함께 죄를 받으려 합니다."

결국 윤수는 균주筠州로 좌천당했다. 여정과 윤수 외에도 몇몇 대신들이 범중엄을 변호하고 나섰는데 그중에서도 구양수가 강하게 반발했다. 범중엄이 억울하게 좌천당했다는 소식을 접한 구양수는 비겁한 술수로 범중엄을 사지로 밀어 넣는 데 결정적인 공헌을 한 고약납에게 격한 어조로 쓴 장문의 서신을 보냈다. 서신의 내용은 고약납의 비열한 태도를 조목조목 비난하는 글이었다.

"…… 며칠 전 범희문范希文(범중엄)이 좌천을 당한 후 안도安道(여정)의 집에서 그대를 본 적이 있습니다. 그대는 그때 희문을 신랄하게 비난하고 있었습니다. 저는 그것을 듣고 농담이라고 생각했습니다. 그러다가 사노師魯(윤수)를 뵈었는데 그대가 희문의 행동을 크게 비난했다고 하시더군요. 그제야 앞선 의문이 풀리었습니다. 희문은 평생을 강직하게 살아온 사람입니다. 배우기를 좋아하고 고금에 정통하고 조정에서도 큰 공을 세웠으니 천하 사람들이 모두 그의 이름을 알고 있습니다. 그런데 지금 말 한 마디로 재상의 심기를 건드려 죄를 지었습니다. 그대는 그의 무고함을 위해 변호하지는 못할망정, 도리어 자신도 화를 당하지 않을까 두려워하며 그를 쫓아낸 것도 모자라 파면까지 부추기니 어찌 얼굴을 들고 다닐 수 있겠습니까? 그대의 성품은 강직하고 부드러워 하늘의 뜻을 받들며 억지로 남에게 화禍를 입히지 않는다고 들었습니다. 그대가 늙으신 어머니를 모시고 있어 관직에 목을 매는 것은 이해할 수 있습니다. 배를 곯지 않을까, 추위에 떨지 않을까 전전긍긍하며 봉록俸祿을 얻기 위해 재상의 비위를 거스르지 않으려는 것도 알겠습니다. 그

것 모두 인지상정이겠지요. 하지만 그렇다고 하여 비천한 재주를 가진 간관諫官이 되다니요! 성인聖人이라고 해도 남을 비난하는 것으로는 능히 할 수 있는 것이 없습니다. 그대로 있었다면 조정의 군자들은 재상의 뜻을 거스르지 못하는 그대의 처지를 가여워할지언정 비난하지는 않을 것입니다. 그런데 오히려 이와는 반대로 재상의 뜻을 받들어 무고한 사람을 해치고도 득의양양하다니요. 창피함과 두려움도 모른 채 큰 재주를 가진 사람을 해하고 그가 저지르지도 않은 죄를 뒤집어씌웠습니다. 지금 보니 그대가 재상의 뜻을 거스르지 못한 것은 어리석은 자의 비천한 재주이구려. 교묘한 글로 죄를 뒤집어씌우는 그대야말로 군자들의 적이군요. …… 후세 사람들로부터 손가락질당하는 것이 무섭지 않습니까? 그렇지 않고서야 어찌하여 재주 있는 사람을 해하려는 것입니까? 하물며 희문은 아무런 죄도 짓지 않았거늘……."

이처럼 구양수는 조금의 망설임도 없이 가슴속에 차 있던 울분과 불만을 속 시원하게 터뜨렸다. 구양수의 이러한 성품에 대해《송사》에서는 칭찬을 아끼지 않고 있다.

"천성적으로 성품이 강직한 구양수는 의롭고 용맹한 자로, 함정이 눈앞에 뻔히 보이더라도 제 한 몸 구하겠다는 생각에 몸을 사리지 않았다."

구양수의 서신을 받아 본 고약납은 노발대발하며 그 서신을 즉시 인종에게 올렸다. 인종은 구양수가 대역 죄인의 편을 들고 조정의 대신을 비방했다고 하여 이릉夷陵으로 쫓아냈다. 한 통의 서신으로 벌을 받게 된 36세의 구양수는 조금도 후회하지 않는다는 심경을 담은 서신을 윤수에게 보냈다.

"최근 5~6년 동안 자리를 보전하기에 급급한 소인배 무리가 사방에 생겨나고 있습니다. 강직하고 용맹한 자가 얼마나 없었으면, 지금 우리의 행동을 보고 부엌데기 계집종이 놀라 쓰러지겠습니까?"

조정의 결정과는 달리 당시 여론은 범중엄의 손을 들어주었다. 채낭蔡囊은 범중엄을 위해 〈사현일불초四賢一不肖〉라는 시를 짓기도 했다. 이 시는 경성 사람들 사이에 널리 퍼졌는데 얼마나 인기가 있었던지 시를 베껴 파는 모사가模寫家들의 지갑이 제법 두둑해졌다고 한다. 변량에 온 외국 사절단 역시 채낭의 시집을 몰래 사서 고국으로 가지고 돌아갔다. 조정의 명에 따라 사신으로 파견된 장중용張中庸이 유주幽州를 지나다가 역관驛館의 벽에 누군가가 써 놓은 채낭의 시를 목격했다. 시에서 말하는 '사현四賢'은 바로 범중엄·여정·윤수·구양수를 가리키고, '일불초一不肖'는 고약납을 가리킨다. 고약납은 구양수가 보낸 한 통의 서신으로 영원토록 사람들에게 손가락질을 당하는 형벌을 받게 되었다.

알렉산더 헤르젠Alexander Herzen은 편지의 힘을 이렇게 설명했다.

"편지는 기억보다 강하다. 사건의 피는 편지지 위에 여전히 굳어 있다. 그 피는 과거의 진실로 영원히 퇴색하지 않은 채 보존될 것이다."

편지 한 통으로 엄청난 대가를 치러야 했던 사람들에 비하면 구양수가 받은 벌은 어쩌면 가벼울지도 모른다. 이 점에 대해서는 관료와 지식인을 우대했던 송나라의 정책에 고마워해야 할 것이다. 훗날 범중엄은 조정에 복직하여 섬서 지역을 다스리며 구양수에게 자신의 서기관이 되어줄 것을 청했다. 그러자 구양수는 껄껄 웃으며 이를 거절했다.

"과거에 제가 님의 편에 선 것은 지금의 자리를 바라고 한 것이 아닙니다. 물러날지언정 결코 님과 함께 나아가지는 않을 것입니다."

이 얼마나 호탕하고 시원한 가슴을 가진 사람이란 말인가! 취옹 구양수는 그 이름과 달리 술이나 관직에 뜻을 두지 않은 듯하다.

■ 참고문헌

《송사》〈범중엄전范仲淹傳〉·〈구양수전歐陽修傳〉, 《구양수집歐陽脩集》

개혁과 보수가 격돌한
'오대시안'

운명은 결코 허투루 봐서는 안 된다. 특히 44세를 앞둔 사람이라면 운명의 움직임에 귀를 바짝 세우고 경계해야 할 것이다. 인생의 짙푸른 여름인 청년기를 지나 만물을 쇠락시키는 가을바람이 서서히 불어오는 중년에 접어드는 시기이기 때문이다. 선인先人 중에도 44세에 이르러 운명의 나락으로 떨어진 이가 적지 않다.

백거이는 44세 때 강주江州의 사마司馬로 좌천당했고 방포方苞 역시 44세 때 《남산집南山集》으로 인해 옥살이를 했다. 소식이 얄궂은 운명에 휘말려 고달픈 삶을 시작한 것도 그의 나이 44세 때다. 당대 최고의 글쟁이로 칭송받던 소식의 운명을 바꾼 것은 왕안석의 신법이었다.

왕안석의 신법은 11세기 중엽 송나라 신종神宗 때 추진된 개혁정책이다. 당시 송나라는 나라 안팎의 여러 가지 문제로 위기에 처해 있었다. 우선 대외적으로는 요遼와 하夏로부터 심한 압박을 받고 있었다. 세폐歲幣(중국 역대 왕조가 북방의 유목 국가에 일정액의 물자를 수여하기로 한 외교적 화친 정책-옮긴이)만 보더라도 송나라 진종은 화평의 조건으로 요의 성종聖宗인 전연澶淵에게 은 10만 냥과 비단 20만 필을 주기로 했고, 하의 왕 원호元昊에게 은과 비단, 차 등 25만 5,000관貫을 내리기도 했다. 이처럼 요와 하의 군사적 압박이 커지면서 송나라 왕실에서는 이들에게 맞설 군대를 양성하고 군대를 먹여 살릴 군자금을 확보하기 위해 막대한 경비를 지출할 수밖에 없었고 이를 충당하느라 재정적 위기에 봉착하고 말았다. 왕안석의 신법은 송나라가 처한 이러한 내우외환의 위기를 타개하기 위한 방편으로 등장했다.

신법 시행과 관련해서 조정은 자연스레 반대파와 지지파로 갈렸다. 그중에서도 가장 격렬한 논쟁을 불러일으킨 것이 청묘법靑苗法이다. 청묘법은 당나라의 청묘전靑苗錢에 그 뿌리를 두고 있다. 당나라의 대종代宗 영태永泰 2년 7월, 백관百官에게 봉록을 지급하기 위해서 백성에게 세금을 거둔 것이 청묘전의 주요 내용이었다. 왕안석의 청묘법은 여기서 한 걸음 더 나아가 나라에서 백성에게 필요한 돈을 대출해주고 그 이자와 원금을 받는 방식이었다. 매년 보릿고개가 되면 나라에서 백성에게 대출을 해주고 가을이 지난 후에 원금과 함께 2할의 이자를 돌려받았다. 왕안석은 청묘법을 통해 세 가지 이득을 얻을 수 있을 것이라고 판단했다. 첫째, 보릿고개 때 지주들이 곡물가를 지나치게 인상하는 현상을 막을 수 있다. 둘째, 근본적인 해결책은 아니지만 굶주림에 빠진 백성을 구제할 수 있다. 셋째, 대출을 통해 정부는 원금과 함께 그에 따른 이자를 얻을 수 있다.

백성을 이롭게 하고 국가 재정 문제를 해결한다는 청묘법의 취지와 의도는 나쁘지 않았지만 막상 청묘법이 송나라 전역에서 실시되자 예상 밖의 결과를 가져왔다. 백성을 이롭게 한다는 원래의 취지는 금세 사라지고 기득권의 배만 채우는 정책으로 변질되고 만 것이다. 청묘법이 실시된 후 지방 정부들은 여전히 경제 수준에 따라 백성들에게 등급을 매긴 뒤 그 등급에 따라 청묘전을 지급했다. 현실을 외면하고 '무조건' 문서에 나와 있는 대로 집행하는 관부의 비효율적인 일처리로 빈익빈 부익부 현상은 더욱 심화되었고 가난하고 힘없는 백성의 허리는 더욱 휘었다.

당시 항주杭州에서 통판通判을 담당하던 소식은 청묘법의 실상을 목격했다. 돈 좀 쥐고 있다는 무리는 청묘전을 빌리려 하지 않고, 가난한 백성은 청묘전을 빌려도 갚을 길이 없어 계속해서 돈을 빌려야 하는 악순환이 끝없이 반복되었다. 상황이 극단적으로 치닫자 돈을 갚지 못해 투옥된 사람만 무려 7,000명이 넘었다. 이러한 현실을 두 눈으로 확인한 소식은 현실을 외면하지 않고 오언시五言詩로 당시의 처참한 상황을 고발했다.

除日當早歸, 官事乃見留.

執事對之泣, 念此係中囚……

不須淪賢愚, 均是爲食謀……

헐벗고 굶주린 백성이 가난한 현실에서 허덕이는 것도 모자라 청묘법으로 감옥까지 끌려가는 이중고에 시달리고 있다는 것을 알게 된 소식은 신법의 약점을 정확하게 꿰뚫어보았다. 현실주의적 성향이 강했던 소식은 자연스레 이상주의적 정치관을 가지고 있던 왕안석과 대립할 수밖에 없었다.

사실 소식을 감옥으로 끌고 간 것은 왕안석이 아니다. 소식이 항주에서 백성을 위해 일할 당시 왕안석은 이미 권력에서 멀찌감치 떨어져 있었다. 한때 송나라를 짊어졌던 왕안석이 권력의 내리막길로 내몰리게 된 것은 신법을 지지하던 세력 내부의 갈등 때문이었는데 그중에서도 왕안석이 직접 선택한 후계자인 여혜경呂惠卿이 그의 뒷덜미에 비수를 박아 넣었다. 여혜경은 왕안석이 황제를 농락하고 있다며 그가 쓴 서신을 증거로 내밀었다.

"왕안석은 폐하에게 무언가 숨기고 있습니다. 그렇지 않다면 서신에 '절대로 위에서 알게 해서는 안 된다'라는 구절은 왜 남겼겠습니까?"

원풍元豊 2년1079년 44세가 된 소식은 그해 4월 호주湖州의 지주知州에 부임한 후 황제에게 〈호주사표湖州謝表〉를 올렸다. 비록 새로운 지역에 부임하게 되면 의례적으로 쓰는 공문이었지만 시인인 소식은 딱딱한 보고서에 자신의 생각을 담아 보냈다.

"소신의 성격이 괴팍하고 견문이 좁아 새로운 사상과 새로운 흐름을 받아들이는 것이 어렵다는 것을 알고 계실 것이옵니다. 그러니 조정의 새로운 인재들과 함께 일을 하는 것이 쉽지 않습니다. 노쇠하고 안목이 어두워진 소신의 처지를 보시고 지방의 백성을 다스리는 작은 일을 내려주서옵소서."

보는 이의 관점에 따라 이 글은 한 관리가 겸손하게 자신을 낮춘 것일 수도 있고 반대로 자신의 능력에 비해 하잘것없는 자리를 내려주었다는 불만을 표현한 것일 수도 있다. 당시 조정에서 막 힘을 키우기 시작한 신진세력에게 이 글은 자신의 능력이 과소평가당한 데 따른 불만이 서린 글로 비쳤다. 소식이 자신들을 위협한다고 판단한 이들은 그를 제거하기로 결심했다. 먼저 이들은 소식의 상주문과 시문詩文을 집중적으로 공격하기 시작했다.

어사중승御史中丞 이정李定은 소식을 벌해야 하는 네 가지 이유를 들었다. 첫째, 잘못을 저지르고도 회개하지 않으니 그 죄가 크다. 둘째, 오만하고 억지스러운 궤변을 늘어놓고 있다. 셋째, 그럴싸한 거짓말을 늘어놓고 믿음직해 보이지만 그 행동에 거짓이 있다. 넷째, 황제의 치하로 정사가 공정하게 이루어지고 있음에도 자신이 임용되지 못한 것을 원망한다.

그런데 이정은 무슨 연유에서 소식을 미워했던 것일까? 이정은 소식의 벗인 불인佛印 스님과 이복형제로, 어머니에게 불효했다고 알려져 있다. 소식이 유명한 효자들을 다룬 시집의 서문에서 친한 벗의 이야기를 언급했는데, 이정은 그 글이 자신의 체면에 먹칠을 했다고 여겨 그때부터 복수의 칼날을 갈고 있었다. 호시탐탐 기회만 노리던 중에 소식을 잡아들일 수 있는 꼬투리가 잡히자 이정은 여봐란듯이 나서서 그가 쓴 책을 올렸다.

"소식은 홍수나 도적이 날뛰는 것 모두 신법에서 비롯되었다며 이를 오히려 기뻐하고 있습니다."

서단舒亶의 소식에 대한 평은 훨씬 더 섬뜩하다.

"소식은 지금의 어려움을 비웃고 있습니다. 폐하께서 청묘전을 발행한 것은 헐벗은 백성을 구제하기 위함인데 이를 두고 '어린아이의 말투가 성 안 사람처럼 고와지고 일 년 중 절반은 성 안에 있는구나'라고 비꼬았습니다. 또 관리들을 시험하는 법을 시행하자 '만 권의 책을 읽어도 법도를 모르니 요순堯舜을 불러와도 방법이 없을 것'이라며 황제의 권위를 무너뜨렸습니다. 수리水利 사업을 두고는 '동해東海가 만일 훌륭한 주군의 뜻을 알았더라면 염전을 물리치고 뽕나무 밭으로 변했을 텐데'라고 나라의 큰 사업을 헐뜯었습니다. 나라의 살림을 바로잡고자 소금 거래를 엄하게 관리하자 '석 달 동안 소금을 먹지 못했는데 어찌 음식이 맛이 없다 탓하겠는가'라며 개탄하더이다. 나라에서 손대는 일마다 자신의 생각을 이야기하는데 그중에 비방이 아닌 것이 하나도 없습니다!"

서단, 이정 등은 항주에서 《소학사전당집蘇學士錢唐集》을 찾아냈다. 이 책은 작자 미상으로 소식 역시 누가 그 책을 썼는지 모른다. 그럼에도 서단과 이정은 시중에 이미 한참 떠돌았던 '불법 간행물'을 놓고 그것이 바로 소식의 역심逆心을 증명하는 주요 증거라고 주장하며 신종에게 바쳤다. 아울러 소식이 각지를 돌아다니며 각서刻書, 제시題詩 등을 할 때 기괴한 이야기를 유포하며 사회를 어지럽혔다고 주장했다.

평소 소식을 무척 아꼈던 신종은 이정 등이 제시한 증거가 대수롭지 않은 것임을 알았지만 신법을 등에 업고 권력을 잡은 신흥세력들은 물귀신마냥 신종을 둘러싸고 소식에 대한 험담을 늘어놓거나 나라의 기강 운운하며 그를 엄히 다스려야 한다고 강하게 밀어붙였다. 어쩔 수 없이 신종은 어사대御史臺에게 소식을 경도京都로 끌고 와 심문할 것을 명했다. 이 사실을 알게 된 소식의 벗들은 자신도 연루될까봐 재빨리 소식의 시문과 문장을 태워버렸다. 하지만 양주揚州의 지주 선우신鮮于侁만은 우의를 저버리지 않았다. 훗날 소식을 압송하던 어사대가 양주를 지날 때 그는 예전과 다름없이 소식을 맞을 준비를 했다. 주변에서 소식이 보낸 시문을 전부 태워버리라고 권하자 선우신은 여유로운 미소를 지으며 입을 열었다.

"임금을 기만하고 벗을 농락하는 짓은 결코 할 수 없소이다. 그저 좋은 친구와 귀한 인연을 맺은 이유로 나를 벌한다면 내 기꺼이 받아들이겠소."

체포된 그날부터 소식은 여러 번 스스로 목숨을 끊으려고 했다. 배가 태호太湖에 정박했을 때 호수에 몸을 던지려고도 했고, 감옥에 들어간 후에는 평소 복용하던 청금단을 먹고 죽으려고도 했다. 하지만 원대한 이상이 있는 소식은 당장의 고난보다는 인생의 위대함을 기억하며 목숨을 끊겠다는 생각을 버렸다. 비록 몸은 음습한 감옥 한가운데에 있었지만 넓은 세상에 마음을 두고 있었기에 감옥에서도 평소처럼 밥을 먹고 잠을 자며 지냈다. 소식이 감옥에서 잘 지내고 있는지 보고 오라는 신종의 명을 받고 감옥으로 내려온 태감太監은 소식이 달게 낮잠을 자는 것을 확인하고 자신이 본 바를 있는 그대로 신종에게 보고했다. 그러자 신종은 껄껄 웃음을 터뜨리며 입을 열었다.

"소식의 마음속에 아무런 걱정이나 두려움이 없다는 것을 짐은 알고 있노라."

그의 마음은 아무런 괴로움이 없었을지 모르나 몸은 점차 나빠지기 시작했다. 8월 20일, 한여름 푹푹 찌는 날씨 속에 심문이 시작됐지만 소식은 자신의 죄를 인정하지 않았고, 옥리獄吏들이 내리치는 곤장으로 그의 몸은 만신창이가 되었다. 불행 중 다행으로 누군가가 소식이 가혹한 고문을 당하고 있다고 신종에게 보고하자 그를 아꼈던 신종은 형벌을 사용하지 말고 소식 스스로 시문에 숨은 뜻을 고하도록 심문하라는 성지를 내렸다. 가까스로 육체적인 고통에서는 벗어났지만 수개월에 걸쳐 자백을 강요받으면서 겪은 심리적 압박과 고통은 이루 말할 수 없었다. 게다가 죄 없는 주변 사람들에게는 절대로 피해를 주지 않겠다는 그의 결심과는 달리 그가 쓴 시문이 이미 다른 사람에 의해 베껴지고 전해진 터라 수십 명이 연루되고 말았다. 소식은 서단과 이정 등이 자신을 결코 쉽게 놓아주지 않을 것임을 알아차리고 결국 입을 열었다.

"관리가 된 지 이미 오래되었으나 아직 크게 뛰어난 재능을 보이지 못했습니다. 게다가 조정에서는 젊은 사람을 대거 기용하였는데 소신의 말이 맞다는 것을 다른 사람들에게도 보여주기 위해서 이를 비웃는 글을 썼습니다."

계속된 마음고생으로 궁지에 몰린 소식은 그저 하늘에 운명을 맡긴 채 처분을 기다리겠다는 태도를 취한 것으로 보인다.

"감옥 안, 날카로운 창과 칼끝이 나란히 세워져 있으나 내 노랫소리는 여전하구나."

백 척呎도 더 되는 깊은 우물 같은 어두컴컴한 좁은 감옥에 갇혀 있었지만 소식은 여기에 굴하지 않고 평소처럼 자신의 심경을 시와 노래로 토해냈다. 당시 그의 시와 노래에서는 아무리 큰 시련을 당하더라도 이겨내겠다는 의지가 엿보인다.

"사방이 고요한 가운데 모진 바람과 눈보라가 치지만 구부러지는 것을 부끄럽게 여기는 저 대나무…….", "누가 서리와 눈보라가 고되며 생기가 전혀 없다고 하던가? 가만히 앉아 봄바람과 꽃잎이 날리는 아름다운 강산이 다시 돌아오기를 기다리는 저 느릅나무……."

매서운 겨울바람 속에서도 묵묵히 버티고 있는 대나무와 느릅나무의 고귀한 인격은 소식이 닮고자 하는 모습 아니었을까. 그런가 하면 동생 소철蘇轍에게 뒤를 부탁하기도 했다.

是處靑山可埋骨, 他年夜雨獨傷神……
百歲神遊定何處, 桐鄕知葬浙江西……

도처에 청산이 있으니 뼈를 묻을 수 있겠네, 훗날 밤비 속에서 홀로 슬퍼하겠구나……

백 살이나 된 영혼이 어느 곳을 정처 없이 떠도는가, 오동나무 고향마을은 절강 서

벼랑 끝까지 몰린 소식은 속세에 미련을 버리고 죽음을 생각했지만 세상은 그가 계속 살아주기를 원했다. 소식을 구하자는 대규모 구명 집회가 감옥 밖에서 일어났다. 호주와 항주의 백성은 도장道場에서 액厄을 푸는 제사를 지내며 부처님께 소식을 보살펴달라고 정성껏 기도했다. 이러한 구명 운동은 수개월 동안 계속됐다. 소식의 동생인 소철 역시 신종에게 형을 살려달라는 글을 올렸다.

"제 형님인 소식은 자주 시를 지었는데 그중에는 분명 금령禁令에 어긋나는 말이 있을 것입니다. 이전에 누군가가 폐하께 이를 고하였으나 폐하께서는 넓으신 아량으로 더 이상 그 죄를 묻지 않으셨습니다. 제 형님도 자신의 잘못을 알고 그 뒤로 더 이상 시를 짓지 않았습니다. 허나 이전에 지었던 시가 세상에 전해지면서 그릇된 사회 분위기를 조장했습니다. 비록 소인의 잘못은 아니나 동생으로서 형을 제대로 보필하지 못했으니 대신 제 관직과 봉록을 낮추어주시옵소서!"

왕안석의 동생 왕안례王安禮 역시 소식의 손을 들어주었다.

"폐하, 자고로 도량이 큰 임금은 말로써 사람을 벌하지 않습니다. 소식에게 그 죄를 묻는다면 후세 사람들이 폐하께서 인재를 너그러이 용서하지 못했다고 하지 않을까 두려울 뿐입니다."

재상宰相 호충昊充도 나섰다.

"폐하, 재능 있는 사람을 질투한 조조도 예형禰衡을 받아들였습니다. 요순을 본보기로 삼으신 폐하께서 어찌 소식을 받아들이지 못하시겠습니까?”

정계에서 은퇴한 후 금릉金陵에서 지내고 있던 왕안석도 신종에게 영민하고 덕망 높은 성군聖君께서 어찌하여 재능 있는 사람을 해하려 하느냐는 글을 올렸다. 소식의 선배인 장방평張方平은 은퇴하여 남경南京에서 지내던 중에 소식이 감옥에 갇혔다는 소식을 듣고는 벌컥 화를 내며 그를 살려달라는 글을 올렸다. 하지만 격렬한 어조로 가득한 그 글이 황제와 조정 대신들의 화를 살까 두려워하며 남경의 관리가 끝내 받지 않았다. 결국 장방평은 아들 장서張恕에게 자신의 글을 가지고 변경汴京으로 올라가서 등문고登聞鼓를 울려 직접 황제에게 고하라고 했다. 그러나 겁쟁이 장서는 감히 이를 올리지 못하고 돌아왔다. 그 내용이 얼마나 신랄했던지 훗날 감옥에서 풀려난 소식이 이 상소문을 보고 혀를 내둘렀다고 한다. 소철 역시 훗날 이 글을 보고 안도의 한숨을 크게 내쉬었다.

“내 형님이 죽음을 면한 것은 모두 장서 덕분이구나. 장서가 이 상소문을 올리지 않았기 망정이지, 형님의 죄가 전국에 유명한데 조정과 그 이름을 다투기라도 했더라면……. 만일 형님이 천하에서 가장 귀한 인재라는 장방평의 말이 조정에 흘러 들어갔더라면 황제의 화를 더욱 돋우었을 것이 분명하네.”

당시 어떤 이가 소철에게 소식을 살려달라는 이야기를 신종에게 어떻게 올려야 할지 물었다. 그러자 소철은 ‘본래 송나라 조정에서는 사대부를 죽이지 않았으나 만일 지금 소식을 죽인다면 후세 사람들이 신종 때부터 사대부를 죽이기 시작했다고 평가할 것’이라고 올려야 한다고 귀띔해 주었다. 사대부를 죽인 황제라는 오명을 쓰기 싫었던 신종은 자신의 명성에 금이 갈까 우려하며 소식을 풀어주었다. 그리고 황제를 비웃었다는 혐의를 받는 소식의 〈쌍회시雙檜詩〉를 직접 분석했다.

"시인의 뜻을 어찌 이리 왜곡할 수 있단 말인가? 그가 노래한 시가 어찌 짐과 관련이 있다는 것인가?"

신흥세력 중 한 명인 장돈章惇조차 소식에게 억지 죄명을 씌우는 데 불만을 터뜨렸다.

"용龍이라는 말은 임금만이 쓸 수 있는 것은 아닙니다. 신하 역시 용이라고 불릴 수 있습니다."

신종 역시 장돈의 말에 동의했다.

"옳은 말이오! 동한東漢의 순팔룡荀八龍이라는 사람이 있었고 제갈공명諸葛孔明 역시 그 자字가 와룡臥龍이 아니었던가. 그러한데 어찌 용이라 하여 임금만을 가리킨다 하겠는가."

소식을 구하는 데 있어서 가장 큰 힘이 된 것은 아마도 신종의 조모祖母인 조태후曹太后일 것이다. 소식이 하옥되었다는 것을 전혀 몰랐던 조태후는 신종의 태도가 심상치 않음을 깨닫고 어찌하여 최근 침묵을 지키는지 물었다.

"몇 가지 제대로 처리하지 못한 일이 있어서…… 소식이라는 사람이 글로써 황실을 비방하는 죄를 지었습니다."

"뭐라? 혹시 소식과 소철이라는 자들은 형제가 아니오?"

"태후마마께서 어찌 그들을 아시는지요?"

"과거 인종 황제께서 하루는 크게 기뻐하시면서 그들에 대해 이야기하셨지요. 책시策試에서 그 두 사람을 선발하셨다며 흡족해하시고는 나이가 들어 두 사람의 재주를 오래 볼 수 없는 것을 안타까워하셨답니다. 하지만 후손들을 태평군주太平君主로 만들어줄 것이니 아쉬운 마음을 달랠 수 있다고 하셨지요. 그런데 소식이 지금 감옥에 갇혀 있을 줄이야……."

당시 병중에 있던 조태후의 병세가 호전되기를 바라는 심정에서 신종은 대사면大赦免을 실시하려고 했다. 하지만 조태후는 신종을 질책했다.

"대사면을 실시한들 무슨 소용 있겠습니까? 흉악하고 못된 자들도 함께 풀려날 것을. 지금 가장 중요한 것은 소식을 빨리 구하는 것입니다!"

이렇듯 조정을 뒤흔든 '오대시안烏臺詩案(송나라 신종 때 어사御史인 이정, 서단, 하정신 등이 소식의 시를 모함하여 일으킨 옥사를 일컫는다. 시가 빌미가 되어 죄를 받는 것을 '시안'이라 하고 소식을 경도로 압송했던 어사대의 별칭이 오대이므로 '오대시안'이라 부른다-옮긴이)'은 1079년 12월 29일에 비로소 그 막을 내렸다. 소식은 황주黃州 단련부사鍛鍊副使로 좌천당했고 소철과 왕선도 조정의 비난을 받았다. 그뿐만 아니라 사마광司馬光 등 수십 명이 평소 소식과 돈독한 관계를 유지했다는 이유 하나만으로 동銅 20근斤을 바쳐야 했다.

황주로 좌천당한 후 소식은 외부와 접촉을 끊고 더 이상 글로 죄를 짓지 않겠다며 시문을 쓰지 않았다.

"좌천당한 날부터 다시는 시와 글을 짓지 않았으니…… 이른 바가 없으나 호사가好事家들이 교묘히 일을 꾸며 계속해서 사건이 터지는

구나."

　그중에서도 채경蔡京의 활약이 가장 눈부셨다. 조정의 권력을 잡은 채경은 자신의 세력을 더욱 확고히 하기 위해 당옥黨獄을 크게 일으켜 원우元祐에 당인비黨人碑를 세웠다. 비록 세상을 떠났다고 하지만 죽은 자라고 해서 야심가의 시퍼런 칼날을 피할 수 없었다. 당시 세상을 하직했던 소식과 소철을 비롯한 120명이 간당奸黨으로 몰려 간신배의 명단에 올랐다. 간당으로 규정된 무리의 수가 훗날 300여 명으로 늘어나면서 각 주州와 현縣에서는 조정의 명령에 따라 당인비를 세웠는데 그 목적은 분명했다. 자신들에게 맞서면 살아서든 죽어서든 치욕을 당할 것이라는 경고를 하기 위해서였다.

　숭녕崇寧 2년 4월, 송나라 휘종徽宗은 소순蘇洵, 소식, 소철, 황정견黃庭堅, 진관秦觀 등의 문집을 모두 태워버리라는 명령을 내렸다. 그렇게 해서 휘종의 집권 시기, 소식을 위시한 일부 문인의 글은 모두 '족쇄'를 찬 채 밖으로 나가지 못했다. 《양계만지梁溪漫志》에 기록된 내용에 따르면 선화宣和 연간 《동파집東坡集》을 가지고 성 밖으로 나가려던 사람이 문리門吏에게 잡혀 관부로 붙잡혀 들어갔다고 한다. 《정사》에 따르면 귀주貴州로 좌천당한 황정견에게 누군가가 나비가 그려진 병풍을 선물했다. 황정견은 병풍의 한 귀퉁이에 〈호접도蝴蝶圖〉를 적었는데 이로 말미암아 화를 당하고 말았다. 시의 내용은 다음과 같다.

蝴蝶雙飛得意.

偶然畢命網羅.

群蟻爭收墜翼,

策勛歸去南柯.

나비가 양 날개로 의기양양하게 날다가

우연히 거미줄에 걸려 목숨을 잃었다네.

무리 지은 개미들이 떨어진 나비의 날개를 거두니

홰나무 아래의 개미굴에서 논공행상을 하는구나.

변경汴京으로 흘러들어간 이 병풍은 대상국사大相國寺 근처 시장에서 팔리게 되었다. 병풍을 본 채경의 추종자들이 병풍을 사서 채경에게 고했고, 채경은 거기에 적힌 시를 보고 황정견이 정부의 조치에 불복하는 것도 모자라 원망하고 있다며 노발대발했다.

채경이 진노한 까닭은 무엇일까? 사실 이 시의 맨 마지막 시구는《남가태수전南柯太守傳》을 인용하여 인생무상을 노래한다. 당나라 덕종德宗 때 광릉廣陵이라는 곳에 순우분淳于棼이라는 사내가 있었다. 어느 날 그가 홰나무 아래에서 낮잠을 자는데 보라색 옷을 입은 사내들이 나타났다. 괴안국槐安國 임금의 분부로 자신을 모시러 왔다는 말에 순우분은 그들을 따라 홰나무 구멍으로 들어갔다. 그곳에서 환대를 받은 순우분은 공주를 아내로 맞고 많은 벗을 사귀며 부귀영화를 누렸다. 하지만 곧 시련이 연이어 그를 찾아왔다. 친구의 죽음, 끔찍한 전쟁, 사랑하는 아내의 죽음, 그의 권력을 시기하는 무리의 권모술수…… 이 모든 것에 지친 순우분이 울며 깨어나자 그곳은 자신이 낮잠을 자던 홰나무 아래였다. 혹시나 하는 마음에 홰나무 구멍을 살피니 그 안에 개미떼가 있었다. 홰나무 구멍이 괴안국이었고 큰 개미가 괴안국의 임금이었던 것이다. 황정견은 이 시를 통해 아무리 대단한 부귀영화를 누리고 있다 해도 어느 순간 모든 것을 잃어버릴 수 있고, 내가 잘했니 네가 잘했니 따지는 것도 모두 헛된 꿈이라는 이야기를 하고 있다. 훗날 황정견이 병사病死했다는 소식이 전해진 뒤에야 채경은 그를 더욱 험한 곳으로 좌천하라는 명을 거두었다.

채경 등은 여기에 그치지 않고 사마광司馬光의 《자치통감資治通鑑》을 불태우려 했다. 하지만 신종이 서문을 썼다는 것을 알고는 계획을 포기했다. 신종의 서문이 없었더라면 귀한 사료인 《자치통감》은 오늘날까지 전해지지 못했을 것이다.

남송南宋 효종孝宗 때에 이르러 '오대시안'은 비로소 그 막을 내렸다. 효종은 소식의 문집에 직접 서문을 남기기도 했다.

"충언을 올리고 조정에 충성하니, 그와 어깨를 나란히 할 수 있는 이가 없도다. 호기를 품고 배운 것을 행하려 하니 그 기세가 큰 파도 같고 글솜씨가 쇠하지 않도다."

그런데 주목할 점은 효종이 단순히 소식의 재주를 높이 평가했을 뿐 '오대시안'에 관해서는 아무런 언급도 하지 않았다는 것이다. '오대시안'은 중국문화사에서 가장 강력하고 간교한 '문자옥'으로 후세에 선례를 남겼다. '오대시안'은 특정 집단이 자신들의 이익과 목적을 달성하기 위해 문자옥을 일으키면 그 대상이 살아 있든 죽었든 결코 빠져나갈 수 없다는 것을 보여준다. 아울러 단번에 주변 사람들까지 손쉽게 무너뜨릴 수 있으니 정적제거 수단으로 더없이 효과적이었다. 이 때문에 문자옥을 세우고 활용하는 기술은 시간이 갈수록 치밀하고 정교해졌다.

'오대시안'은 개인의 생각과 사상을 문제 삼은 견고한 정신 지배 전술이었다. 이 사건 이후 정객들 사이에서는 자신의 목적이나 앞길을 방해하는 장애물을 모두 제거하기 위해 사실을 왜곡하고 날조하는 것쯤은 당연하게 여기게 됐다. 순진한 소식은 그저 술이나 마시며 글을 쓰고 시나 읊었을 뿐, 현실의 냉엄함을 알지 못했기에 차가운 문자옥에 갇혀 울음을 토했을 따름이다.

■ 참고문헌

저우구청의 《중국통사》, 쩡자오좡曾棗莊의 《소식평전蘇軾評傳》, 《송인질사회편》, 《송사》 〈소식전蘇軾傳〉

권력의 거센 물결을 피하는 자와 부딪히는 자

이
지
의

我住長江頭, 君住長江尾.

日日思君不見君, 共飮長江水.

此水幾時休, 此恨何時已.

只願君心思我心, 定不負相思意.

나는 양자강 상류에 살고, 님은 양자강 하류에 사네.

날마다 님 생각하나 만나지 못하고, 양자강 물만 같이 마실 뿐.

이 강물 언제 멎을꼬, 이 한 언제 그칠꼬.

님도 나와 같은 마음이라면, 서로 그리는 마음 결코 저버리지 않으리.

이 시는 북송北宋 시인 이지의李之儀의 작품으로 오늘날까지도 널리 회자되는 〈복산자卜算子〉이다. '고계거사姑溪居士'라 자처한 이지의는 70권의 문집을 세상에 발표했는데, 이를 묶어 《고계문집姑溪文集》이라 한다. 고계는 오늘날 중국 안후이성安徽省 샤오현小縣 당투當塗의 옛 이름으로, 원래 창주滄州 무체無棣 사람인 이지의는 일생의 대부분을 강남江南 고계 강가에서 보냈다. 어쩌다가 그는 고향을 버리고 평생 '고된 타향살이'를 한 것일까? 여기에는 안타까운 사연이 있다.

수려한 문체를 자랑하던 이지의는 사촌형 이지순李之純과 함께 과거에 합격해 진사로 임명된 뒤 조정의 관리가 되었다. 추밀원樞密院에서 편수編修를 담당하게 된 이지의는 평소 소식과 남다른 우애를 자랑하며 꾸준히 교류했다. 소식은 이지의의 글솜씨를 높이 평가하며 "붓을 한 번 들면 그 글에서 세 가지 맛이 난다入刀筆三昧"고 크게 칭찬하기도 했다.

마찬가지로 중국의 위대한 시인인 소식에 대한 이지의의 존경심 역시 평생 흔들리지 않았다. 원우元祐 8년1093년 철종哲宗이 몸소 정사를 돌보며 신당新黨을 기용하자 소식은 정주定州로 좌천당했다. 이때 이지의는 한 치의 망설임도 없이 관직을 버리고 정주로 내려가 58세의 소식을 보필했다. 이것만 보아도 소식에 대한 이지의의 존경심이 얼마나 대단한지 쉽게 알 수 있다.

이지의는 또한 재상을 지낸 범순인의 문하생이었다. 범순인은 범중엄의 둘째 아들로 이름 그대로 '순수하고 인자'했다. 충직하고 남을 용서할 줄 아는 군자로 칭송받던 범순인이었지만 그 역시 고된 운명의 소용돌이에 휘말리고 만다. 말년에 두 눈을 모두 실명하고 신당 세력으로부터 말로 형언할 수 없는 모진 핍박을 받았다. 하지만 범순인은 결코 좌절하지 않고 병상에 누워서도 나라를 위해 충언을 올릴 생각에 서찰에 능한 이지의를 불러들였다. 나라를 위한 여덟 가지 일을 구술口述한 범순인은 이지의에게 이를 유표遺表(신하가 임종 시에 임금에게 올리는 상주문-옮긴이)로 작성토록 한 뒤 이제 막 보위에 오른 휘종에게 바쳤다.

유표를 바친 후 범순인은 편안하게 세상을 떠났지만, 그와 관련된 사람들은 그때부터 핍박을 받기 시작했다. 특히 범순인의 아들 범정평范正平과 유표를 작성한 이지의는 평소 범순인을 눈엣가시처럼 여기던 채경의 목표물이 되었다. 설상가상 이지의는 유표에만 그치지 않고 범순인의 생전 업적을 높이 칭송하는 행장行狀을 쓰기도 했다. 범순인의 죽음이라는 절호의 기회를 놓칠 리 없는 채경은 범정평을 사지에 몰아넣기 위한 계략을 치밀하게 준비하기 시작했다.

그로부터 몇 년 뒤 개봉위開封尉 자리에 오른 범정평은 끝내 채경의 마수에 걸려들고 말았다. 향태후向太后의 외척세력이 자신의 종산宗山에 있던 자운사慈雲寺라는 절을 더 크게 짓기 위해 채경을 찾으며 비극은 시작되었다. 당시 도시 건설에 필요한 경비經費를 관할하던 호부戶部의 주사主事직을 맡고 있던 채경은, 외척의 환심을 사기 위해 향태후의 외척 세력과 몰래 손을 잡았다. 채경은 향씨 가문의 종산을 확장할 수 있도록 허가를 내준 뒤 향태후의 외척 세력과 함께 백성을 수탈하기 시작했다. 훗날 이 문제가 수면 위로 떠오르자 개봉위에서 재판이 열렸고 개봉위인 범정평이 재판을 담당하게 되었다. 재판까지 받게 될 지경에 처했지만 백성의 이익을 함부로 탈취해서는 안 된다는 범정평의 경고가 나는 새도 떨어뜨린다는 향씨 가문에 먹힐 리 없었다. 오히려 그런 범정평을 비웃기라도 하듯 향씨 가문과 채경은 계속해서 마구잡이로 백성을 핍박하며 제 뱃속만 채우기에 급급했다. 백성들의 상소가 이어져 이 일은 마침내 황제의 귀에까지 들어갔다. 채경이 중간에서 계략을 꾸몄다는 것을 황제도 알게 되었지만 당시 조정의 권력을 장악하고 있던 채경에게 큰 벌을 내리지 못하고 황금 20근을 벌금으로 내도록 했다. 약이 바짝 오른 채경은 범순인의 유표 중에 철종의 태황태후인 고씨高氏를 능멸한 내용이 있으며 신법을 반대하는 뜻을 담고 있다고 황제에게 고했다. 이에 크게 노한 휘종은 결국 두 사람에게 그 죄를 묻기로 하고 채경에게 그 처리를 맡겼다. 마침내 채경은 범정평과 이지의를 '망재妄載', 즉 '황실 사람에 대해 함부로 글을 썼다'는 이유로 체포했다.

한편 관에서 보낸 관리가 범정평을 잡으러 왔을 무렵 그의 집에서는 감동적인 장면이 펼쳐지고 있었다. 아우 범정사范正思가 자신의 친형을 관부로 끌고 가려고 나온 관리들을 붙잡으며 뜨거운 눈물을 하염없이 흘렸다.

"내가 당신들과 가겠소. 아버님을 대신해 유표를 쓴 일을 내 형님은 전혀 모르오! 그때 형님은 돌아가신 아버님을 묻을 묘소의 풍수를 보고 관을 사느라 종일 밖에 있었단 말이오. 그 일은 내가 한 것이오. 내가 그 자리에 있었소!"

그런 동생에게 범정평이 담담히 입을 열었다.

"아우야, 이번 일의 사냥감은 바로 나다. 채경이 내 머리를 원하고 있음을 어찌 모른단 말이냐? 내가 가지 않으면 우리 둘 다 화를 당할지도 모른다. 게다가 내가 형인데 당연히 내가 가야지…….”

한편 스승의 마지막 부탁에 충실했던 이지의 역시 그야말로 ‘마른하늘의 날벼락’을 맞았다. 하지만 그는 그저 덤덤히 자신에게 다가올 일을 차분히 준비하고 있었다.

당시 채경 등 권력을 잡은 신당 세력은 이지의와 범정평을 소식의 일당으로 여기며 이를 잔뜩 갈고 있었다. 설상가상 어사 석예石豫 역시 “이지의는 소식과 같은 무리로 경관京官이 되어서는 안 된다”며 그를 탄핵했다. 이에 이지의의 사촌형인 이지순은 소식과 소철 형제의 무고함을 알리는 상소문을 올렸다가 훗날 단주單州로 쫓겨나 죽고 말았다.

혼란스러운 조정 내 암투와 당쟁을 겪으며 이지의는 일찌감치 모든 희망을 버린 듯했다. 태평주太平州로 쫓겨나 강남의 당도로 내려간 이지의는 엄격한 감시와 통제를 받으며 살았다.《당도현지當塗縣志》의 기록에 따르면 이지의가 막 당도에 도착했을 무렵 그의 처지는 눈 뜨고 볼 수 없을 지경이었다. 당시 이지의의 부모는 난리 통에 모두 죽고 말았는데 권력을 쥐고 있던 채경 등의 눈치를 보느라 누구 하나 그들의 시신을 거두어 주지 않았다. 부모님의 시신을 끌어안으며 이지의는 자신의 무능함과 불효에 대성통곡했다.

이때 하늘이 갑자기 어두워지며 거센 비가 쏟아붓더니 급기야 하늘을 찢는 듯한 천둥이 치기 시작했다. 생전의 어머니께서 천둥을 무서워했던 것을 아는 아들 이지의는 차가운 빗줄기와 천지를 울리는 천둥에 맞서 자신의 몸으로 부모님의 시신을 감싸안았다. 시간이 얼마나 지났을까. 거센 빗줄기가 그치고 천둥도 자취를 감추었을 무렵 추위와 공포로 부들부들 떨던 이지의의 몸 아래로 두 개의 무덤이 솟아 있었다. 당시 사람들은 하늘이 그의 효심에 감동하여 그의 부모를 위해 무덤을 마련해준 것이라며 이지의를 크게 칭찬했다.

이지의는 불행한 역사의 희생양으로 전락했지만 고된 운명에 굴하지 않고 묵묵히 자신의 길을 걸어갔다. 고계에 도착한 이지의는 현지 권문세족들을 찾아다니며 아부를 떨기는커녕 오히려 그들의 비위를 상하게 하는 수많은 시와 글을 남겼다.

어찌된 영문인지 이지의는 당도의 유명한 시인 곽공부郭功父와 얼굴을 붉히는 사이가 되었다. 문인은 본래 타협이라고는 전혀 모르는 벽창호의 기질을 타고난 무리가 아니던가. 고계 사람인 나조의羅朝議가 죽자 그의 가문에서는 이지의에게 묘비에 들어갈 비문碑文을 써달라고 청했다. 이지의는 선뜻 이를 받아들고 나조의를 위한 비문을 쓰기 시작했는데 그 내용은 이렇게 시작된다.

"고숙姑孰이라는 계곡(고계를 뜻함-옮긴이)에 두 줄기의 흐름이 있으니 하나는 맑고 하나는 탁하네. 그중 맑은 흐름은 나공羅公이요, 탁한 것은 공부功父이니……."

이에 처세에 남다른 수법을 자랑하던 곽공부가 가만있을 리 없었다. 자신의 명성에 걸맞은 복수를 선보였다. 권력을 차지하기 위한 암투에서 밀려나 고계로 흘러들어온 이지의는 계속해서 힘겨운 나날을 보내고 있었다.

"짝을 잃고 자식도 없으니 늙어갈수록 의지할 곳이 없구나."

외로웠던 것일까? 이지의는 미색과 기예를 두루 갖춘 양주楊姝라는 기녀와 결혼하고 아들 하나를 얻었다. 사림士林에 속한 이지의가 하늘에 지내는 제사 덕분에 조정으로부터 상을 받게 되자 그의 아들도 조금이나마 혜택을 누렸다.

평소 채경이 이지의를 못 잡아먹어 안달이라는 것을 알게 된 곽공부는 길생吉生이라는 현지 토호土豪를 경도京都로 보내 이지의의 아들이 아버지의 공덕을 함부로 받고 있다는 거짓 상소를 올리게 했다. 이지의를 비방하는 이 상소문은 채경의 은밀한 도움으로 사실로 조작돼 이지의는 다시 한 번 고초를 겪어야 했고, 그의 아들은 감옥으로 끌려갔다.

자신의 음모가 성공하자 곽공부는 기쁨을 감추지 못하고 이에 관한 시를 짓기도 했다.

"칠십을 훌쩍 넘긴 늙은 공신은 한때 원우元祐(송나라 철종哲宗의 연호로 여기서는 철종을 의미함-옮긴이)께 글을 바쳤네. 지금 흰머리 성성하여 고향으로 돌아온 후 양주의 상처를 씻어 주는구나."

이지의의 외조카, 문인들이 정권을 장악할 때까지 계속된 법정 싸움 끝에 두 부자의 결백함이 인정되어 이지의는 다시 직위와 봉록을 되찾았고 아들은 감옥에서 풀려나왔다. 하지만 오랜 고초와 마음고생 때문인지 이지의의 아들은 재능을 펴지도 못하고 사그라지고 말았다.《휘주후록揮麈後錄》에 따르면 그 아들의 이름은 요광堯光으로 가풍으로 인해 사방으로 전근을 다니고 말았으니 그 집은 완릉宛陵(선성宣城), 고숙 촌락 사이에 아직도 남아 있다고 기록되어 있다.

간신히 누명을 벗은 이지의는 그 후 당주唐州로 가 조정으로부터 대부大夫가 되어달라는 청을 받았지만 여든을 넘겨 살날이 얼마 남지 않은 이에게 그까짓 벼슬자리가 무슨 의미가 있었을까. 별 대수롭지도 않은 일에 대해 붓을 든 죄로 추밀원 편수관이라는 높은 자리에서 누런 먼지가 풀풀 날리는 고계의 길바닥으로 내쫓겨나던 날, 이지의는 자신의 청춘과 행복, 꿈과 희망이 저항 한 번 하지 못하고 그대로 사그라질 줄 과연 알았을까. 자신의 운명을 나락으로 이끈 선택에 대해 혹시 후회하지는 않았을까.

아마도 이지의는 자신의 선택을 결코 후회하지 않았을 것이다. 만약 그가 조금이라도 후회하는 기색이 있었다면 아마도 그는 《송사》에 이름을 올린 이지의가 아니라 자신의 안위를 위해 사방팔방 눈치나 살피는 교활한 정객政客이나 허약하기 그지없는 일개 시신詩臣에 불과했을 것이다.

"나는 양자강 상류에 살고, 님은 양자강 하류에 사네."

그의 시구에서는 양자강의 거센 물결처럼 냉혹한 파벌 다툼에 무력하게 휩쓸려 부침浮沈을 거듭하는 문인들의 처지가 아련하게 떠오른다. 한 치 앞도 보이지 않는 탁하고 거친 권력의 물결은 사람을 잡아먹는다. 역사 속에는 그 물결에 떠밀리다 험한 바위에 부딪혀 새하얀 물거품으로 변하는 사람들이 있는가 하면, 반대로 요리조리 물결을 헤치며 '처세술'을 뽐낸 사람들도 있었다. 오호라, 이 강물이 언제 멎을지, 이 한이 언제 그칠지 알 길이 없구나.

■ 참고문헌
《당도현지》, 《송사》 〈이지의전李之儀傳〉, 《송인질사회편》

노래가 된
황제의 사랑

문자옥 가운데 예술적 풍취가 느껴지는 사건으로는 아마도 북송 주방언周邦彦의 〈소년유少年遊〉와 관련한 일이 으뜸일 것이다. 전당錢塘 사람인 주방언은 전형적인 '강남 도련님'으로,《송사》에 따르면 글솜씨는 빼어났으나 신중하지 못하여 중용되지 못했다고 한다. 직설적으로 이야기하자면 평소 생활에 문제가 있었다는 것이다. 원풍 초년, 스무 살을 갓 넘긴 주방언은 자신의 이름을 천하에 알리겠다며 의기양양하게 경도인 변량에 입성한 뒤 수도를 예찬하는 〈변도부汴都賦〉를 지어 당시 보좌에 있던 신종에게 바쳤다. 이영각邇英閣으로부터 글솜씨를 인정받은 주방언은 그때부터 황궁을 드나들며 정사에 관한 이야기를 종종 들었지만, 아쉽게도 신종 집권기가 끝난 후로는 더 큰 감투를 쓰지 못하고 변변치 않은 관직을 오갔다. 합비合肥에서 교수教授로 일했고, 율수溧水에서는 지현知縣이라는 관직에 머물렀다. 변량으로 돌아온 후 주방언은 별 볼일 없는 국자감國子監 주부主簿로 일하면서 시간을 보냈다. 보위에 오른 철종으로부터 부름을 받기는 했지만 관운官運은 글과 교육 분야에만 그칠 뿐, 더 이상 높은 관직이나 중앙 정계로 나아가지는 못했다. 휘종 대에 이르러서도 두각을 나타내지 못한 주방언은 어느덧 불혹不惑의 나이를 코앞에 둔 중년이 되었다. 무료한 일상을 보내던 주방언은 변량의 명기名妓인 이사사李師師에게 푹 빠져 있었다.

기생이라고 하나 이사사는 닳고 닳은 여자는 아니었다. 남다른 기개와 여장부 기질을 가지고 있어 '비장군飛將軍'으로 불릴 정도였다. 비장군은 한 사내의 마음만 사로잡은 것이 아니라 당대 황제인 휘종의 가슴에도 뜨거운 사랑의 불꽃을 지폈다. 이른바 〈소년유〉의 문자옥 이야기는 여기서 시작된다.

어느 날 저녁, 이사사의 방에서 노닥거리던 주방언의 귀에 황제가 납시었다는 소리가 들려왔다. 너무 놀라 몸을 숨길 곳을 찾지 못한 주방언은 사대부 체면 따위는 깡그리 잊은 채 침대 밑으로 몸을 숨겼다. 푸른 옷에 작은 모자를 쓴 휘종이 함박웃음을 지으며 한 손에 오렌지가 잔뜩 달린 나뭇가지를 들고 방 안으로 들어왔다.

"이것은 강남에서 방금 조정에 바친 것이다. 너에게 먼저 맛보여주고 싶은 생각에 과인이 직접 오렌지 나뭇가지를 가져왔다."

환하게 웃으며 오렌지를 내미는 휘종에게 이사사는 살짝 눈살을 찌푸리며 입을 열었다.

“이제 막 수확한 것이라면 분명히 엄청 실 텐데 누가 먹으려 하겠습니까?”

“아니다, 네가 잘 모르나 보구나. 궁에서는 그해 수확한 오렌지를 먹을 때는 먼저 오렌지를 쪼개 소금을 넣은 물에 살짝 담가두었다가 신맛이 빠져나가면 물에 씻어 먹는단다. 그리하면 제아무리 신 오렌지라고 해도 설탕에 재운 것마냥 달디 달단다.”

“그래도 먹지 않으렵니다. 그리 먹으려면 칼도 가져와야 하고 소금도 있어야 할 것인데 오렌지 하나 먹겠다고 일을 벌여 무엇하겠습니까? 제아무리 귀한 것이라고 해도 그리 힘들게 고생하면서까지 먹고 싶지는 않습니다.”

이사사의 말에 휘종은 수염을 쓰다듬으며 가벼운 웃음을 터뜨렸다.

“허허, 그렇다면 오늘은 과인이 미녀를 위해 힘을 써볼까?”

말을 마친 휘종이 종이 자르는 칼을 가지고 와 오렌지를 자르려고 했다. 이것을 본 이사사가 휘종에게서 칼을 빼앗으며 입을 삐죽거렸다.

“하지 마시어요. 혹여 이 일이 밖으로 새어나간다면 문무백관이 소녀를 못 잡아먹어 안달할 터인데 차라리 제가 하겠습니다.”

“허허허, 그리하면 과인은 가만히 앉아 무엇을 해야 할꼬?”

이사사가 손등으로 살짝 입을 가린 채 웃음을 터뜨렸다.

“소녀가 일을 하니 대왕께서도 노시면 안 되죠. 〈풍입송風入松〉을 두 번 연주해주시어요. 대왕께서 부지런히 손을 놀려 소녀의 귀를 즐겁게 해주시면 꿩 먹고 알 먹기가 아니겠습니까?”

“그건 그렇구나.”

말을 마친 휘종이 탁자에 앉아 음악을 연주하기 시작했다. 연주가 한 번 끝났을 무렵까지 오렌지에서는 아직 신맛이 빠지지 않았다. 한편 이 사사는 이불에 향이 잘 배도록 새 향을 피우느라 바삐 손을 놀리고 있었다. 그러자 휘종은 내일 하늘에 제사를 지내야 하기 때문에 이곳에서 밤을 보낼 수 없다며 이사사에게 향을 피우지 말라고 일렀다. 그 말에 풀이 죽은 이사사는 입을 살짝 삐죽거렸다.

"꼭 가셔야 합니까? 이미 초경初更도 지났고 바람도 차고 밤이슬도 내렸을 터이니 말에서 미끄러지시면 어이합니까? 그러니 오늘밤은 예서 주무시고 내일 아침 일찍 궁으로 가시어요."

휘종이 난처한 표정을 지으며 입을 열었다.

"과인이라고 어찌 궁으로 돌아가고 싶겠는가? 나도 참으로 답답하이."

달콤하게 사랑을 속삭이는 휘종은 누군가 침대 밑에서 자신의 말을 듣고 있으리라고는 꿈에도 생각지 못했다. 감성이 풍부한 주방언은 침대 밑에 몸을 숨기고 있으면서도 휘종과 이사사가 나눈 대화에서 영감을 얻고 노래를 지었다. 휘종이 나가자마자 침대 밑에서 기어 나온 주방언은 곧바로 책상으로 달려가 붓을 들고 자신이 지은 노래를 종이에 옮겨 적기 시작했다. 휘종을 배웅하고 돌아온 이사사의 눈에 책상 위에 바짝 엎드려 무언가 열심히 적고 있는 주방언의 모습이 보였다. 무언가 들여다보니 종이 위에는 아름다운 사랑 노래가 적혀 있었다.

幷刀如水, 嗚鹽似雪, 纖手破新橙.

獸香不斷, 綿幄添溫, 相坐隊調箏.

低聲問, 向誰行宿? 城上已三更.

不如休去, 露濃馬滑, 直是少人行, 調寄少年遊.

병주의 칼은 물처럼 매끄럽고, 오나라 땅에서 난 소금은 눈처럼 희니, 미인이 고운 손으로 싱싱한 오렌지 껍질을 벗기고 있구나.

동물 모양 향로에서는 향긋한 향이 계속 퍼져 나오고, 비단 장막 안은 열기를 더하니, 서로 마주앉아 생황을 불고 있네.

미인이 나지막한 소리로 묻는구나, 성 안은 이미 삼경인데 어디에서 머물 것인지.

서리가 쌓여 말이 미끄러질 수 있고, 길에 사람도 없으니, 머물고 가는 것이 낫다며 소년에게 쉬어갈 것을 조르네.

이를 본 이사사는 재미있다는 듯 박수를 치며 입을 열었다.

"멋진 글이네요. 내일 새로운 곡조를 곁들일게요. 그리하면 3일 안에 변량성에 살고 있는 사람들이 모두 이 노래를 부를 겁니다."

이사사의 말이 떨어지기 무섭게 주방언은 펄쩍 뛰며 손사래를 쳤다.

"절대로 그러면 안 되느니라. 혹여 높으신 분이 이를 알게 된다면 결코 가볍게 넘기지 않을 것이야!"

주방언의 우려는 현실이 되었다. 주방언의 만류에도 이사사는 휘종의 총애를 받기 위해 〈소년유〉를 위한 노래를 작곡했다. 며칠이 지난 후 우연히 이 노래를 들은 휘종은 안색이 돌연 어둡게 변하더니 누가 이 가사를 지었는지 물었다. 휘종이 질투에 휩싸였음을 알아차리지 못한 이

사사는 주방언이 지었다고 대답했다. 궁으로 돌아온 휘종은 채경에게 즉각 입궐할 것을 명했다. 채경이 전각殿閣에 발을 들이는 순간 서릿발 같이 차가운 휘종의 목소리가 내리꽂혔다.

"개봉부開封府에 주방언이라는 세리稅吏가 있는데 혹시 그를 알고 있는가?"

"시나 사詞를 짓는 주방언이라는 자는 알고 있으나 세금을 걷는 자 중에 주방언이라는 자가 있는지는 알지 못합니다."

"그럼 그대가 알고 있는 주방언이 그 주방언이로군. 세금을 제대로 걷지 않는다는 이야기가 과인의 귀에까지 들려오고 있는데 어찌하여 그런 자를 벌하지 않는 것인가?"

이사사의 방에서 일어났던 일에 대해 알 리 없는 채경은 난데없는 휘종의 일갈에 그저 눈만 껌뻑거렸다. 결국 채경은 퇴청한 후에 경조이京兆夷를 불러 이번 일을 알아보겠다는 뻔한 대답을 올리고 그 자리를 피할 수밖에 없었다. 황궁을 빠져나온 채경으로부터 부름을 받고 득달같이 달려온 경조이는 근심 어린 표정의 채경을 보고 무언가 사달이 일어났음을 직감했다.

"세리 중에 주방언이라는 자가 있다는데 그 자가 세금을 제대로 걷지 않는다는 말이 있어 폐하께서 진노하셨소. 그 말이 사실이오?"

"감세관監稅官 중에서 주방언이 걷는 세금이 가장 많습니다."

"이 무슨……. 후, 어찌된 일인지 모르겠소만 아무래도 폐하께서 그 주방언이라는 자를 나쁘게 보고 계시는 것 같소. 상황이 이러하니 억지로라도 죄명을 지어 그를 벌하도록 하시오!"

이튿날, 경조이는 성지를 받들어 주방언을 관직에서 물러나게 하고 국문國門 밖으로 내쫓는다는 명령을 내렸다. 우려했던 일이 현실로 나타나자 주방언은 탄식했다.

'큰일이구나, 큰일! 〈소년유〉로 내 인생은 끝장이로구나.'

그로부터 이틀이 지난 후 이사사의 집을 다시 찾은 휘종은 반나절이 넘도록 이사사를 기다렸지만 그녀의 그림자조차 볼 수 없었다. 결국 초경이 되어서야 모습을 드러낸 이사사는 외투를 두르고 있었다. 수심이 가득한 이사사를 본 휘종은 화가 머리끝까지 나 도대체 이렇게 늦게까지 어디를 쏘다닌 것이냐며 힐책했다. 그러자 이사사는 무미건조한 목소리로 입을 열었다.

"주방언이 폐하께 죄를 지어 나라 밖으로 쫓겨난다는 소식에 이별주 한 잔 올리고자 다녀왔습니다."

이사사의 말에 휘종의 질투심이 뜨겁게 불타올랐다.

"하, 그래 무슨 말을 하더냐?"

"〈난릉왕蘭陵王〉이라는 사를 받았습니다."

"그래, 나에게도 들려다오. 무슨 헛소리를 늘어놓았는지 한번 들어보자꾸나."

진심으로 화를 내는 휘종을 보며 이사사는 자신만이 주방언을 사지에서 구할 수 있다는 생각에 정신을 바짝 차리고 조심스레 〈난릉왕〉을 노래하기 시작했다.

柳陰直, 烟裏絲絲弄碧.

隋堤上, 曾見幾番, 拂水飄綿送行色.

登臨望故國, 誰識京華倦客.

長亭路, 年去歲來, 應折柔條過千尺.

閑尋舊踪跡, 又酒趁京弦, 燈照離席.

梨花榆火催寒食.

愁一剪風快, 半篙波暖, 回頭迢遞便數驛.

望人在天北.

悽惻, 恨堆積.

漸別浦縈洄, 津堠岑寂, 斜陽冉冉春無極.

記月榭携手, 露橋聞笛, 深思前事, 似夢裏, 淚暗滴.

버드나무 곧게 그늘을 드리우고, 안개 속 푸른 실가지를 하늘거린다.

제방 위에서, 몇 차례나 보았을까, 수면을 스치고 버들솜 흩날리며 떠나는 사람 전송하는 광경을.

높은 곳에 올라 멀리 고향 쪽을 바라보지만, 서울의 지친 나그네를 누가 알아보리오.

긴 정자가 서 있는 길, 한 해가 가고 또 한 해가 오는 사이, 부드러운 버들가지 천 자도 넘게 꺾였으리라.

지난 발자취를 쓸쓸히 더듬으며, 또 한잔 술을 들고 구슬픈 악기 소리 듣노라니 등불은 이별의 자리를 비추네.

계절은 어느새 배꽃 피고 느릅나무 불 냉기는 한식이 가까웠구나.

슬프다. 배는 바람 타고 살같이 흐르고, 상앗대는 따뜻한 물결 속에 반쯤 잠겼는데,

돌아보니 지나온 역마을 몇이런가.

그리운 님은 북쪽 하늘 끝에 있건만.

가슴이 아프고 한이 쌓이네.

이별의 포구는 모퉁이를 돌아가 보이지 않고, 나루터의 돈대는 적막한데, 석양은

뉘엿뉘엿 봄빛은 그지없구나.

달빛 비치는 정자에서 맞잡았던 손, 이슬 내리는 다리에서 듣던 피리소리, 지난 일들

곰곰이 생각하면, 마치 꿈만 같아서, 어느새 눈물이 방울방울 떨어지네.

노래를 들은 휘종은 내심 혀를 끌끌 찼다.

'주방언이라는 자는 실로 대단한 실력을 지닌 자임은 틀림없구나. 시나 사는 분명히 과인보다 실력이 한 수 위로구나. 만일 그를 벌한다면 귀중한 문인을 잃을 것인데……. 그럴 바에야 이사사를 내어주고 천하 사람들에게 과인이 인재를 아끼는 대범한 군주임을 알리는 것이 더 낫지 않겠는가?'

이사사가 노래를 다 부르자 휘종은 흡족한 미소를 지으며 입을 열었다.

"좋구나, 참으로 좋구나. 주방언이라는 자의 글솜씨가 이리도 뛰어나니 내 조정에 일러 그를 속히 불러들인 뒤 대성부악정大晟府樂正으로 명하도록 하겠소."

황제가 일으킨 순간의 질투가 자신을 사지로 내몰았던 것처럼 순간의 호감이 용서는 물론 승진까지 가져다줄 줄이야 주방언은 꿈에도 생각지 못했을 것이다. 아마도 다른 사람이라면 절대로 그런 대접을 받

지는 못했으리라.

한편 주방언이 〈소년유〉를 짓기 이전, 무공랑武功郎 가혁賈奕도 휘종이 이사사에게 푹 빠진 이야기를 소재로 한 사를 지어 남향자南鄉子에게 보낸 일이 있다.

閑步小樓前, 見個佳人貌類仙.

闇想聖情渾似夢, 追歡, 執手蘭房恣意憐.

一夜說盟言, 滿搤沈檀噴瑞烟.

報道早朝歸去晚, 回鑾, 留下鮫綃當宿錢.

작은 누각 앞을 산보하다가, 선녀같이 아름다운 여인을 보았네.

고귀한 그 모습 꿈인가 싶어,

쫓아가 그 손 잡고 난초향 가득한 방에서 마음껏 어여삐 여기네.

하룻밤 맹세와 함께,

아쉬운 마음에 무거운 베개를 두 손으로 쥐고 고운 숨을 내뱉네.

일찍 조정에 나가 늦게 돌아온다 이르고,

수레에 달린 방울을 흔들며 돌아오니,

방값으로 치른 인어人魚의 비단만 덩그렇게 남았구나.

황제의 사생활을 폭로한 가혁의 천박한 사가 휘종의 노여움을 산 것은 두말할 나위도 없다. 경주瓊州로 유배된 가혁은 아마도 비극적인 말로를 맞았을 것이다.

비록 한때의 질투로 죄 없는 관리를 내치긴 했지만 휘종 조길趙佶은 문학과 예술을 사랑하고 인재를 아낀 황제임에 틀림없다. 자신과 이사 사 사이에 있었던 일을 가지고 사를 지었던 주방언과 가혁을 전혀 다르게 대한 점만으로도 이를 짐작할 수 있다.

■ 참고문헌
《송사》〈주방언전周邦彦傳〉, 《백향사보白香詞譜》, 《송인질사회편》

충직함이 오히려
화를 부르다

진
동

평화롭고 풍족한 왕실에서 나고 자란 휘종이지만 그의 삶이 쭉 평탄하지만은 않았다. 태평성대를 구가하고 싶었던 그의 꿈은 천지를 울리는 금나라 군대의 말발굽 소리와 북소리에 깨지고 말았다. 이사사의 치마폭에 파묻혀 있던 휘종이 정신을 차렸을 땐 이미 금나라 군사가 성 앞까지 들이닥친 후였다.

선화宣和 6년1124년, 요遼를 멸망시킨 금나라의 기세는 하늘을 찔렀다. 금나라 군대는 알리부斡離不가 이끄는 동로군東路軍과 점한粘罕이 이끄는 서로군西路軍으로 나눠 송나라를 향해 내달렸다. 그 다음 해 정월 무렵 금나라 동로군은 황하를 건너 송나라 수도 변량을 포위했다. 송나라 장수 이강李綱과 하관何灌 등은 동로군과 목숨을 건 한판 승부를 벌였다. 금나라 군대가 통천通天, 경양문景陽門을 공격하자 상황이 긴박함을 깨달은 송나라 조정에서 장수 이강에게 병사를 내어주고 금나라 군대를 저지하도록 했다. 진교陳橋, 봉구封邱, 위주문衛州門을 금나라 군대가 연이어 공격하자 이강은 성에 올라 사태를 살피면서 수천 명의 금나라 병사를 죽였다. 기세가 눌린 금나라 병사들은 꼬리를 빼고 달아났다. 한편 하관도 출전했으나 금나라 군대에 패해 전사하고 말았다. 결국 당시 송나라의 명줄은 이강 한 사람의 손에 달려 있었다고 해도 과언이 아니었다.

하지만 조정 내 주화파主和派 이방언李邦彦 등은 승기를 놓쳤다며 휘종에게 금나라와 화의和議하라고 압박했다. 주화파는 금나라의 환심을 사기 위해 주전파主戰派를 이끌던 이강을 먼저 파면했다. 나라의 흥망성쇠가 달린 절체절명의 순간에 난데없이 이강을 파면하려는 조정 내 주화파의 존재를 알게 된 송나라 백성들은 분노에 차 선덕문宣德門 아래로 모여들었다. 구름처럼 집결한 백성들을 이끈 것은 태학생太學生 진동陳東이었다. 진동은 이제 막 즉위한 흠종欽宗에게 백성들의 분노를 그대로 담은 상소를 올렸다.

"조정의 대신으로서 제 한 몸 돌보기보다는 천하 사람들을 더 귀히 여기는 자로 이강이 있으니 그는 이 나라 종묘사직을 지키는 충신입니다. 반면에 별 볼일 없는 재주로 남의 재능을 질투하고 걸핏하면 얕은 꾀로 나라의 앞날을 망치려고 하는 자로는 이방언, 백시중白時中, 장방창張邦昌, 조야趙野, 왕효적王孝迪, 채무蔡懋 같은 무리가 있으니 이들은 종묘사직을 찬탈하려는 도적놈과 같습니다."

상소문 앞머리에서 나라를 위기에서 구하려는 자와 위기로 몰아넣으려고 하는 세력을 일일이 지목한 진동은 이어 흠종의 용인술을 질책했다.

"폐하께서 여러 대신들 중에서도 이강을 유달리 아끼시는 것은 나라를 위함이니 인재를 아끼는 폐하의 현명함을 익히 알고 있습니다. 백시중을 물리치고 그를 등용하지 않았다는 점 역시 폐하께서 사악한 무리를 멀리 두기 위한 것임을 천하가 모두 알고 있습니다. 허나 장군으로 임명된 이강이 아직 제 능력을 모두 발휘하기도 전에 백시중이 그를 배척하고 조정 내에서 사악한 세력을 모으고 있음을 어찌 모르십니까? 그 뒤로 이방언과 장방창 역시 재상의 자리에 올라 폐하의 눈과 귀를 막고 조정의 기강을 무너뜨리고 있음을 어찌 모르십니까? 어찌하여 폐하께서는 현명한 신하를 기용하시고도 그 능력을 제대로 발휘하지 못할까 의심하시면서 사악한 무리들에 대해서는 아무런 의심도 하지 않으십니까?"

뛰어난 군자를 기용해놓고는 자신의 보좌를 노리지 않을까 의심하고, 소인배인 줄 뻔히 알면서도 그들의 사탕발림에 넘어가는 행태는 역대 황제들에게서 모두 찾아볼 수 있는 공통점이다. 이강과는 개인적인 친분이 전혀 없었던 진동이 목숨을 내놓을 각오로 흠종에게 이강의 파면안에 항의하는 상소를 올린 것은 오로지 나라와 백성을 위하는 마음에서 우러난 것이었다. 전쟁터에서 목숨을 걸고 싸우는 장수를 작은 책임을 물어 파면하겠다는 휘종의 결정에 진동은 강력하게 저항했다.

"이강은 비록 말직末職의 소관小官으로 조정에 발을 담그고 있으나 지금은 나라의 큰일을 위해 목숨을 걸고 싸우고 있습니다. 그런데 이방언 등의 무리는 이를 고맙게 여기기는커녕 도리어 이를 질투하고 큰 공을 세울까 걱정하고 있습니다. 적은 병사로 대군에 맞서고 있기에 불리한 순간을 노려 작은 틈을 비집고 이강에게 죄를 물을 것은 불 보듯 뻔한 일입니다. 무릇 전쟁터에서 승리와 패배는 양날의 검마냥 항시 붙어 있는 것을, 어찌하여 이번의 작은 잘못을 가지고 충신을 벌한단 말입니까?”

이강의 전적을 낱낱이 적은 진동은 흠종에게 파면안을 거두고 이강을 다시 복직할 것을 청했다. 그리고 상소문의 마지막에 쐐기를 박았다.

“소신의 말을 믿지 못하시겠다면 여러 사람들에게 물어보십시오. 아마도 이강은 등용하고 이방언은 배척해야 한다고 대답할 것입니다. 무릇 사람을 쓰고 버리는 것은 폐하께서 결정하시는 것입니다!”

이 상소문에는 당시 황제와 조정에 대한 송나라 백성들의 불만이 분명하게 드러나 있다. 수만 명의 백성이 진동과 함께 선덕문 아래 엎드려 있는 장면을 상상하면 뭉클한 감동이 가슴 밑바닥에서부터 뜨겁게 올라온다. 궁문 앞에 운집한 군중이 흠종에게 한시바삐 결정을 내리라고 압박하는 동안, 주화파 이방언은 입궐하다가 화난 백성들에게 포위당해 심한 욕설과 원망을 들었다. 이 사실을 알게 된 오민吳敏이 급히 궁문 밖으로 달려 나와 백성들에게 잠시 돌아가라는 왕의 뜻을 전했으나 간신들의 얄팍한 꾀에 더 이상 속아 넘어갈 백성들이 아니었다. 오민은, 진동이 상소에서 언급한 모든 내용을 신중하게 검토한 후에 용단을 내릴 것이라고 둘러댔지만, 그의 해명은 백성의 분노를 잠재우기는커녕 아직도 정신을 차리지 못하고 있는 조정에 대한 분노와 불신을 키우는 꼴이 되고 말았다.

백성들은 황제와 직접 이야기하고 싶다며 등문고에 올라 북채를 휘둘렀다. 그러자 전수殿帥 왕종초王宗濋는 백성이 반역을 일으키지 않을까 온몸을 떨며 흠종에게 진동의 요청대로 이강을 복직할 것을 권했다. 결국 흠종은 눈앞의 상황에 겁을 먹고 경남耿南을 보내 분노에 활활 불타고 있는 궁문 밖의 백성에게 이강을 찾으러 이미 사람을 보냈다는 소식을 전하도록 했다. 이강을 찾는 임무를 맡게 된 태감太監 주공지朱拱之는 영문도 모른 채 궁 밖으로 나갔다가 분노한 백성들에 의해 죽음을 당했고 수십 명의 내시도 함께 목숨을 잃었다. 절체절명의 순간, 이강은 다시 등용되어 경성방어사京城防禦使로 임명되었다.

진동의 상소문은 부패하고 무능한 송나라 왕실에 대한 도전이자 경종警鐘이었다.《송사》는 진동에 대해 다음과 같이 적고 있다.

"진동, 자字는 소양少陽으로 진강鎭江 단양丹陽 사람이다. 어릴 때부터 남다른 재능으로 이름을 알렸으며, 불의를 참지 못한 의사로 헐벗고 굶주리는 일을 결코 두려워하지 않았다."

진동은 평생 일곱 번 상주문을 올렸는데 그 덕분에 청사靑史에 오래도록 이름을 남길 수 있었다. 그가 처음 올린 상주문은 송나라 흠종이 기반을 닦던 때의 일로 이번 이강의 일처럼 분노한 백성들과 함께 나서서 조정의 쇄신을 요구하는 뜨거운 목소리를 담고 있었다. 진동은 막 보위에 오른 흠종에게 다음과 같은 내용의 상주문을 올렸다.

"지금 채경은 앞에 나서서 혼란을 조장하고 있고 양사梁師가 막후에서 이를 조종하고 있습니다. 이언李彦은 서북과 원한을 맺었고 주면朱勔

은 남동과 등을 돌렸습니다. 왕보王黼와 동관童貫 역시 요遼와 금金에 원수를 졌습니다. 부디 이 여섯 도적놈들을 주살하고 그 머리를 내걸어 사악한 무리들을 제거했음을 만천하에 알려야 할 것입니다.”

진동의 상주문으로 간신 양사는 결국 옥중에 갇혔고 삭탈관직 당한 뒤 목숨을 잃었다. 그러나 그때부터 여러 권신들에게 진동은 그야말로 ‘눈엣가시’였다. 북송의 지도자들은 외적과 대치하는 과정에서는 하나같이 무능했지만 자신의 이익에 반하는 내부의 적을 제거하는 데는 더없이 과감하고 치밀한 추진력을 발휘했다. 송나라가 금나라와 화의를 맺자 변경에 대한 포위 공격을 해제한 금나라는 제 땅으로 돌아갔다. 발등에 떨어진 불이 어느 정도 꺼지자 조정 권신들은 백성들과 함께 시위를 주도한 사람들에 대한 대대적인 보복에 나섰다. ‘살생부’ 맨 꼭대기에 이름이 오른 사람은 다름 아닌 진동이었다. 경윤 왕시옹王時雍이 태학생을 모두 감옥 안에 가두려 하자 태학생들은 모두 정치적 박해를 피해 뿔뿔이 흩어져 숨을 죽이고 있었다. 다행히 권력에 아첨하지 않았던 태학교의 학장이 진동을 보호해주었다.

휘종과 흠종이 금나라에 포로로 끌려간 후 왕위에 오른 고종高宗은 참혹한 현실을 있는 그대로 마주할 자신이 없어 현실을 등지기로 했다. 즉 금나라의 고압 정치를 이기지 못해 차라리 변량을 버리고 천도하겠다는 마음을 굳힌 것이다. 송나라 조정은 도읍을 어디로 옮길 것인지를 두고 또다시 갈라졌다. 용감한 병사들이 있고 말이 잘 자라는 북서쪽 관중關中 장안長安으로 옮길 것을 주장하는 이강을 중심으로 한 무리와, 유약한 고종의 비위를 사기 위해 화북 지역에서 멀리 떨어진 남동쪽으로 이전해야 한다고 주장하는 왕백언汪伯彦, 황잠선黃潛善 등의 무리가 그것이다.

조정에서 일어나는 일은 상식과는 담을 쌓은 듯한 경우가 허다하다. 천도 문제를 채 매듭짓지도 않은 상황에서 간신 처벌 문제가 대두되면서 조정은 또다시 전운에 휩싸였다. 황제로 즉위한 고종은 새로운 황제와 왕실의 탄생을 널리 알리기 위해 기강 잡기에 나섰는데 그중에서도 간신을 처벌하는 일에 가장 먼저 착수했다. 휘종과 흠종 때 변량이 침략을 당하자, 조정 대신들은 저마다 살 길을 모색했다. 예를 들어 장방창은 금나라 왕실의 꼬임에 넘어가 40여 일 동안 '초제楚帝'로 군림했고 송제유宋齊愈 역시 금나라 왕실을 도왔다. 하지만 송제유는 오히려 이강이 왕실에 불충했다며 세 가지 이유를 들며 반박에 나섰다. 이강이 송제유를 체포한 후 동시東市에서 그를 처형하자, 당시 어사 장준張浚은 이강이 나랏일을 한다는 핑계로 사사로운 보복을 하려 한다며 함부로 대신을 죽이고 있다는 상주문을 올렸다. 이것을 알게 된 고종이 이강을 강등하려 했지만 쉽게 마음을 정하지 못하고 있었다. 진동에게 이강을 어떻게 처리해야 하는지 묻자 진동은, 이강을 없애서는 안 되며 왕백언, 황잠선 등은 남겨 두어서는 안 된다고 주장했다. 이 이야기를 들은 왕백언과 황잠선은 진동을 죽일 때까지 결코 다리 뻗고 자지 않겠다고 결심했다. 이강과 왕백언, 황잠선 사이에서 고민을 거듭하던 고종은 끝내 이강을 희생하기로 결심했다. 이강이 실책을 했다기보다는 남동쪽으로 도읍을 옮겨 편히 살기 위해서는 이강이라는 완고한 방해물을 제거하는 것이 더 이득이라고 생각했기 때문이다. 이강을 처벌할 것이라는 이야기를 들은 진동이 또다시 상주문을 올렸다. 이번 상주문에서는 더 많은 내용을 지적했다.

"부디 청컨대 이강을 남겨 두시고, 황잠선과 왕백언을 버리십시오. 어가를 이끌고 직접 정복하시고 당당히 휘종과 흠종을 맞이하십시오. 그리고 여러 장수들에게 군대를 이끌고 나가지 못한 죄를 물으셔야 합니다. 남쪽으로 도망가시지 말고 경도로 돌아가셔야 합니다……."

하는 말마다 자신의 실수를 지적하는 진동의 상소문에 제아무리 어리석은 고종이라고 해도 마음이 편할 리가 없었다. 마침 당시 무주撫州 포의布衣 구양철歐陽澈이 이강에 대한 불만을 털어놓는 상주문을 올렸다. 왕백언 등은 이 상주문을 구실로 고종에게 이강과 진동의 관계가 수상쩍다는 말을 올렸다.

"이 사람들은 어찌된 영문인지 매번 기회가 있다 싶으면 소란을 일으킵니다. 보십시오, 누군가가 이강과 관련된 상소문을 올리자마자 진동이 냅다 이를 반박하는 상소문을 올리지 않습니까? 어쩌면 지난번처럼 진동이 이번에도 수만 명을 이끌고 궁궐 밖에 엎드려 청원을 올릴지도 모릅니다. 그리되면 황실의 권위가 또다시 땅에 떨어질 것이옵니다!"

자신의 보좌가 흔들릴 수도 있다는 생각에 고종은 매번 소동의 중심에 서 있던 진동을 잘라내기로 마음을 굳혔다. 이윽고 진동을 잡기 위한 작전이 교묘히 추진되었다. 부윤府尹 맹유孟庾가 의논할 일이 있다며 진동의 집에 사람을 보냈다. 자신을 찾아온 자들을 보며 진동은 사태를 파악하고는 담담한 표정으로 입을 열었다.

"잠시만 기다리시게. 밥이나 먹고 가세."

말을 마친 진동은 평소와 같은 표정으로 뒷일을 부탁한다는 서신을 담담히 적어 하인에게 주며 자신이 죽거든 식구들에게 전하라고 일렀다. 그런 연후에 평소와 다름없는 표정으로 식사를 마친 진동이 이번에는 화장실에 가겠다고 하자 맹유의 명으로 그를 잡으러 온 사람들이 난색을 표했다. 그러자 진동이 가볍게 미소를 지었다.

"나는 죽음을 두려워하지 않았기에 황제에게 직언을 올렸네. 그대들의 눈에는 나 진동이 구차하게 목숨을 구하려는 자 같은가?"

죽음 앞에서도 당당했던 진동은 의관을 단정히 한 뒤 주변의 태학생들과 이별의 말을 주고받으며 자리를 떠났다. 이렇게 해서 진동과 구양철은 시장에서 함께 참수를 당했다. 진동을 아는 자든 모르는 자든 모두 그의 죽음에 눈물을 흘렸다.

3년 후 고종은 난데없이 자신이 한 일을 후회하며 직접 나서 진동과 구양철의 누명을 벗겨주고 그들이 세운 공적을 치하했다. 충직함이 오히려 화가 되어 죽음을 당했던 진동이 추모비 하나로 자신을 죽인 이들을 용서해야 할 줄 누가 알았겠는가.

죽음을 각오하고 궁궐 앞에서 황제나 조정의 잘못을 질타할 정도로 송나라 태학생들은 참정의식이 높고 대담했다. 그런 예는 수도 없이 많다. 진동이 상주문을 올리기 전, 휘종 대관大觀 3년에 태학생 진조로陳朝老가 채경의 열네 가지 악행을 고발하는 상주문을 올렸다. 진동이 죽은 후 고등高登이 여섯 번이나 상주문을 올려 당시 세태의 폐단을 고발했다. 소흥紹興 말년 태학생 정홍도程鴻圖는 악비岳飛가 억울하게 옥살이를 했다는 상주문을 올렸고, 소희紹熙 5년 태학생 왕안인汪安仁 등 200여 명이 광종光宗에게 화려한 궁궐을 짓는 데 재화를 쏟아부어서는 안 된다는 상주문을 올렸다. 영종寧宗 때에 왕거안王居安이 언사言事로 파면당하자 여러 명의 태학생들이 그를 구해달라는 상주문을 올리기도 했다.

저우구청은 당시 상황에 대해 이렇게 평가하고 있다.

"고종이 남쪽으로 천도한 후 태학생은 더욱 오만해져 횡포가 심했다."

이 말은 곧 태학생들이 자신의 생각을 더욱 적극적으로 드러냈으며, 그들이 당시 시대를 이끌고 지탱하던 또 하나의 정신적 축이었다는 말로 풀이할 수도 있을 것이다.

■ 참고문헌

《송사》〈진동전陳東傳〉·〈이강전李綱傳〉, 저우구청의 《중국통사》

역사를
입맛대로 요리한 간신

진회秦檜는 번방番邦과 손잡고 악비를 박해한 간신으로 널리 알려져 있다. 그런데 그가 문자옥을 더욱 진화(?)시키는 데 일조한 사람이라는 사실을 아는 이는 그리 많지 않다. 먼저 남송 소흥紹興 24년1154년에 있었던 하태何兌와 관련한 사건을 통해 진회가 얼마나 대담하고 교묘하게 문자옥을 일으키고 활용했는지 살펴보자.

하태는 평범한 관리로, 남송 초기에 이름을 널리 알렸던 마신馬伸의 제자였다. 마신이 죽자 하태는 스승 마신의 생애와 업적을 자세하게 기록한 전기를 썼다. 책이 완성되자 진주통판辰州通判이 진회에게 이를 보고했는데 책을 읽어본 진회는 크게 노하여 즉각 하태를 옥에 가뒀다. 도대체 책에 어떤 내용이 있었기에 진회가 그토록 분노했을까? 이를 알려면 먼저 남송 왕조의 창립 과정을 살펴봐야 한다.

진회와 그 당인들은 남송 왕조가 세워지기까지 자신들이 가장 큰 공로를 세웠다고 자부했다. 특히 진회는 자신이 금나라와 목숨을 내걸고 싸워 조씨趙氏 왕조의 명맥을 남겨두지 않았다면 어떻게 남송 정부가 세워지고 고종이 보좌에 오를 수 있었겠느냐고 생각하고 있었다. 하지만 하태가 쓴 마신의 전기에서 이는 사실과 다르다고 지적하고 있었다.

금나라는 변량을 포위하고 휘종과 흠종을 포로로 삼은 뒤 자신들의 명령을 받들 사람을 찾았다. 금나라로서는 언어와 문화가 판이하게 다른 송나라를 직접 통치하기가 무척 어려운 상태였다. 따라서 최대한 빠른 시간 내에 친금親金 정책을 실시할 수 있는 사람을 대신 세워 황하 이북 땅을 다스리는 것이 더 효과적이라고 판단한 것이다. 나라에는 단 하루라도 임금이 없으면 안 되는 법이라 누구를 황제로 세워야 할지 고심하고 있을 무렵, 황실에 충성하는 대신들은 당연히 조씨가 왕위를 이어야 한다고 주장했지만 금나라의 생각은 달랐다. 금나라 정부는 더 이상 조씨에게 황제의 자리를 내어주지 않고 다른 성姓에게 황위를 건네주기로 결심한 터였다. 상반된 의견이 팽팽하게 대립하고 있을 즈음, 송나라로 돌아온 상서원외랑尚書員外郎 송제유에게 금나라가 그 의견을 묻자 송제유는 '장방창'이라는 세 글자를 써서 자신의 뜻을 알렸다. 결국 금나라 정부는 장방창을 황제로 삼고 국호를 '대초大楚'로 정했다.

상황이 이렇게 되자, 마신은 문무백관들 앞에 나아가 목소리를 높였다.

"간관諫官인 우리가 어찌하여 사태가 엉망으로 되고 있음을 가만히 두고 보고만 있단 말이오? 당당히 맞서야 합니다!"

마신은 어사 오태약嗚紿約, 진회와 논의 끝에 조씨의 명맥을 보존하고 장방창이 보위에 오르는 것을 저지하기 위한 계획을 꾸미기 시작했다. 금나라가 변량을 함락하기 전에 금나라와 사투를 주장하기도 했던 진회는 당시 금나라 정부에 대해 상당히 완고한 입장을 취했다. 장방창을 보좌에 올려야 한다는 상주문 쓰기를 거절했을 뿐만 아니라 장방창이 나라와 백성을 해하려 한 증거들을 하나하나 열거하는 바람에 결국 금나라 정부의 화를 사 붙잡히기도 했다.

한편 마신은 평화로운 투쟁으로는 아무런 희망이 없다는 것을 깨닫고 다른 길을 가기로 한다. 즉 통제統制 오영吳榮과 함께 몰래 병사를 모아 포로로 끌려간 휘종과 흠종을 구출해 변량으로 돌아올 준비를 하고 있었다.

장방창이 황제로 등극하자, 마신은 신중하게 사태를 관망하라는 내용을 딱딱한 어조로 눌러 담은 서신 한 통을 써 내려갔다.

"하늘을 속일 수 없고 백성의 힘은 무서운 법이오. 그대가 만일 지금이라도 부족한 자신의 잘못을 깨닫고 고치려 한다면 화가 복이 될 수 있을 것이오."

삶과 죽음의 경계에 선 순간에도 마신은 당당히 자신의 생각을 전했다.

"나, 마신은 결코 그대를 도와 송나라의 역적이 되지 않을 것이오. 그 마음을 알리는 뜻에서 먼저 엎드려 죽을 것을 청하는 바요."

서신을 쓴 마신은 다른 사람들에게도 자신과 같은 뜻이라면 서명하라고 했지만 어느 누구 하나 선뜻 이름을 적지 못했다. 진회 역시 마찬 가지였다. 결국 마신 혼자 황궁으로 가 자신의 서신을 황제에게 전해 줄 것을 요청했다. 하지만 은대사銀臺司의 관리는 마신의 서신을 읽어 본 후 접수하기를 거부했다. 그러자 화가 난 마신은 "내가 지금 신하라 고 부를 수도 없는 자로 인해 뜻을 꺾어야 하는가!"라며 고래고래 소리 를 질렀다. 도발적인 마신의 서신을 받고 마음을 한껏 졸인 끝에 장방 창은 다음 날 먼저 철종의 황후인 맹씨孟氏에게 서신을 전했고 결국 조 정 여야에 조씨 가문의 졸병이 되겠다는 뜻을 분명히 밝히게 되었다는 것이 전기의 내용이었다.

진회는 자신을 겁쟁이로 묘사한 하태의 글을 결코 받아들일 수 없었 다. 진회는 마신의 전기를 쓴 하태를 잡아들인 뒤 진양眞陽(지금의 베트남 하노이 일대)으로 쫓아냈다. 하태는 훗날 진회가 죽은 후에야 비로소 임 안臨安으로 돌아와 원래의 자리에 오를 수 있었다.

한편 하태를 축출한 진회는 이후에 또 이 같은 불미스러운 일이 생 길지도 모른다는 우려에 선수를 치기로 결심했다. 진회는 탕사퇴湯思退 에게 자신이 조씨 왕족의 혈통을 보존하는 데 공로를 세웠다는 내용을 자세히 기록하라고 명한 뒤 사관史館에 보내 영구히 보존토록 했다. 아 울러 진회는 고종에게 야사野史와 사사私史를 금하라는 상주문을 연거 푸 올렸다. 지식인이었던 진회는 문화를 어떻게 통제하고 파괴할지 누 구보다 잘 알고 있었다.

소흥 12년1142년 호전胡銓이 화의에 반대하는 글과 함께 천하에 황제 의 뜻을 알리는 뜻에서 진회를 본보기로 참수형에 처해야 한다는 상주문을 올렸다. 이 일로 진회의 화를 산 호전은 결국 신주新州로 유배되었다. 유배 길에 오른 호전을 위해 시인 장원간張元幹이 위험을 무릅쓰고 그를 배웅했는데 〈하신랑賀新郎〉이라는 사詞에서 그 애달픈 마음을 노래했다.

"꿈에서 신주로 가는 길을 돌아가네. 스산한 가을바람 속에 점점이 흩어진 군영軍營 사이로 호각 소리가 울려 퍼지니 옛 궁궐 주변에는 기장만 무성하네. 어찌하여 하늘을 떠받치고 있는 곤륜산의 기둥이 기울어졌으며, 황하가 자꾸 범람하는가? 사람이 모여 살고 있는 곳마다 외지에서 온 토끼(금나라 사람을 가리킴-옮긴이)가 들끓네. 하늘의 뜻은 줄곧 높아 묻기 어려운데 하물며 사람의 일이야 항상 변하니 그 어려움을 호소하기 어렵네. 이별하는 곳에 이르러 님을 보내네. 스산한 날씨에 강가의 버드나무가 남은 더위마저 쫓는구나. 환하게 밝은 은하수, 외로운 별과 흐린 달, 조각구름이 천천히 떠다니네. 넓고 넓은 강산에 어느 곳으로 쫓겨났는지 알 수 있을까? 머리를 돌려 상을 마주한 채 한밤중에 속삭이네. 그 슬픔에 기러기도 날지 못하니 누가 책을 전해줄꼬? 천하를 들여다보고 넓은 가슴으로 세상을 품은 채 나라의 일을 내 일처럼 여겼으나, 우리가 어찌 어린 아이마냥 사사로운 원망과 은혜를 호소할 수 있으리오! 그저 술잔이나 들고 금루金縷(〈하신랑〉은 〈금루곡金縷曲〉이라고도 불린다-옮긴이)나 들읍시다."

이 글을 본 진회는 크게 화를 냈는데 그중에서도 "어찌하여 하늘을 떠받치고 있는 곤륜산의 기둥이 기울어졌으며"와 "하늘의 뜻은 줄곧 높아 묻기 어려운데"라는 구절에 특히 분노를 감추지 못했다. 결국 장원간은 진회에 의해 공직公職에서 제명되었고 영원히 등용되지 못했다.

관원 장구성張九成은 민간의 고사鼓詞를 불렀는데 그중에 진회를 비웃는 노래가 있었던지 삭탈관직 당했다. 뿐만 아니라 장구성과 평소 친분이 있던 종고宗杲라는 승려도 함께 끌려갔다. 태학생 장백린張伯麟은 고종이 북벌하여 잃어버린 땅을 수복할 뜻이 없음을 알고 벽에다 "부차夫差야, 월왕越王이 네 아비를 죽인 것을 잊었더냐?"라는 시를 썼다.

전국시대 오吳나라의 합려闔閭가 월越나라의 구천勾踐에게 목숨을 잃자 합려의 아들 부차夫差가 아비의 복수를 다짐하며 아침저녁으로 사람을 시켜 구천이 자신의 아비를 죽였다는 말을 외치도록 했다. 이는 꿈에서도 그 원수를 잊지 않고 갚겠다는 뜻으로 이해할 수 있다. 자신들이 세상의 중심이라고 생각하는 중국, 특히 그중에서도 콧대 높기로 유명한 한족이 변방의 오랑캐에게 땅을 빼앗기고 무릎까지 꿇어야 했으니 그 원통함이 어떠했겠는가? 백성과 문인들은 금나라가 자신들의 조국을 더럽혔으니 그 원한을 복수해주기를 기대하고 있었다. 하지만 부패하고 무능한 남송 정부는 백성의 마음을 외면한 채 북벌을 포기하고 현실에 안주하기에 급급했다. 이 사실에 남송의 백성과 문인들이 뜨거운 눈물을 흘렸음을 불 보듯 뻔한 일이다.

정부에 대한 실망과 원망이 담긴 시를 본 진회는 장백린을 잡아들여 심하게 매질한 뒤 변방으로 내쫓아버렸다. 진회는 여기에 만족하지 않고 궁궐 안에서 자신과 관련된 모든 상주문이나 조서를 찾아내 전부 태워버렸고, 남은 글들은 아들 주희朱禧에게 붓을 쥐어주고 위조하거나 고쳐 쓰도록 했다. 진회는 정이程頤, 장재張載가 쓴 철학책이 학문을 왜

곡하고 있다며 반드시 근절시켜야 한다는 상주문을 올렸다. 또한 사사私史가 정도正道를 해친다면서 역사서를 금해야 한다고 여러 번 청을 올리기도 했다. 이 소식이 알려지자 선비들은 두려움에 휩싸였다. 사마급司馬汲 역시 급히 상주문을 올렸다.

"《속수기문涑水記聞》은 제 증조부이신 사마광司馬光이 남기신 유작遺作이라고들 합니다. 허나 실은 그 책은 제 증조부가 아니라 다른 사람이 거짓으로 지은 야사입니다."

조상이 남긴 글조차 부인해야 할 정도로 당시의 공포정치는 엄청난 위력을 자랑했다. 주전파인 대장군 이광李光은 진회의 정적으로, 이미 멀리 경주瓊州 땅으로 쫓겨난 상태였지만 진회는 그를 가만히 두지 않았다. 결국 진회는 이광이 제멋대로 국사를 쓰고 있다는 죄목을 달아 이광의 둘째 아들인 이맹현李孟賢을 체포했다. 그리고 이광이 과거 호전과 함께 조정을 비방하는 시를 수없이 썼다는 등의 죄를 날조하여 이광의 피붙이들을 사지로 몰아넣었을 뿐만 아니라 집 안을 뒤져 책이란 책은 꺼내 모조리 불태웠는데 그 수가 무려 수만 권에 달했다고 한다. 이광 주변의 많은 사람들도 시詩로 목숨을 잃었다.

심장경沈長卿은 이광의 벗으로 한때 이광과 함께 진회의 투항 정책을 비난했다. 이를 마음에 품고 있던 진회는 호시탐탐 그를 제거할 기회만 노리고 있었다. 그러던 중 소흥 25년에 심장경이 예엽芮曄과 함께 목련꽃을 노래하는 시를 지었는데, 그중에 "왕망의 천하로 변할 바에야 한 나라의 사직을 지키리라寧令漢社稷 變作莽乾坤"라는 구절이 있었다. 진회는 이 두 구절을 가지고 갖은 꼬투리를 잡아 죄를 뒤집어씌웠다. 결국 심장경은 진회의 바람대로 화주化州로 쫓겨나 편관編管의 처지로 전락했고 예엽은 무강군武岡軍으로 좌천했다. 복건福建 안무사安撫司의 오원미吳元美는 〈하이자전夏二子傳〉이라는 잡문雜文을 지었는데 한여름 모기와 파리를 비난하는 내용이었다. 이 글을 본 진회는 자신을 욕한다고 생각하고 속으로 칼을 갈았다. 오원미의 집에는 잠광정潛光亭이라는 정자와 상은당商隱堂이라는 별채가 있었는데 진회는 여기서 힌트를 얻었다.

"잠광정이라는 것은 이광李光의 무리가 숨어 있다潛는 뜻이 아닌가? 또한 상은당 역시 그 의도가 불순하기 짝이 없도다! 상은당의 '상'은 진秦나라 효공孝公을 모셨던 상앙商鞅이 아닌가. 그런 상앙이 진나라를 모시는 것이 아니라 은밀隱한 것을 의논商하다니 이것이 무슨 뜻인가?"

양위楊煒는 이광의 집을 방문했다는 이유만으로 삭탈관직 당했다. 진회가 세운 문자옥으로 조정에서만 80명이 연루되어 관직에서 쫓겨났다. 문자옥을 통한 문화 통제에 있어서 진시황제 이후 진회가 가장 두드러진 활약을 보여주었다. 그야말로 청출어람(?)이라고나 할까? 제아무리 주도면밀한 진시황이라고 해도 문서를 위조하고 역사를 제 입맛대로 요리하는 진회의 솜씨에는 혀를 내두를 수밖에 없었을 것이다.

■ 참고문헌

《송사》〈마신전馬伸傳〉·〈이광전李光傳〉·〈진회전秦檜傳〉

'시를 짓지 마라!' 남송 시인들에게 내려진 '금시령'

남송 왕조는 대륙의 한 귀퉁이에서 어렵사리 명맥을 유지한데 반해 음모와 술수에 능한 인물들을 유독 많이 배출했다. 유명한 진회 외에도 악명을 널리 떨친 인물로는 한탁주韓侂胄, 가사도賈似道가 있는데 그 사이에 이들보다 지명도가 조금 떨어지는 사미원史彌遠이 있다.

승상을 지낸 사호史浩의 아들인 사미원은 훗날 승상의 자리에 오르는 사숭지史嵩之의 숙부다. 사미원 본인 역시 영종英宗, 이종理宗 밑에서 승상의 자리에 올라 무려 26년 동안 권력을 쥐고 있었다. 조정에서 권력을 독점한 사미원이지만 실상 그는 '몸을 팔아 권력을 얻은 소인배'에 불과했다. 사미원은 양비楊妃의 '남첩男妾'으로 양비를 위해 권신 한탁주를 제거했다. 당시 이를 두고 사람들은 '제2의 안사安史의 난'이 일어났다고 쑥덕거렸다. 간신 '안녹산安祿山'과 적절치 못한 관계를 맺고 있던 양귀비와 같은 성씨인 양비가 원흉이라며 입방아를 찧어댔던 것이다. 드러내놓고 이야기는 못했지만 두 사람의 염문은 알 만한 사람들은 다 아는 남송 최대의 스캔들이었다. 시인들은 앞다투어 이들의 불륜을 소재로 한 시와 노래를 발표했다.

往來與月爲儔侶, 舒卷和天也蔽.

오가는 길에 달을 벗 삼고, 하늘을 따라 모이고 흩어지며 숨기는구나.

하지만 여론은 여론일 뿐, 집정자들은 여론에 결코 귀를 기울이지 않았다. 사미원은 승상의 자리에 오른 후, 조금의 거리낌도 없이 위풍당당하게 궁궐을 출입했다. 당시 병중이었던 영종을 대신해 권력을 잡은 양후楊后(양비가 황후의 자리에 오른 후 자칭한 이름)의 눈치를 살피느라 조정에서 누구 하나 사미원에게 대항하지 못한 것이다. 하지만 오직 한 사람만이 사미원을 두려워하지 않았는데 그가 바로 왕세자인 제왕濟王 조횡趙竑이다. 제왕은 일찌감치 사미원을 못마땅하게 여기고 있었고 사미원 역시 자신을 향한 제왕의 편치 않은 눈빛을 느끼고 있었다. 제왕이 평소 거문고 연주를 즐긴다는 이야기를 들은 사미원이 천하의 유명한 장인匠人들이 만든 온갖 거문고와 거문고 연주에 일가견이 있는 미녀들을 제왕에게 보냈다. 미인계로 제왕의 정보를 빼내오려는 속셈이었다. 그러던 중 어느 날 제왕이 크게 분노하며 사미원을 8,000리나 떨어진 곳으로 유배를 보내는 것이 적당하다는 상주문을 올렸다. 이에 미인이 제왕에게 8,000리나 떨어진 곳이 어디냐고 묻자 제왕은 지도에서 해남도海南島의 경주瓊州와 애주崖州를 가리키며 입을 열었다.

"내가 황제의 자리에 오르면 반드시 그곳으로 사미원을 유배 보낼 것이다. 설사 경주와 애주가 아니더라도 광동廣東의 신주新州와 은주恩州로 보낼 것이다. 그런 까닭에 내 여태껏 그의 이름을 부르지 않고 '신은新恩'이라고 부르는 것이다."

미인을 통해 이 소식을 접한 사미원은 이대로 눈 뜨고 당할 수 없다는 생각에 제왕을 폐위하고 새로운 왕세자를 세우기로 했다. 자신의 더러운 술수에 대해 여론이 들썩거리자 사미원은 해당 문제에 대해 함부로 입을 놀리지 못하도록 고압적인 정책을 취하기 시작했다. 폐세자 문제에 대해 이의를 달면 누구든지 화를 당했는데 호계소胡季昭가 사미원의 뜻에 불복하고 제왕을 변호하는 상소문을 올렸다. 결국 호계소는 상군象郡으로 유배되고 말았다.

당시 항주성杭州城의 목친방睦親坊에 진기陳起라는 노인네가 책을 팔고 있었다. 스스로 시를 짓기도 했던 진기는 평소 여러 명사들과도 친분이 있었는데 그중에는 이름난 시인인 유극장劉克莊도 있었다. 사미원이 제왕을 폐위한 일에 대해 진기는 크게 불만을 터뜨리며 다음과 같은 시를 썼다.

秋雨梧桐皇子府,
春風楊柳相公橋.

가을비 내리는 오동나무 숲에 있는 외로운 황자의 처소,

봄바람 속 빛나는 버드나무 숲에 있는 상공의 다리.

이에 영감을 받은 유극장은 〈낙매落梅〉라는 칠언시七言詩를 남겼다.

一片能敎一斷腸, 可堪平砌更堆墻.

飄如遷客來過嶺, 墜似騷人去赴湘.

點莓薹多莫數, 偶粘衣袖久猶香.

東風謬掌花權柄, 卻忌孤高不主張.

한 조각 꽃잎에도 애간장이 끊어지는데, 섬돌에 겹겹이 쌓여 담을 이루니 어찌 견
디나.

고개 넘는 나그네처럼 표표히 날리고, 상강湘江으로 가는 시인인 양 떨어지네.

이끼에 무수한 점을 찍고, 우연히 옷소매에 달라붙더니 그 향기 오래구나.

봄바람이 꽃의 권세를 쥐고는, 고고하여 나서지 않는 것을 오히려 시기하는구나.

시의 마지막 부분에서 '동풍東風'은 정권을 장악하고 있는 이들을 가
리키는데, 매화처럼 고귀한 꽃을 어찌하여 떨어뜨리는지 동풍을 꾸짖
고 있다. 증극曾極 역시 시로 자신의 울분을 쏟아내기도 했다.

九十日春晴景少, 百千年事亂時多.

진기는 이들 시를 한데 모아《강호집江湖集》이라고 이름 지은 뒤 출판했는데, 결국 사미원의 비위를 거스르고 만다.

"가을비 내리는 오동나무 숲에 있는 외로운 황자의 처소"는 폐위된 제왕을 동정하는 구절이고, "봄바람 속 빛나는 버드나무 숲에 있는 상공의 다리"는 재상이 봄바람이 난 듯 신이 난 모양새를 비꼰 구절이었다. "봄바람이 꽃의 권세를 쥐고는, 고고하여 나서지 않는 것을 오히려 시기하는구나"라는 구절은 사미원이 음양을 관장하는 대권을 쥔 대신의 자리에 어울리지 않는다고 공개적으로 비난하는 글이었다. 결국《강호집》은 금지되었고 조판雕版 역시 훼손되어 그 후 발행되지 못했다. 진기가 운영하는 책방은 문을 닫았고 진기는 투옥되었다. 뿐만 아니라 유극장 역시 결국 폄관되고 말았다.

이렇게 해서《강호집》에 글을 올린 거의 모든 작가는 화를 당했다. 증극은 용릉舂陵으로 쫓겨나 그곳에서 고된 생을 마쳤다. 오도손敖陶孫, 주문박周文璞, 조수수趙帥秀 등도 모두 처벌을 받거나 폄관되었다. 그러던 중 사대부는 조정에 시를 지어 상소할 수 없다는 명문命文이 내걸렸다. 이는 세계 역사상 그 유례를 찾아볼 수 없는 문자옥이었다. 2년여 동안 계속된 금시령禁詩令으로 자신의 생각을 시로 발표할 수 없자 손유신孫惟信 같은 시인은 사詞로 자신의 생각을 전하기도 했다. 사미원이 죽은 뒤 금시령이 비로소 사라지자 유극장은 〈병후방매病後訪梅〉라는 시를 써서 시로 말미암아 화를 당한 지 10년이 넘었다고 울분을 터뜨렸다.

夢得因桃却左遷, 長源爲柳忤當權.

幸然不識桃幷柳, 也被梅花累十年.

복숭아 때문에 좌천당한 유우석, 버드나무 때문에 화를 산 이비李泌
다행히 두 사람을 알지 못하지만 매화를 노래한 유극장도 십 년 동안 고역을 치렀네.

10년도 넘는 유배 생활 끝에 장안성을 밟은 유우석이건만, 감격에 겨워 노래한 시에서 복숭아 하나로 다시 화를 불러 파관되고 말았다. 당나라 현종玄宗 천보天寶 연간에 《영류吟柳》라는 시를 지은 이비 역시 화를 당하고 말았다. 이 시는 동문東門앞 버드나무가 제아무리 푸르다 한들 세월 앞에서 장사 없다는 내용을 담고 있다. 이를 본 양귀비의 사촌 오빠인 양국충楊國忠이 시에서 말하는 버드나무가 자신을 비방하는 것이라 여겨 그를 파관시킨 것이다.

10년이라는 세월이 지나는 동안 매화꽃도 열 번 피었다. 10년이라는 세월이 흐르는 동안 발언권을 빼앗긴 시인들이 과연 몇 편의 시나 제대로 쓸 수 있었을까? 다시 붓을 든 유극장의 한숨 소리가 여기까지 들려오는 듯하다.

"소신은 다른 사람들보다 아는 것이 없고 이제 늙었습니다!"

참고문헌
《송시기사宋詩紀事》, 《송인질사회편》, 《송사》 〈사미원전史彌遠傳〉

곧아서 꺾이고
약아서 늘리다

곡
단
외

청나라 중기에 쓰인 장편소설 《홍루몽紅樓夢》에 등장하는 가탐춘賈探春은 이런 말을 한다.

"이렇게 많은 대가족이 있으니 밖에서부터 죽인다 해도 한 번에 모두 죽이지는 못할 것입니다. 옛사람들이 말하기를 '다리가 백 개 달린 벌레는 죽어도 금세 뻣뻣해지지는 않는다百足之蟲, 死而不僵'고 했으니 밖으로부터 얻는 도움이 많으면 쉽사리 멸망하지 않는다는 뜻입니다. 그러니 먼저 그 집안부터 죽여나간다면 한 번에 모두 쓸어버릴 수 있을 것입니다."

가탐춘이 말하는 '한 번에 여러 사람을 죽일 수 있는 방법'을 실제로 보여주는 사례가 있으니 바로 남송 왕조 때의 일이다.

임안에서 고종이 황위에 즉위한 지 얼마 지나지 않아 각지에 있는 인재들이 모두 임안으로 몰려들었는데 그중에는 문무를 겸비한 곡단曲端이라는 사람도 있었다. 명성을 자랑하던 곡단이 위무대장군威武大將軍, 도통제都統制로 임명되던 날 병사들은 일제히 환호성을 터뜨렸다. 이처럼 곡단이 병사들에게서 존경과 사랑을 한몸에 받은 데는 그만한 사정이 있었다. 과거 그의 숙부가 곡단의 휘하에서 부장副將의 자리에 올랐는데 전투에서 크게 패한 채 꽁무니 빠지게 도망친 일이 있었다. 비록 자신의 숙부라고 하지만 군대에는 엄연히 군율이 있고 이에 따라 냉엄하게 평가해야 하는 법이다. 결국 곡단은 군법에 따라 숙부를 처형했다. 숙부의 장례식이 열리던 날 곡단은 제문祭文을 지었다.

"아아, 부장의 목을 베는 이는 경원涇原 도통제이나, 숙부를 위해 제문을 쓰는 이는 조카 곡단이니 그 슬픔에 목 놓아 우노라!"

이처럼 공명정대한 처신으로 곡단은 전군으로부터 전폭적인 지지와 존경을 받았다. 당시 곡단은 오개吳玠와 함께 섬서 지역을 대표하는 깨끗하고 위대한 인물로 존경을 한몸에 받았는데, 두 사람을 찬양하는 노래가 크게 유행할 정도였다고 한다.

"글과 무예가 모두 있는 자는 곡 어르신이요, 지략과 용기를 모두 갖춘 이는 오 어르신이네."

한 번은 금나라의 장수 루실婁室과 철리갈撤離曷이 병사들을 이끌고 빈주邠州를 침범하자 곡단이 가장 먼저 병사를 이끌고 맞섰다. 얼마 뒤 백점원白店原에서 치른 전투에서 곡단이 금나라 병사들을 크게 물리쳤는데 마침 높은 곳에 올라 있던 철리갈이 위풍당당한 곡단과 그 병사들을 보고 크게 놀라 울음을 터뜨렸다고 한다.

한편 사천四川과 섬서 지역을 다스리고 있던 장준張浚은 공을 세우기에 급급한 나머지 무작정 병사들을 대거 이끌고 북상할 계획을 짜고 있었다. 자신의 북진에 대한 곡단의 생각을 떠볼 심산으로 장준은 먼저 장빈張彬을 곡단에게 보냈다. 장빈은 "경거망동하다가는 큰 후환이 될 수 있으니 신중을 기하라"는 곡단의 충고를 가지고 돌아왔다. 이 말에 기분이 상한 장준은 곡단이 자신의 앞길을 가로막는다고 생각하고 왕서王庶 등의 꾐에 넘어가 곡단으로부터 병권을 빼앗았다. 곡단이라는 장애물을 제거한 후 장준은 북벌을 위한 길이 열렸다고 생각하고 병사를 북쪽으로 보냈다. 사실 장준은 이번 북벌에 대해 그다지 자신이 없었다. 오죽하면 선발 부대에 곡단의 기호旗號를 들고 북쪽에서 유명한 그의 명성에 기대어 북진하라는 명령을 내렸을까? 금나라는 장준의 생각처럼 그리 호락호락한 상대는 아니었다. 장준의 얕은꾀를 알아차린 금나라군은 코웃음을 치며 병사들을 앞세운 장준과 격전을 치렀다. 결국 장준은 대패하여 부리나케 섬서로 도망쳤다.

이 일을 두고 당시 여론이 크게 들끓었다. 천섬선무川陝宣撫의 사간관司幹官 곽혁郭奕은 장준의 실책을 꼬집는 시를 지었다.

婁室大王, 傳語張老, 謝得送到糧草.

斗秤不留一件, 怎生見得多少?

루실 대왕은 장로張老(장준을 가리킴)에게 군량과 건초를 보내주어 고맙다는 말을 전하네.

저울 위에 아무것도 남아 있지 않았는데 얼마나 있는지 어찌 볼 것인가?

이 시는 백성 사이에 크게 퍼졌다. 패배한 장준이 사천으로 도망치자 곽혁은 다시 〈조장선무嘲張宣撫〉라는 시를 지어 그의 무능함과 비겁함을 비웃었다.

秦山未盡蜀山來, 日照關門兩扇開.
刺史莫嫌迎候遠, 相公親送陜西回.

진산은 촉산에 미치지 못하니, 해가 관문의 대문짝을 비추누나.
자사는 제후를 멀리 맞으러 가는 것을 기꺼워하고, 상공은 제 발로 섬서로 돌아왔구나.

자신을 비웃는 시를 보고 화가 머리끝까지 난 장준은 곽혁의 작은 실수를 꼬투리 삼아 결국 그를 파직했다. 진주晉州로 돌아간 곽혁은 미운털이 단단히 박힌 터라 그곳에서 마땅한 일을 구하지 못해 결국 찐 떡을 팔며 가까스로 생계를 유지하고 있었다.

한편 갑자기 곡단이 생각난 장준은 그를 부르려고 했지만 왕서, 오개 등이 강하게 반발하고 나섰다.

"지금 다시 곡단을 등용한다면 비웃음을 살 뿐 아니라 대장군의 무능함을 만천하에 드러내는 것임을 왜 모르십니까?"

그들의 말에도 일리가 있다고 생각한 장준이었지만 이번 패전의 책임을 누구에게 물어야 할지 답답한 마음을 다스리지 못하고 있었다. 그러자 이를 눈치챈 오개가 장준의 손바닥에 '곡단모반曲端謀反'이라는 네 글자를 썼다. 결국 오개의 말대로 장준은 곡단에게 모반죄를 뒤집어씌워 제거하기로 마음먹었다. 우선 곡단이 모반을 일으키려 했다는 증거가 필요했다. 왕서 등이 앞다투어 입을 열었다.

"그의 시에서 꼬투리를 잡아야 합니다. 곡단이 쓴 시를 조금 기억하는데 시 중에 '관중을 향해 큰일을 도모하지 않고 강 위에 조각배를 띄우네不向關中圖事業, 却來江上泛片舟'라는 내용이 있었습니다. 이것은 높으신 분이 현실에 안주하고 있음을 비웃는 것이 아니겠습니까?"

그러자 어떤 이가 장준에게 다가가 이것이야말로 황제를 질책하는 죄라고 부추겼다. 결국 곡단은 장준의 계획대로 모반죄로 체포되었다. 그런데 그를 바로 참수형에 처하지 않고 특이한 방법으로 죽였다. 먼저 곡단을 무쇠로 만든 커다란 통에 넣고 사방에서 불을 지폈다. 더위에 지친 곡단이 물을 달라고 했지만 고문관들은 그에게 술을 주었다. 술을 마신 곡단은 잠시 뒤 몸에 있는 모든 구멍에서 피를 흘리며 죽고 말았다. 그의 나이 41세 때의 일로, 곡단은 남송 건염建炎 4년1130년 8월 3일에 비명을 달리하고 말았다.

곡단이 억울하게 죽은 뒤 섬서 지역의 여론이 심하게 요동쳤다. 기록에 따르면 "군사들이 모두 눈물을 흘리고 절규하며 복수를 다짐했다"고 한다. 시대를 풍미했던 명장이 몇 소절의 시구 때문에 억울하게 죽었으니 평소 그를 존경해 마지않던 병사들의 원통함은 하늘을 찌르고도 남았을 것이다. 곡단처럼 악랄한 방법으로 죽음을 당한 사례는 그 유례를 찾아보기 어려운데, 명나라 황제인 주체朱棣가 해진解縉을 죽인 방법이 이와 견줄 만하다.

명나라 홍무洪武, 영락永樂 시대의 유명한 인재인 해진은 18세에 향시鄕試에서 수석을 꿰찬 뒤 중서서길사中書庶吉士로 승진했다. 남다른 총명함으로 주원장朱元璋의 총애를 한몸에 받은 해진은 어린 시절부터 주변의 기대를 받으며 자란 탓에 친구 못지않게 '숙적'도 많은 편이었다.《명사明史》에서는 해진에 대해 "부정한 것을 숨기기 좋아하고 조심히 살피거나 무서운 것이 없었다. 이로 인해 조정 대신들이 그 재능을 질투하고 그를 해하려 했다"고 소개한다.

주원장이 붕어한 후, 건문제建文帝는 조부를 위해《태조실록太祖實錄》을 지어 황실이 '적자파嫡子派'와 '서자파庶子派'로 나뉜 상황에 대해 자세히 기록하게 했는데 그 내용은 다음과 같다.

"황후 마씨馬氏는 아들 셋을 낳았는데 태자와 이황자二皇子 진왕秦王, 삼황자三皇子 진왕晉王이다. 공비嬪妃에게는 두 아들이 있었는데 사황자四皇子 연왕燕王 주체朱棣와, 오황자五皇子 주왕周王이다."

정난靖難 전투가 끝난 후 연왕 주체(훗날의 영락제永樂帝)가 무력으로 조카인 건문제로부터 보좌를 빼앗았다. 방효유方孝孺는 죽음을 각오하고 주체는 공비의 후생으로 서자이기에 대통大統을 이을 자격이 없다는 상소문을 올렸다. 상황이 이렇게 되자 주체는 자신의 출생 신분 때문에 곤혹스러운 처지에 놓였다. 결국 주체, 즉 성조成祖(훗날의 영락제)는 보위에 오르자마자 해진 등에게《태조실록》을 수정하라는 조서를 내렸다. 조서에서 성조는 기존의《태조실록》이 사실과 맞지 않은 부분이 많다며 수정을 해야 하는 당위성을 강조했다.

사실 여기에 사람들이 잘 모르는 이야기가 있다.《광양잡기廣陽雜記》에 따르면 "명나라 성조는 마씨의 아들이 아니다. 그 모친은 옹씨甕氏(즉 공비)이며, 한족이 아니라 몽고 사람으로 원나라 순제順帝의 비였으나 그 사실을 숨겨왔다"고 한다. 즉 성조는 중원 출신이 아니라 몽매한 몽골의 씨라는 뜻이었다. 이 내용이 사실인지는 정확히 알 수 없지만 성조인 주체가《태조실록》을 다시 수정하라고 명령을 내린 것은 분명했다.

눈치 빠른 해진은 성조의 조서를 받자마자《태조실록》을 함부로 수정했다. 원래의 적자, 서자 관계를 아예 바꿔 놓은 것이다. 즉 황후 마씨가 사황자 연왕 주체와 오황자 주왕을 낳았으며 태자와 이황자 진왕, 삼황자 진왕은 공비의 소생이라고 기록을 고쳤다. 이렇게 되면 주체가 적자가 되므로 대통을 이을 명분이 생긴다고 판단했기 때문이다. 하지만 발 없는 말이 천 리를 가는 법이다. 해진이 함부로 역사를 왜곡했다는 사실이 알려지면서 여론이 들끓기 시작했다. 사람들이 분노한 이유는 크게 두 가지였다. 하나는 황실의 족보를 마구잡이로 고쳤다는 점, 다른 하나는 일부러 후세에 잘못된 역사를 남기려 했다는 점이었다. 그때부터 해진은 백성의 미움을 샀고 성조 역시 그런 그를 멀리하기 시작했다. 광서廣西로 쫓겨난 해진은 다시 감옥에 들어가 5년 동안 옥살이를 했다. 영락 13년1415년 금의위錦衣衛의 도독이 죄수의 명단을 올렸는데 성조는 이를 보고 눈이 둥그레졌다.

"뭐라, 해진이 아직 죽지 않았단 말이냐?"

성조의 뜻을 알아차린 금의위의 도독都督은 해진에게 술을 잔뜩 먹인 뒤 눈이 가득 쌓인 곳에서 죽여 버렸다. 그의 나이 47세였다. 해진은 단순히 성조의 비위를 맞추기 위해 글을 고쳤지만 너무 많은 것을 알고 있었던 바람에 죽음을 당하고 말았다.

남송의 곡단은 불구덩이 속에서, 명나라의 해진은 눈구덩이 속에서 죽었다. 두 사람 모두 술에 취한 후 죽음을 당했기에 그 사례가 더욱 특별하다. 자고로 "한 번 음이 되고, 한 번 양이 되는 것이 세상의 이치—陰—陽之謂道也"라는 말처럼 잘나가다가도 주저앉고, 비참하게 밑바닥을 기다가도 하루아침에 하늘 위로 나는 것이 인생인가 보다.

■ 참고문헌

《송시기사》, 《명사》〈해진전解縉傳〉, 후베이湖北인민출판사 편 《중국십황제외전中國十皇帝外傳》, 주안鈇庵의 《고대풍속제도총담古代風俗制度叢談》

지식은 위험을 부르고
경쟁은 화를 부른다

1149년 4월 21일 번개가 번쩍거리며 대지에 내리꽂히고 하늘에 마치 구멍이라도 뚫린 듯 폭우가 쏟아졌다. 금나라 황제가 거처하고 있는 궁전에 벼락이 내리쳐 희종熙宗의 침전에까지 큰불이 번졌다. 두꺼운 장막과 화려한 비단이 시뻘건 불길에 휩싸이며 순식간에 한 줌의 재로 변했고 희종과 그의 애첩들은 서둘러 몸을 피했다. 백성들이 기거하는 집들도 폭풍우를 견디지 못하고 무너져 내리는 바람에 수백 명이 하루아침에 살던 집을 잃고 길거리로 내몰렸다.

벼락으로 대화재가 일어날 경우 관례대로 황제가 '죄기罪己(자신을 탓하는 글-옮긴이)'를 내려야 했다. 한림학사翰林學士 장균張鈞이 황제의 명에 따라 〈죄기조罪己詔〉를 작성했다. 장균은 〈죄기조〉를 특별히 잘 쓰고 싶

148

었던 것 같다. 《금사金史》〈영행전佞幸傳〉에 따르면 장균은 하늘의 처벌을 받겠다며 〈죄기조〉에서 황제의 입을 빌려 이렇게 말하고 있다.

"오직 덕을 닦지 않고 부덕하다惟德弗類", "위에서 하늘의 위엄을 일으키다上幹天威", "흐린 것을 돌보고 어둡고 부족하다顧茲寡昧", "어린 사내에게 극히 적은 것을 주다眇予小子"와 같은 표현들은 본디 나라에서 귀신에게 용서를 빌 때 쓰는 말로 대개는 별다르게 취급하지 않았다. 한문漢文을 쓸 줄 알아 '한아漢兒'라고 불리던 희종 역시 〈죄기조〉를 본 뒤 그다지 문제될 것이 없다는 생각에 옥새玉璽를 찍어 전국에 반포할 준비를 하고 있었다. 바로 그때 〈영행전〉의 총신寵臣인 소이蕭裔가 희종에게 다가와 입을 열었다.

"폐하, 이것은 한인들이 폐하를 욕하는 것입니다! 보십시오, 여기 불류弗類라는 것은 크게 부덕하다는 것이며, 과寡는 주변에 아무도 없고 고독하다는 것을 뜻합니다. 또한 매昧는 사람의 일에 대해 잘 모른다는 것을 의미하며 묘眇는 안목이 없다는 뜻이옵니다. 소자小子는 사내아이를 가리킵니다. 폐하, 폐하께서는 보령寶齡 열여섯에 황제의 자리에 오르시지 않았습니까?"

터무니없는 소이의 풀이를 들은 희종은 화가 머리끝까지 나서 장균을 잡아오라고 명한 뒤 수백 대의 곤장을 내리치게 했다. 그래도 장균이 죽지 않자 희종은 어좌御座에서 내려와 차고 있던 검을 뽑아 장균의 입 속에 넣은 뒤 마구 휘저었다. 형체를 알아보지 못할 정도로 난도질당한 장균과 달리 소이는 불경한 장균의 글을 올바르게 풀이했다는 공을 인정받아 통천서대通天犀帶(무소의 뿔과 보석으로 치장된 허리띠-옮긴이)를 하

사받고 순식간에 희종이 가장 아끼는 충신이 되었다. 소이와 장균의 엇갈린 운명을 생각하면 몽테스키외의 주장이 결코 틀리지 않았음을 다시 한 번 확인하게 된다.

"지식은 위험을 부르고, 경쟁은 화를 부른다."

천재지변이 있을 때 황제들은 으레 〈죄기조〉를 쓰라는 명을 내리는데 그 진짜 목적은 자신의 죄를 고함이 아니라 더 많은 사람을 죽이기 위한 핑계를 만들기 위한 것일 뿐이다. 황제에게 하늘이 노하고 천하가 원망한다는 이야기 따위는 그저 헛소리에 불과하다.

■ 참고문헌

《금사金史》, 《중국십황제외전》

선무당이
사람 잡는다

　나라를 세운 개국군주들의 공통점을 찾아보면 뛰어난 영웅과 인재에 비견할 만한 재능이 있으면서도 어딘가 모르게 음흉한 구석이 있다. 멀리 내다보며 행동하지만 권모술수에 능한 면모도 어김없이 가지고 있다. 명나라 태조太祖 주원장朱元璋 역시 그런 인물이었다.

　중국 역사에서 화려한 한 페이지를 장식하는 명나라를 세운 주원장이었지만 사실 그는 가진 것이라고는 쥐뿔도 없는 일개 한량에 불과했다. 열일곱 살이 되던 해 병으로 연이어 부모를 잃은 주원장은 얼마나 가난했던지 부모의 묘를 세우지도 못할 정도였다. 오갈 데가 없어진 주원장은 황각사皇覺寺에 들어가 머리를 깎고 중이 되었다. 하지만 절에 들어가도 춥고 배고프기는 매한가지였다. 주원장은 자주 합비合肥, 광주光州, 여주汝州, 영주潁州 일대를 돌아다니며 탁발을 했다. 그러다 반원反元 전쟁의 서막이 오르며 곽자흥郭子興이 호주濠州에서 군대를 일으키자 발붙일 곳을 찾아 곽자흥의 부대에 들어갔다.

모반謀反을 통해 성공을 거둔 사람은 손 안에 쥔 권력을 귀하게 여기는 법이다. 황제의 자리에 오른 주원장은 자신이 힘들게 닦아놓은 기반이 대대손손 이어질 수 있도록 네 가지 조치를 취했다. 첫째, 중앙집권제도를 실시했다. 여러 사람에게 권력을 고루 나누어주되 실권을 주지 않음으로써 귀족 집단을 화려함과 풍족함에 취한 '허수아비'로 전락하도록 했다. 둘째, 지식인들을 철저하게 탄압하고 관리함으로써 이들이 조정의 정책에 대해 함부로 이야기하지 못하도록 공포정치를 실시했다. 이로써 강력한 왕권을 바탕으로 봉건적 전제정치를 확립할 수 있었다. 셋째, 공신들을 죽여 자신과 다른 생각을 품고 있는 세력을 제거함으로써 전제정치의 기반을 닦았다. 넷째, 지방 관리를 엄격하게 통제했다. 이는 관리의 청렴함을 고양하기 위해서가 아니라 지방의 힘을 억누름으로써 모든 것을 중앙(황제)으로 향하게 하기 위함이었다.

주원장은 이러한 조치들을 통해 천하가 오직 자신을 중심으로 돌아가도록 했다. 그리고 학교 문턱에도 가보지 못했지만 힘들게 일으킨 나라의 기반을 더욱 튼튼히 하고자 책을 읽으며 학문을 쌓기 시작했다.

"책을 읽다가 그 뜻을 알지 못하는 구절이 있으면 한림유신翰林儒臣을 불러 그 뜻을 물었다. 비록 서책을 담당하는 내시 중에 글을 아는 이가 있다고 해도 함부로 가까이 하지 않았다."

주원장에게 강의를 했던 방효유는 열심히 학문에 정진하는 주원장을 칭찬하는 시를 쓰기도 했다.

風暖彤庭尚薄寒, 御爐香燒玉闌干.
黃門忽報文淵閣, 天子看書召講官.

바람은 따뜻하나 궁궐 안은 아직 추운데, 어로에 피워둔 향이 옥난간에 어려 있네.
황문(내시)이 문연각(궁중의 서고)으로 급히 가는 것을 보니, 천자께서 책을 보시
다 강관을 부르시는구나.

뒤늦게 학문을 접한 주원장은 간신히 무지함에서는 벗어났지만 그의
학식은 어설프기 짝이 없었다. 선무당이 사람 잡는다는 말처럼 주원장은
자신의 얕은 지식을 척도로 삼아 수많은 인재를 사지로 몰아넣었다.
절강부학교도浙江府學敎導 임원량林元亮은 해문위海門衛를 위해 〈증봉
표增俸表〉라는 표表를 지었다. 그중에 '작칙수헌作則垂憲(법칙을 만들어 가르
침을 드러내라는 뜻-옮긴이)'이라는 구절이 있었는데 그는 바로 이 구절 하
나 때문에 죽음을 당하고 말았다. '작칙'이라는 말은 '도적질'을 뜻하는
'작적作賊'과 중국어 발음이 같은데 이에 주원장이 이 말을 '도적질하는
자가 황제가 되었다'는 뜻으로 이해했다. 임원량이 자신을 비난했다고
여긴 주원장이 그를 가만둘 리 없었다. 그런데 이 '칙則'이라는 글자 하
나로 목숨을 잃은 사람은 비단 임원량뿐만이 아니었다. 북평부학훈도
北平府學訓導인 조백녕趙伯寧은 〈만수하표萬壽賀表〉에서 '수자손이작칙垂子
孫而作則(자손에게 전하면서 모범이 된다는 뜻-옮긴이)'이라는 말로 화를 사 죽음

을 당했고, 복주학훈도福州學訓導 임백경林伯璟도 〈하동절표賀冬節表〉에서 '의칙천하儀則天下(모범에 따라 천하를 다스린다는 뜻-옮긴이)'라는 구절로 목숨을 잃었다. 계림부학훈도桂林府學訓導인 장질蔣質 역시 〈하정단표賀正旦表〉에서 '건중작칙建中作則(중심을 세우고 모범이 된다는 뜻-옮긴이)'이라는 문구로 화를 샀고, 항주교수杭州敎授인 서일기徐一夔는 하표賀表에서 '위세작칙爲世作則(세상을 위해 원칙을 세운다는 뜻-옮긴이)'이라는 문구로 주원장의 비위를 거슬러 죽음을 당하고 말았다.

주원장의 무지에서 비롯된 오해가 애꿎은 사람들을 죽음에 이르게 한 예는 또 있다. 북평부학훈도 정진程鎭은 〈정단하표正旦賀表〉라는 글을 지었는데 그 내용 중에 '예성생지睿性生知(슬기로운 성품이 지혜를 만든다는 뜻-옮긴이)'라는 글자 때문에 죽음을 당했다. 이 글에 대해서 주원장은 "'생지生知'는 '승지僧知'라는 단어와 그 발음이 같으니 이것은 과거 내가 중노릇 했다는 것을 비웃는 것이 아닌가?"라며 화를 냈다고 한다. 배고픔에 못 이겨 중이 되었던 주원장에게 '중僧'과 관련된 화제나 말을 꺼내는 것은 곧 머리를 내놓는 것이나 다름없었다. 상부현훈도祥符縣訓導 가저賈翥는 〈하정단표賀正旦表〉에서 '취법상위取法像魏(위나라와 같은 법을 취한다는 뜻-옮긴이)'라는 글 때문에 주원장으로부터 죽음을 당했다. 이 글을 두고 주원장은 '취법取法'은 '거발去髮(머리를 민다는 뜻-옮긴이)'이라는 말과 발음이 같다며, 오직 중만이 머리를 깎으니 이는 곧 자신을 비웃은 것이라고 여기고 가저를 죽였다.

진주주학陳州州學 맹면孟冕은 〈하만수표賀萬壽表〉에서 '수역천추壽域千秋(천년만년 장수한다는 뜻-옮긴이)'라는 글로 목숨을 잃었는데 그 원인은 황당하기 그지없다. 주원장이 '수역壽域'이라는 단어를 '수혹壽或'으로 잘못 읽고 나서는 이를 '수화獸禍(짐승에게 화를 당한다는 뜻-옮긴이)'로 풀이했기 때문에 화를 사 목숨을 잃은 것이었다. 회경부학훈도懷慶府學訓導 여예呂睿는 〈사사마표謝賜馬表〉에서 '요첨제비遙瞻帝扉(멀리 황제가 있는 궁을 우러러 본다는 뜻-옮긴이)'라는 글 때문에 목숨을 잃었다. 주원장은 이 글에서 말하는 제비帝扉를 '제비帝非', 즉 '황제가 옳지 않다'로 풀이했다.

"도대체 과인이 무슨 실수를 저질렀다고 만인지상의 황제의 얼굴에 똥칠을 하는가? 이는 황제를 능멸하고 종묘사직을 어지럽히는 것이니 목숨으로 그 죄를 다스리는 것이 마땅하다!"

박주훈도亳州訓導 임운林雲은 〈사동궁사연전謝東宮賜宴箋〉에서 '식군부이반작록式君父以班爵祿(어버이와 같은 군왕이 작위와 봉록을 내려주시니 그 은혜에 절을 올린다는 뜻-옮긴이)'이라고 적어 죽음을 당했다.

"'식군부式君父'는 '시군弑君(군주를 시해한다는 뜻-옮긴이)'과 '살부殺父(어버이를 죽인다는 뜻-옮긴이)'라는 뜻으로 풀이될 수 있으니 역심逆心을 품은 자를 죽여 만천하에 경계토록 하라!"

위씨현교유尉氏縣教諭인 허원許元은 〈만수하표〉에서 '그 체통과 법이 위대하니, 태평천하로 몸단장하네體乾法坤, 藻飾太平'라는 글로 역시나 주원장에게 죽음을 당했다.

"'법곤法坤'이라는 단어와 '발곤髮髡(머리는 깎는다는 뜻-옮긴이)'의 발음이 같으니 이는 내가 과거 머리를 깎고 중이 된 것을 꼬집는 것이다. 또한 '조식태평藻飾太平'이라는 단어의 발음 역시 '조실태평早失太平(일찍이 태평천하를 잃었다는 뜻-옮긴이)'과 같으니 이는 명나라를 저주하는 말이

155

아닌가?"

덕안부학훈도德安府學訓導인 오헌吳憲은 〈하립태손표賀立太孫表〉에서 '영원토록 일억 년을 이어, 천하에 도가 넘친다永紹億年, 天下有道'라고 적었는데 주원장은 '천하유도天下有道'라는 단어는 '천하유도天下有盜(천하에 도적이 있다는 뜻-옮긴이)'로 풀이할 수 있다며 나라의 평화를 해치는 사악한 무리를 제거하라고 명했다.

금화金華 사람인 소백형蘇伯衡은 여러 서적에 정통했는데 특히 고문古文에 밝았다. 송렴宋濂이 은퇴를 청하자 주원장이 자신을 도울 사람을 추천해 달라고 청했다. 그러자 송렴이 자신과 동향同鄕인 소백형을 추천했다. 현명한 소백형은 임금을 모시는 것이 무서운 호랑이를 옆에 두고 있는 것과 다름없음을 잘 알고 있었기에 주원장의 부름을 계속 고사했다. 하지만 일개 신하로서 계속되는 황제의 부름을 거절할 수는 없어, 결국 처주교수處州敎授의 자리에 올랐다. 처주교수로 재임하는 동안 소백형은 주원장에게 〈좌표첨오坐表箋誤〉라는 표를 바쳤는데, 아마도 주원장이 그 뜻을 또 오해했는지 소백형을 죽였을 뿐만 아니라 두 아들에게도 벌을 내렸다. 기록에 따르면 소백형의 아들 염恬과 이怡가 아버지를 구하려다가 형벌을 받았다고 한다. 강서江西 사람인 장우張羽는 고매한 인품과 뛰어난 학문으로 지방사신地方仕紳에서 소주안정서원蘇州安定書院의 산장山長(교장)으로 추대되었다. 주원장은 그를 불러 저양왕滁陽王 곽자흥의 묘비에 들어갈 글을 짓게 했다. 그 내용은 전해지지 않지만 주원장의 심기를 건드린 장우는 영남嶺南으로 내려가라는 명을 받았다. 영남으로 향하던 도중 특사로부터 부름을 받은 장우는 화를 피할 수 없음을 깨닫고 스스로 강물에 몸을 던졌다. 학문 외에 아무것도 모르는 순진한 글쟁이들이 이렇듯 허망하게 주원장의 손에 죽음을 당해 구천을 떠돌게 되었다.

내복來復이라는 한 승려는 주원장에게 연회에서나 먹을 수 있는 귀한 밥상을 내려주셔서 감사하다는 뜻에서 시를 바쳤다. 그런데 이 시로 '제삿밥'을 먹게 될 줄 꿈엔들 알았으랴?

金盤蘇合來殊域, 玉盌醍醐出上方.
稠疊濫乘天上賜, 自慙無德頌陶唐.

금쟁반엔 이역의 소합향이 타오르고, 옥사발엔 건락乾酪(치즈)이 넘쳐나네.
누누이 천자의 은혜만 입는 비천한 이 몸, 요임금 같은 황제를 다 노래하지 못하니 부끄럽구나.

이 시를 본 주원장의 양미간이 찌푸려졌다.

"여기서 너는 '수殊'라는 글자를 썼는데 이를 나누어 보면 나를 '못된 歹 주朱가 놈'라고 욕하고 있구나! 또한 '무덕송도당無德頌陶唐'이라는 말 역시 내가 무능하며 내게 '도당陶唐(요임금을 뜻함-옮긴이)'과 같은 덕이 없다는 뜻이니 이는 나를 능멸하는 것이 아닌가? 마땅히 죽음으로써 그 죄를 물으리라!"

중서사인中書舍人 첨희원詹希原은 유명한 서예가로 주원장의 명을 받아 태학의 집현문集賢門에 올릴 문액門額을 쓰게 되었다. 한자의 필순에 따라

문門자의 마지막 획을 쓰면서 아랫부분을 안으로 살짝 삐쳐 썼다. 모두들 훌륭한 글씨라며 칭찬했지만 주원장의 얼굴은 시뻘겋게 달아올랐다.

"짐은 인재를 모으기 위해 희원에게 글을 쓰라고 했는데 희원은 그 인재들이 들어올 문을 막고 있지 않은가! 문자 마지막 획의 아랫부분을 안으로 삐쳐 썼으니 인재를 모으기 위해 과인이 세운 문을 틀어막겠다는 뜻이 아닌가!"

결국 주원장은 첨희원을 죽인 뒤 직접 '문'이라는 글자를 썼다. 하지만 그가 쓴 글자 역시 마지막 획의 아랫부분이 안으로 살짝 들어가 있었다.

명나라 초기의 유명한 유학자인 노웅盧熊이 연주지부兗州知府에 몸을 담고 있을 무렵, 전서篆書의 '곤袞(곤룡포)'과 '연兗(연주 땅)'자의 모양새가 비슷해 쉽게 헷갈릴 수 있다는 점에 착안해 이를 수정해달라는 청원을 올렸다. 이 상소문을 본 주원장의 눈빛이 순간 매서워졌다.

"제아무리 뛰어난 재능을 가졌다고 해도 이렇게 무례하다니! 감히 과인에게 꺼지라고 하다니('袞'은 꺼지라는 의미의 '滾'과 중국어 발음이 같고 모양이 비슷하다-옮긴이)!"

다행히 노웅은 당시 화를 당하지 않았지만 훗날 죽임을 당하고 말았다.

《황명기략皇明紀略》에 따르면 주원장의 아들들을 가르치던 장신張信은 어느 날 두보杜甫의 시구 중 "집 아래 자란 죽순이 벽을 뚫네舍下筍穿壁"라는 구절로 벽보를 지었다. 이를 알게 된 주원장은 화를 감추지 못했다. 그 이유인즉, 황자들이 인재가 될 재주가 없으며 속이 빈 죽순처럼 자라 담을 넘는 도둑처럼 살 것이라는 말이라고 생각했기 때문이다.

그러하니 주원장의 심기가 편할 리 있겠는가! 아마도 이리저리 방황하던 젊은 시절 남의 물건을 훔치며 살았기 때문인지 화가 난 주원장은 많은 사람이 보는 앞에서 장신의 허리를 부러뜨려 죽였다.

이렇듯 계속되는 잔혹한 폭력과 지독한 폭정에 때때로 누군가가 반감을 드러내기도 했다. 어느 날 나들이에 나선 주원장은 한 사찰의 벽에 커다란 보따리를 짊어지고 있는 중이 그려져 있는 것을 보았다. 그 옆에는 이런 시가 적혀 있었다.

大千世界浩茫茫, 收拾都將一袋藏.
畢竟有收還有放, 放寬些子又何妨?

세상은 넓고 넓은데, 이것을 긁어모아 보따리 하나에 숨기네.
얻는 것이 있으면 놓는 것도 있어야 마땅한 법, 조금 풀어놓는다 한들 또 어떠리?

자세히 들여다보니 묵이 채 마르지 않았다. 자신을 비웃는 시라고 생각한 주원장은 사람을 보내 시를 적은 사람을 찾도록 했으나 어느 곳에서도 범인을 찾지 못했다. 결국 주원장은 그 사찰의 모든 승려를 주살했다.

작은 것 하나 놓치지 않는 주원장이었지만 한 사람에게만은 예외였다. 한림편수 장모張某는 직언을 고했다가 미움을 사 포주학정蒲州學政으로 폄관되었다. 사표謝表에서 장모는 '천하유도天下有道', '만수무강萬壽無疆'이라는 좋은 말만 담긴 글을 썼다. 하지만 어김없이 주원장이 '강

疆(끝)'이라는 글자를 '강彊(강하다는 뜻으로 강强과 같은 뜻-옮긴이)'으로 잘못 보고 장모가 천하에 강한 자가 없다無强며 자신을 조롱한다고 생각했다. 또한 천하유도의 '도道'를 '도盜(도적)'으로 풀이하고 강彊=强'과 합쳐 '강도强盜'라고 읽을 수 있다며 길길이 날뛰었다. 당장 장모를 잡아들이라는 서릿발 같은 명령에 병사들은 재빨리 장모를 주원장 앞으로 끌고 갔다. 주원장은 법사法司를 데리고 그 죄를 물었는데 평소 강직한 성격의 장모는 죽음이 눈앞에 다가왔는데도 조금도 겁먹지 않고 당당히 입을 열었다.

"폐하께서는 일찍이 표문表文 중에 근거나 출처가 확실치 못한 글은 쓰지 말고 경전을 적극 인용하라는 조서를 내리셨습니다. 그래서 소신은 성인聖人이라 불리는 공자의 격언에서 '유하유도有下有道'를 인용한 것이고 '만수무강' 역시 《시경詩經》에서 따온 것입니다. 지금 제가 올린 글이 비방이라고 하시나 그저 옛 성현들의 글을 따왔을 뿐입니다."

성인들이 남긴 경전을 인용했다는 장모의 해명에 할 말이 없어진 주원장은 "그 입 한번 대단하구나!"라며 씁쓸한 표정을 지었다. 이렇게 해서 간신히 목숨을 건진 장모를 보고 당시 사람들은 지난 수년 동안 용안을 뵙고도 살아남은 유일한 사람이라고 감탄을 금치 못했다.

주원장이 이토록 지식인과 문인을 학살한 원인을 두고 또 다른 주장이 있다. 당초 주원장은 문인들을 상당히 아끼고 가까이 두려고 했지만 측근들이 이를 몹시도 못마땅하게 여겼다는 것이다. 자신을 향해 불만 가득한 표정을 짓는 측근들을 보며 주원장이 조용히 입을 열었다.

"세상이 혼란스러울 때는 무력으로 다스리지만, 세상이 안정되었으면 마땅히 학문으로 다스려야 할 것이다. 그러하니 내 어찌 그들을 편애하지 않을 수 있겠는가?”

그러자 측근들이 하나같이 입을 모았다.

“폐하, 문인들은 자고로 사람을 괴롭히고 비웃기를 잘하는 무리라고 합니다. 과거 장구사張九四(장사성張士誠의 아명兒名)가 문인들을 극진히 우대했지만 문인들이 그에게 어떻게 보답했습니까? 그에게 ‘사성’이란 이름을 주지 않았습니까?”

주원장이 고개를 갸웃거리며 입을 열었다.

“사성이라는 이름은 좋은 이름이 아니던가?”

“폐하, 고서古書에 ‘사성은 소인이다士誠小人也’라는 구절이 있음을 아시옵니까? 문인들은 이렇듯 교묘히 그를 비웃고 조롱했습니다.”

그때부터 어리석은 주원장은 상소문을 읽을 때마다 대인배가 쓴 글을 소인배의 눈으로 읽고 말았다. 주원장이 이처럼 문인들과 지식인들을 닥치는 대로 처단한 것에 대해 청나라 사람인 조익趙翼은 이렇게 분석하고 있다.

“명나라의 개국 군주는 문의文意에 통달하고 천종天縱(하늘에서 허락하여 무엇이든 마음대로 하게 한다는 뜻으로, 하늘에서 준 덕德을 갖추거나 후덕한 성격을 이르는 말-옮긴이)을 고집했다. 하지만 젊은 시절 배운 학문이 깊지 못해 글로 사람을 의심하고 꼬투리를 잡아 사람을 죽였는데 그 수가 적지 않다.”

사실 학문이 깊지 못하다는 것은 허울 좋은 구실에 불과하다. 말도 안 되는 이유로 애꿎은 문인과 지식인을 가차 없이 처단한 것은 주원장의 비정상적인 복수심 때문이었다. 원나라에서 명나라로 넘어가면서 한족은 이민족(몽고족)의 통치에서 벗어났다. 상식적으로 생각하면 기뻐해야 할 일이 분명하지만 원나라의 많은 유민遺民은 한족을 이민족의 통치 하에서 해방시킨 주원장에게 냉담하기 짝이 없었다. 심지어 명나라 조정의 대신이 되기를 원치 않는가 하면 조정에 어쩔 수 없이 발을 들여 놓았다고 해도 걸핏하면 은퇴를 청하기도 했다. 그들이 명나라 왕실과 손을 잡지 않으려고 했던 원인은 아마도 주원장의 출신 성분에 대한 편견 때문이었을 것이다. 떠돌이 출신의 황제를 무시했던 이들은 그 따위 황제가 세운 제업帝業이라고 해봤자 가벼운 바람에도 쉽게 날아갈 '새 집'이라고 생각했다. 자신에 대한 편견에 사로잡혀 있는 문인들을 보면 서 주원장은 허례허식에 갇힌 이들에게 남몰래 칼을 갈았다. "군자가 치욕을 당했으면 10년이 지나 복수를 해도 늦지 않는다", "받기만 하고 주지 않으면 예의가 아니다" 등의 이야기는 한때 주먹깨나 썼던 주원 장에게는 매우 익숙한 말이었다.

　재능보다는 출신에 연연하고 이를 비하하는 태도는 나쁜 국민성 중 하나이다. 중국의 민간 이야기에는 가난한 사람이 부유한 지주를 비웃 고 농민이 선비를 조롱하는 이야기가 많이 등장하는데 이는 오랫동안 분출되지 못하고 쌓아온 시기심과 열등감이 드러난 것이라고 할 수 있 다. 돈이 없는 사람이 돈이 있는 사람을 질투하고, 지식이 없는 사람이 지식을 갖춘 사람을 비난하는 사례에 비추어 보건대 주원장 역시 이러 한 성향에서 크게 벗어나지 않는다. 무지했던 주원장은 훗날 얕은 지식 을 얻게 되지만 오히려 말도 안 되는 엉터리 해석으로 문인들을 철저히 유린하고 제거하는 수단으로 활용했다.

물론 황제가 여러 지식인들과 문인들을 주살한 경우가 비단 홍무시대에만 있었던 것은 아니다. 하지만 보좌에 재위했던 30년 동안, 매일 수많은 상소문을 꼼꼼히 읽으며 그 속에서 꼬투리를 잡아내는 주원장의 노고야말로 노동의 신인 헤파이스토스도 경탄할 만큼 대단한 것이다. 미국의 한 역사학자는 불행한 통치자는 군신들과 백성에게 공포라는 수단을 동원하지만 그만큼 자신도 큰 고통을 치른다고 했다.

그러나 아마도 역대 황제들은 자신들이 치른 고생을 그다지 대수롭지 않게 생각했을 것이다. 그 이유인즉, 말도 안 되는 꼬투리를 찾아내 자신의 대업에 방해가 되는 세력을 제거하는 것이야말로 역대 황제들의 '전통'이었기 때문이다. 게다가 비위를 잘 맞추는 대신들이 일찌감치 듣기 좋은 말을 정해 천하에 널리 알려주니, 황제들은 마음 편히 밤이 새는 줄 모르고 자신만의 왕국을 세우는 일에 열중할 수 있었던 것이다.

■ 참고문헌
저우구청의 《중국통사》, 《명사》 〈문원전文苑傳〉, 《문사취문文史趣聞》

현실이 냉엄할수록 빛났던
지식인들의 '시대정신'

방
효
유

외

주원장이 지식인과 문인을 학살한 것이 그저 선무당이 사람 잡은 꼴이었다고 한다면, 훗날 왕위 쟁탈전에 뛰어들어 대통을 계승한 연왕 주체가 문인을 탄압한 것은 지극히 정치적 이유에서였다.

먼저 방효유에 대해 이야기해보자. 홍무 연간, 학사 게추揭樞는 먼저 주원장에게 방효유를 추천했다. 주원장이 방효유에 대해 묻자 게추는 자신 같은 사람이 열 명 있어도 방효유 한 명을 이기지 못한다고 대답했다. 이렇게 해서 방효유를 만나기로 한 날, 주원장과 태자는 방효유가 뜻밖의 상황에 어떻게 대처하는지 보려는 심산으로 그가 앉을 의자를 부러뜨려놓았다. 시중의 안내로 주원장 등을 알현한 방효유는 부러진 의자를 보고 아무렇지 않은 듯 태연히 의자를 고친 뒤 그 위에 앉았다. 이 일로 주원장의 환심을 산 방효유는 이후 건문제建文帝가 된 태자를 보필하게 되었다.

건문제의 기반을 확고히 하기 위해 남경南京 조정에서는 방효유를 위시해 진적陳迪, 황관黃觀, 호자복胡子服, 연자녕練子寧, 경청景淸, 황자징黃子澄을 비롯한 '브레인 그룹'을 조직했다.

얼마 뒤 연왕 주체가 북평北平에서 병사를 일으켜 남하하면서 숙부가 조카의 보좌를 뺏기 위해 벌인 '정난전역靖難戰役'이 무려 4년 동안 중국 대륙을 휩쓸었다. 치열한 전투 끝에 결국 건문제의 세력은 와해되고 말았다. 이로써 건문제를 옹위했던 방효유 등은 거센 바람 앞에 흔들리는 촛불 신세로 전락했다. 주체는, 비록 한때 건문제의 사람이었지만 대학자 출신인 방효유를 아주 마음에 들어 했다. 연군燕軍이 북평을 떠날 때 주체의 심복이자 책사였던 고승 요광효姚廣孝(승려 도연道衍)가 살짝 귀띔을 했다.

"남경성을 무너뜨려도 방효유는 분명히 투항하지 않을 것입니다. 그렇다고 해도 절대로 그를 죽이지 마십시오. 그를 죽이면 천하에 지식인이라는 종족은 그 씨가 마르게 될 것입니다."

사실 주체 역시 방효유를 죽일 생각은 전혀 없었다. 오히려 그를 자신의 편으로 끌어들이고 싶었다. 대학자인 방효유가 새로운 황제로 등극한 자신을 모신다면 천하에 숨어 지내는 수많은 인재들이 제 발로 자신을 찾아올 것이라고 확신했기 때문이다. 왕위에 오른 주체, 즉 영락제는 방효유를 감옥에서 꺼내 주고 그에게 '천하가 한마음이 되어 새로운 황제를 보필하자'는 내용의 조서를 쓰라고 명했다. 하지만 방효유는 왕좌를 잃은 건문제를 위해 상복을 입고 머리를 풀어 헤친 채 봉천 전奉天殿에서 대성통곡했다. 이 소식을 접한 영락제는 화가 머리끝까지 나서 한걸음에 봉천전으로 달려갔다.

"방 선생, 이게 무슨 짓이오? 과인이 그대를 풀어준 것은 과거 주공 周公이 성왕成王을 보필했던 것처럼 과인을 보필하라는 뜻에서 그리한 것인데……."

주공을 들먹거리는 영락제를 보며 방효유는 버럭 소리를 질렀다.

"지금 성왕이 어디 계시오?"

영락제가 스스로를 성왕에 비유하며 자신을 도우라고 설득하자 방 효유는 성왕이 어디 있느냐며 영락제를 비웃었다. 계속해서 건문제의 행방을 묻는 방효유를 괘씸하게 여긴 영락제는 건문제가 분신焚身했다 고 거짓말을 둘러댔다. 그러자 방효유가 펄쩍 뛰며 놀라더니 이내 입 을 열었다.

"그렇다면 그 아들을 황제로 세워야 할 것이오!"

"흥, 나이가 있는 군주가 나라를 다스려야 천하와 백성이 안정을 누 릴 수 있는 법이오."

"그렇다면 어찌하여 전하건문제의 동생을 군君으로 삼지 않으신 것이 오?"

영락제는 더 이상 대답하기 귀찮은 듯 섬돌을 내려와 손으로 방효유 의 어깨를 토닥이며 입을 열었다.

"누구를 황제로 삼든 모두 내 집안일이오. 그러니 선생께서 그리 신 경 쓰실 필요가 없소."

그런 뒤 주변에 있던 내관에게 붓과 종이를 가져오라고 이르더니 방효유에게 자신을 위한 조서를 쓸 것을 권했다. 내관에게서 붓을 뺏어든 방효유는 '연적찬위燕賊篡位(연이라는 도둑이 왕위를 훔쳤다는 뜻으로 연은 연왕인 영락제를 가리킨다-옮긴이)'라는 네 글자를 거칠게 쓰고 땅바닥에 붓을 내던지며 울부짖었다.

"죽으면 죽었지 조서는 쓰지 못하겠소!"

이 모습을 본 영락제는 분노에 몸을 떨며 내관과 병사들에게 그의 입을 귀까지 찢으라고 명했다. 그것만으로 분이 풀리지 않았는지 영락제는 방효유의 구족九族, 권속眷屬, 문하생, 옛 친구에 이르기까지 무려 173명을 방효유가 보는 앞에서 하나하나 처형한 뒤 방효유를 취보문聚寶門으로 끌고 가 사지를 절단하는 형에 처했다. 그뿐만 아니라 방효유가 쓴 책은 모조리 찾아내 불태웠고, 그가 쓴 비문도 삽으로 긁어내 아무도 알아보지 못하게 했다. 그리고 그가 쓴 글이라면 한 글자도 세간에 떠돌지 못하도록 철저히 찾아내 파괴했다. 절로 몸서리가 쳐질 정도로 악독하고 무서운 보복이 아닐 수 없다.

다른 사람들은 글로 말미암아 목을 내놓아야 했지만, 방효유는 글을 쓰지 않아 목숨을 잃었다. 교도敎導 진적은 아들 진봉산陳鳳山, 진단산陳丹山 등 여섯 명과 함께 시장에서 매질을 당했다. 장원壯元 황관은 아내와 딸이 자결하자 자신도 강에 몸을 던졌다. 황관의 주검은 끝내 발견되지 못했고 그의 부하들이 황관이 쓰던 것으로 보이는 진주가 달린 모자 하나를 강에서 찾아냈을 뿐이다. 그럼에도 성이 풀리지 않은 영락제는 지푸라기로 허수아비를 만들고 강에서 건져 올린 모자를 씌워 사람들이 지켜보는 가운데 그 머리를 베었다. 자신에게 대항하면 어떤 꼴이 되는지 천하에 똑똑히 알려준 셈이었다. 편수編修 연자녕의 가족은 모두 주살되었고, 그의 친족 중에 거리에서 사형을 당한 뒤 시신을 제대로 수습하지 못한 자가 150여 명에 달했다. 수찬修撰 황자징 등은 체포된 후 영락제에게 끝까지 투항하다 가문이 멸족당했다. 황자징과 연관이 있다고 의심되는 자 400여 명이 주살되었고 그 가운데 죽음을 당한 대신들은 황간당黃姦黨이라고 불리며 천하에 그 이름이 공개되었다.

참담한 대가를 치러야 했지만 이때의 지식인들은 부정 앞에서 끝까지 당당히 대항하는 용기 있는 모습을 보여주었다. 주체가 병사를 일으켰을 때, 진적은 건문제의 명에 따라 독군저督軍儲로 임명되어 변방에서 병사들을 챙기며 물 샐 틈 없는 경계를 펼치고 있었다. 그러던 중 병변兵變이 일어났다는 소식을 접하고 경사京師로 달려왔다가 이미 보좌에 오른 주체를 보고 크게 소리를 지르며 질책했다. 처형이 진행된 후 그의 시신에서는 '절명시絶命詩'가 발견되었다. 선왕에게 충성을 바치고 결코 두 왕을 섬기지 않겠다는 뜨거운 충정을 노래하는 시였다.

호자소胡子昭는 영현榮縣의 훈도訓導로, 처형장에서 "둘 사이의 바른 기운은 샘물과 땅으로 돌아가고, 붉디붉은 마음은 황제의 땅에 있네兩間正氣歸泉壤, 一點丹心在帝鄉"라며 자신의 마지막 심경을 짤막한 시로 읊었다.

모진 고문을 당한 연자녕은 끝까지 자신의 뜻을 꺾지 않고 오히려 성왕을 모셨던 주공을 따르고자 한다며 크게 외쳤다. 그러자 간수들이 그의 혀를 잘랐는데 연자녕은 입에서 콸콸 쏟아지는 핏물을 먹 삼고, 자신의 손가락을 붓 삼아 땅바닥에다 "성왕은 어디 계신가?"라는 글자를 남겼다. 방효유, 연자녕이 죽은 후 경청만이 홀로 살아남았다. 영락제에게 충성을 맹세라도 한 듯 그는 매일같이 조정을 들락거렸다. 비록 그가 자신의 편에 섰다고 하지만 쉽게 마음을 놓을 수 없었던 영락제는 사람을 시켜 몸수색을 한 끝에 경청의 몸에서 비수를 찾아냈다. 상황이 이렇게 되자 경청은 더 이상 숨기지 않고 옛 주군의 복수를 하기 위해 비수를 숨겼다며 그 자리에 서서 영락제를 꾸짖은 뒤 자결함으로써 충심을 지켰다.

홍무에서 영락에 이르는 기간은 문인들과 지식인에게 '추운 겨울'이었다. 영락 왕조 초반에 일어난 문자옥은 문화 탄압보다는 정권 교체라는 정치적 성향을 띠었다. 이로 말미암아 유명한 문인과 지식인이 직접적인 피해를 입기도 했다. 하지만 아이러니하게도 중국의 역대 왕조 중에서도 명대의 지식인과 문인은 가장 장렬하고 장엄한 모습을 보여주었다. 살아서는 주군을 위해 충성을 다하고 죽음 앞에서는 담담히 자신의 운명을 받아들이는 강직하고 고매한 모습은 고계에서 방효유, 고반룡高攀龍, 황종희黃宗羲에 이르기까지 중국 역사의 한 페이지를 화려하게 장식했다. 비록 살아서는 추운 겨울을 보내야 했던 이들이지만 죽어서는 후세 사람들에게 존경과 사랑을 받으며 '따스한 봄날'을 보냈다.

임종을 앞둔 고반룡이 마지막으로 남긴 절필絕筆은 두고두고 회자될 정도로 절절하다. 강에 몸을 던지기 전에 그가 쓴 유서의 내용은 다음과 같다.

"소신이 비록 불민하여 상황이 이리 되었으나 여전히 황제를 보필하는 신하이옵니다. 황제를 보필하는 제가 나라가 굴욕을 당하는 것을 보고 부끄러운 마음에 북쪽을 향해 절을 올립니다(북쪽을 향해 머리를 두거나 절을 올린다는 것은 죽는다는 것을 완곡하게 표현한 것이다-옮긴이). 굴평屈平(굴원의 이름)의 유지에 따르겠습니다. 폐하께서 베풀어주신 성은은 아직 다 갚지 못했으니 내생에서 그 은혜를 다 갚고자 합니다. 사자使者는 부디 이 글을 황상께 올려주시오."

짧은 글이지만 더러운 세상과 타협하지 않으려는 그의 뜻이 담긴 유서를 보며 사자도 울음을 터뜨렸다고 한다.

그 외에도 숭정제崇貞帝(명나라의 마지막 황제)가 매산梅山에서 목을 매달아 자결하자 북경성北京城에서 그를 따라 자결한 사람만 300여 명에 달했는데, 그중에는 유명한 대신들도 20여 명이 넘는다는 이야기도 전해진다.

이러한 문인들의 행동은 어리석은 충절이 아니라 '깨진 옥이 될지언정 멀쩡한 기와가 되지 않겠다寧爲玉碎, 不爲瓦全'는 뜨거운 충정심의 발로다. 이러한 정신이야말로 정객政客과 의사義士를 구분하는 분수령이 아닐까.

명나라 시대 내내 이러한 정신의 명맥이 유지될 수 있었던 것은 결코 우연이 아니다. 그 공은 정주리학程朱理學(12세기에 남송의 주희가 집대성한 유교의 주류 학파로, 정호程顥와 정이程頤, 주희朱熹로 이어지는 학통 때문에 정주 성리학程朱性理學 혹은 성리학性理學으로 불리기도 한다-옮긴이)에 돌려야 할 것이다. 정주리학이 제시한 행동 원칙과 가치관이 뒷받침되었기에 명나라 시대에는 제 몸 아끼지 않고 대의를 위해 목숨을 기꺼이 내던진 수많은 지사志士가 탄생할 수 있었다.

　목에 칼이 들어오더라도 비겁하게 피하지 않고 자신의 뜻을 지킬 줄 아는 용기와 지조는 바로 명나라 전체를 관통한 시대정신이었다. 이 점을 잘 알고 있던 청나라 왕조는 순치順治에서 강희康熙에 이르기까지 다섯 번 연속으로 주곽이周郭頤, 정호程灝, 장재張載, 주희 등 이학대사理學大師의 후손을 기용하여 황제를 보필하고 천하를 두루 돌보도록 했다. 격렬한 반청反淸 운동 속에서 청나라 왕조는 이학의 힘을 정확히 간파했다.

■ 참고문헌
《명사》〈방효유전方孝孺傳〉 등, 초굉焦竑의 《옥당총어玉堂叢語》, 《중국십황제외전》, 《삼조야기三朝耶記》

추악한 황실, 날뛰는 환관이 신하의 뽈기를 치다

왕
정
진

외

명나라 태조는 독단적이었고 성조成祖(영락제)는 폭정을 일삼았는데 이는 한편으로는 그들이 당시 국정을 장악하고 통제할 능력이 있었음을 반증하는 것일 수도 있다. 성조 이후 황제의 국정 장악력은 점차 약화되었다. 명성에 연연하고 주색酒色에 빠진 황제들이 일상적인 정무를 멀리하자 국정 운영권은 자연스레 그 옆에 있던 환관宦官의 손으로 떨어졌다. 특히 황제를 보필하던 환관 유근劉瑾, 위충현魏忠賢 등이 연이어 폭정을 일삼는 바람에 명나라 조정은 손쓸 여지가 없을 정도로 심하게 곪아 들어갔다.

날로 추악해지는 황실의 모습에 많은 서생과 사대부들이 더 이상 참지 못하고 폭발했다. 이들과 엄당閹黨(환관세력)의 싸움은 사실상 봉건사회 속에 등장한 개명파開明派와 부후파腐朽派라는 두 정치 세력 간의 '힘겨루기'였다.

호북湖北 출신인 왕정진王廷陳은 총명함이 남달라 어린 시절부터 천하에 이름을 떨쳤다. 어린 시절 유난히 장난이 심했던 왕정진이 하루는 큰 실수를 저질러 아버지에게 매를 맞았는데, 갑자기 눈물을 뚝뚝 흘리며 소리쳤다.

"아버님 같은 어른이 어찌하여 천하의 인재가 될 저를 이렇게 막 대하신단 말입니까?"

비록 어린아이라고는 하나 될성부른 나무는 떡잎부터 알아본다는 말처럼 그는 여느 개구쟁이 소년들과는 다른 면이 많았다. 왕정진은 정덕正德 12년에 진사에 올랐는데 어느 날 무종武宗이 남쪽 지방을 순회한다는 조서를 내렸다는 소식을 접했다. 말이 좋아 순회지, 실상은 백성을 번거롭게 하는 '행사치레'여서 달갑게 여기는 사람이 없었지만 누구도 감히 황제에게 고하지 못했다. 그런데 상황을 지켜보던 왕정진은 서분舒芬 등 평소 뜻을 같이 하던 지인 일곱 명에게 연락을 취해 황제의 남쪽 지방 순회를 반대한다는 상주문을 올릴 준비를 했다. 왕정진이 몸담고 있던 편수관編修館의 관사館師 석보石珤가 이 사실을 알고 연장자의 신분으로 그들에게 함부로 나서지 말라고 경고했다. 하지만 왕정진 등은 경고를 무시하고 자신들의 생각을 〈오모요烏母謠〉라는 시에 담아냈다.

〈오모요〉가 어떤 내용의 시인지 전해지지 않지만 무종은 시에 담긴 뜻을 금방 눈치챘다고 한다. 왕정진을 소환한 무종은 그에게 5일 동안 무릎을 꿇고 있으라는 벌을 내렸다. 마침내 형이 집행되는 날, 무종은 돌연 마음을 바꿔 정장廷杖을 내려 왕정진의 바지를 벗긴 뒤 볼기를 치도록 했다. 정장이란 형벌은 명나라의 독특한 형벌 중 하나로, 신하가 황제의 심기를 거슬렸을 경우 조정에서 즉시 곤장을 친 형벌이다. 왕정진이 볼기를 맞은 일은 청사靑史에 기록되었다. 무종은 왕정진, 서분, 황공黃鞏 등 146명에게 정장을 내렸는데 그중 11명이 맞아 죽었다. 그에 비하면 왕정진은 운이 좋은 편이었다. 주모자였던 왕정진은 곤장에 맞아 죽지 않았을 뿐만 아니라 유주裕州로 쫓겨나 그곳에서 지부의 자리에 올랐다. 볼기를 맞고 끝난 왕정진의 사례는 위충현이 일으킨 문자옥에 비하면 새 발의 피였다.

소주蘇州 사람 진인석陳仁錫은 열아홉 살에 과거에 합격해 천계天啓 2년 전시殿試에서 3등(문징명文徵明의 손자 문진맹文震孟이 전시에서 1등을 차지했다)을 차지해 한림편수翰林編修가 되었다. 그해에 위충현은 대담하게도 자신을 승진시키라는 가짜 조서를 지었다. 황제가 내린 조서를 담은 봉투를 어봉御封이라 했는데, 여기에는 임명장이나 위임장 같은 서류가 필요했다. 이를 조작하기 위해 위충현의 측근이 진인석을 끌어들이려 했다.

"이는 우리 한림원을 위한 일일세. 자네가 위임장을 쓴다면 위공공魏公公이 그대를 잘 보살펴주실 걸세."

달콤한 꼬임에도 진인석의 생각은 분명했다.

'그를 위해 가짜 조서를 쓸 사람이 많고 많은데 어찌하여 내가 아니면 안 된다는 말인가?'

진인석이 끝내 자신에게 협조하지 않자 위충현은 이를 갈았지만 그의 마음을 돌릴 뾰족한 방도가 없었다. 4년 후인 천계 4년, 당시 조정에서 일어났던 일과 관련한 보고가 소주에서 올라왔다. 조정에서 일어난 일은 전시 1등을 차지한 문진맹으로부터 비롯되었다.

전시에서 1등을 차지한 문진맹은 자주 황제의 부름을 받아 근정전勤政殿에서 강의를 했다. 조정을 조롱하고 걸핏하면 억지를 부리는 위충현의 행위를 평소 몹시도 증오했던 문진맹은 황제에게 강의할 수 있는 기회를 이용해 현재의 상황이 얼마나 절박한지를 알리는 글을 올렸다.

"계속되는 폭정으로 종묘사직, 천하의 해와 달이 날마다 기울어가고 녹이 슬고 있습니다. 문무백관은 조정에 올라도 꼭두각시처럼 명령에 따라 무릎을 꿇고 몸을 세울 뿐입니다. 사실상 폐하와 군신들이 서로 맞지 않아……."

그런데 미처 황제의 손에 닿기 전에 이 상소문을 위충현이 빼앗았다. 위충현은 상소문의 일부 내용을 짚어가며 황제에게 입을 열었다.

"폐하, 이것 보십시오. 문진맹이 폐하를 꼭두각시에 비유하고 있습니다. 이런 자를 살려두신다면 천하가 비웃을 것입니다!"

결국 위충현의 말에 황제가 조용히 고개를 끄덕였다. 어느 날 황제에게 강학을 마친 문진맹이 자리를 뜰 준비를 하고 있을 때 위충현이 문진맹에게 정장 80대를 내린다는 성지를 들고 왔다. 그리고 문진맹과 함께 상소문을 올린 몇몇 대신 역시 파관되었다. 이 소식이 문진맹의 고향에 퍼지자 강남의 선비들이 모두 들고 일어났다. 태창진사太倉進士 고동인顧同寅, 생원生員 손문태孫文豸 등은 문진맹의 결백함을 주장하는 〈보천가步天歌〉를 지어 올렸다. 이때 문진맹과 동향으로 북경에 있던 진인석, 서길사庶吉士 정만鄭鄤도 같은 목소리를 냈다. 문진맹의 결백함을 주장하는 일에 진인석도 동참했다는 것을 알게 된 위충현은 회심의 미소를 지었다. 드디어 4년 전 당한 치욕을 갚을 날이 온 것이다.

이렇게 해서 진인석은 〈보천가〉에 연루돼 감옥으로 끌려 들어갔다. 6년형을 선고 받았지만 숭정제가 즉위하고 위충현의 세력이 와해될 때까지 어두컴컴한 감옥 속에서 힘든 시간을 보내야 했다. 어렵사리 푸른 하늘을 다시 보게 된 진인석은 출옥 후 결백함을 인정받고 복직되었다. 그리고 승승장구하며 연이어 승진하다가 순직했다.

명 황제들의 치세에는 흥미진진한 부분이 많다. 그들은 억울하게 누명을 썼거나 거짓이나 모함으로 화를 당한 신하들의 결백을 뒤늦게 인정해주었는가 하면 한편으로는 또 다른 희생자를 대거 양산했다. 명대 개국공신인 유백온劉伯溫은 "위정자는 당근과 채찍을 돌아가며 사용해야 하지만 지금의 중요한 일은 덕을 닦는 데 있다"라는 유언을 남겼다. 그러나 실제로 명대 황제들은 덕을 닦는 일보다는 부지런히 당근과 채찍으로 자신의 왕국을 세우는 데 골몰했다.

■ 참고문헌

《명사》〈왕정진전王廷陳傳〉·〈진인석전陳仁錫傳〉·〈문진맹전文震孟傳〉

속박을 참지 못한 문재,
감옥에 갇히다

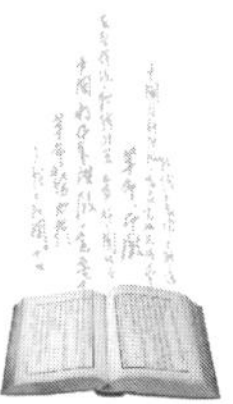

중국 역사상 감옥을 가장 많이 드나든 사람으로는 이몽양李夢陽이 첫
손에 든다. 그는 명나라 '십재자十才子' 중에서도 으뜸으로 꼽히는데, 명
나라의 호응린胡應麟은 "헌길獻吉(이몽양의 자字)의 문장은 그 수가 많고
재주가 커서 속박되는 것을 참지 못한다"고 평가했다. 재주가 너무 컸
기 때문일까. 이몽양은 세 번이나 문자옥에 갇혔고 다섯 번이나 감옥
으로 끌려갔다.

이몽양은 1472년 문인 가문에서 태어났다. 아버지는 주왕부周王府의
교수 이정李正이다. 명나라 효종孝宗 홍치弘治 6년1493년 섬서 지역 향시
에서 1등을 차지한 그는 이듬해 진사가 되어 호부주사戶部主事 천랑중遷
郎中으로 임명되었다. 22세에 경관이 된 이몽양은 패기와 투지는 넘쳐났

177

지만 벼슬길에서 승승장구할 수 있는 처세술은 부족했다. 한 기록에 따르면 당시 "호부의 관리가 관격關格을 논하면 감옥행을 면치 못했다"고 한다. '관격'은 한의학 용어로, 대소변을 원활하게 보지 못하는 경우를 가리킨다. 국가 재정을 담당하는 중추기관인 호부에서 관격을 논의했다는 말은 국가경제를 원활하게 운영할 방안을 논의한다는 뜻으로 짐작된다. 분위기 파악을 못한 채 젊은 혈기만 앞세운 이몽양은 그로 인해 미움을 산 탓인지 잠시 동안 옥살이를 하게 된다.

9년 뒤 서른을 훌쩍 넘긴 나이에도 이몽양은 여전히 혈기왕성했다. 자고로 한 번 큰 충격이나 아픔을 겪으면 매사에 신중해지기 마련인데 이몽양은 그런 교훈을 배우지 못한 듯했다. 이몽양은 조정의 병폐를 조목조목 짚은 5,000자짜리 상소문을 황제에게 올렸다. 그것도 모자라 상소문 맨 마지막에 "수녕후壽寧侯 장학령張鶴齡이 함부로 재물을 탈취하고 백성의 등골을 빨아먹고 있다. 그 기세가 마치 날개 단 호랑이처럼 사납기 그지없다"는 내용도 적어 넣었다.

그렇다면 수녕후 장학령은 누구인가? 국구國舅(원래 황제의 장인을 뜻하나 여기서는 황실의 사돈으로 풀이하는 것이 옳다-옮긴이)인 그는 효종의 아내 장황후張皇后의 남동생으로 동생 장정령張廷齡과 함께 권세를 믿고 폭정을 휘둘렀다. 조정 내에서도 많은 대신들이 두 형제의 부덕한 행동을 보며 이를 갈았지만 황제의 외척이라는 이유로 아무 말도 못하고 있었다. 황제 역시 대신들의 생각을 모르지 않았지만 팔이 안으로 굽는 법이라고 별다른 조치를 취하지는 않았다. 하지만 이몽양은 가만히 있지 않고 끝내 '벌집'을 건드리고 만다.

황후의 모친이자 황제의 장모인 김씨金氏가 어느 날 울며 궁 안으로 들어오더니 장씨 집안이 모욕을 당했다며 사위에게 이몽양의 죄를 물어야 한다고 청했다. 이에 장학령 등도 이몽양이 올렸던 상소문을 가져와 그중에서 "폐하가 장씨에게 후하다陛下厚張氏"라는 구절을 가리키며 황후를 모욕하고 있으니 죽음으로 그 죄를 물어야 한다고 주장했다.

다행히 효종은 그리 멍청하지는 않았다. 이몽양의 재주를 익히 잘 알고 있던 효종은 그를 아꼈지만 장모의 체면을 세워주기 위해서 어쩔 수 없이 이몽양에게 금의위에 있는 감옥에 잠시만 들어가 있으라고 명했다.

얼마 뒤 효종은 이몽양을 감옥에서 꺼내 줄 핑계를 찾아 그를 구출하는 데 성공했다. 그로부터 얼마 뒤 길을 가던 이몽양은 큰길가에서 우연히 장학령을 만났다. 꿈에도 잊지 못하는 원수를 본 이몽양의 안색이 시뻘겋게 변했다. 이몽양은 콧김을 내뿜으며 채찍을 들고 말에 올라 장학령의 얼굴을 향해 채찍을 날렸다. 난데없이 날아온 채찍에 장학령의 앞니 두 개가 빠졌다. 마침 조금 전 궁에서 황제로부터 심한 꾸중을 듣고 잔뜩 침울해 있던 장학령은 수많은 사람이 오가는 큰길 한가운데서 이몽양으로부터 개망신을 당하자 원통해 죽을 지경이었다.

효종이 승하한 후 무종武宗이 보좌에 올랐다. 태감太監 유근이 황제의 권위를 무시하고 조정을 휘어잡자, 조정의 기강은 무너져 내렸고 정국은 혼란에 휩싸였다. 일본의 작가 테라오 요시오寺尾善雄는 《명사》의 기록을 바탕으로 유근의 폭정을 자세히 묘사한 바 있다.

"정덕 3년1508년 6월, 누군가가 유근의 죄악을 낱낱이 밝히고 머리를 베어 그 죄를 물어야 한다는 내용의 글을 궁의 벽에 붙였다. 이 사실을 알게 된 유근은 크게 노하며 300여 명의 관원들을 봉천문奉天門(지금의 천안문天安門) 앞에 불러놓고 무릎을 꿇게 했다. 설상가상으로 때는 한창 더운 여름이었다. 관원들은 하루 종일 뜨거운 뙤약볕 아래서 무릎을 꿇고 있었는데 그중 세 명은 혼절해 죽었고 더위에 지쳐 쓰러진 이도 수십 명이나 되었다. 해가 서산에 기울어지고 나서야 유근은 모든 관리들을 감옥에 집어넣었다. 그 다음 날 동이 트자 벽보를 쓴 사람이 어떤 태감이라는 사실이 밝혀지면서 유근은 비로소 옥에 갇혀 있던 관리들을 모두 풀어주었다."

이러한 폭정과 학대 앞에 여러 대신들은 몸을 주체할 수 없는 울분에 휩싸였지만 황제도 어찌하지 못하는 유근에게 대항할 방도가 없었다. 그러던 어느 날, 상서尙書 한문韓文과 그의 동료들이 모여 조정의 일을 논의하다가 긴 한숨과 함께 뜨거운 눈물을 토해냈다. 이 모습을 본 다른 대신들도 자신들의 비참한 처지에 울음을 터뜨렸지만 이몽양은 눈물 한 방울 흘리지 않고 모두를 향해 입을 열었다.

"이렇게 모여 앉아 울어서 무엇하겠습니까?"

그러자 한문이 어쩔 수 없다는 듯 풀이 잔뜩 죽은 목소리로 대답했다.

"맞는 말이오. 허나 지금 이렇게 서로 마주보며 우는 일 외에는 우리가 할 수 있는 일이 없지 않소. 울어봤자 소용이 없다는 것을 모르는 바는 아니나 별다른 방도가 없으니……."

"뭐가 그리 어렵단 말입니까? 저에게 한 가지 방법이 있습니다. 먼저 간관에게 유근의 죄악을 낱낱이 알리는 내용의 상주문을 쓰도록 하십시오. 어조가 조금 격한 편이 좋을 것입니다. 그 상주문을 황제에게 올린 뒤 내각의 여러 대신들이 함께 황제 앞으로 나아가 간언을 올리면 황제께서도 깨닫는 바가 있으실 겁니다. 모든 대신들이 폐하 앞에 무릎을 꿇고 유근의 죄를 벌할 때까지 절대로 일어나지 않겠다고 하면 폐하께서도 우리의 굳은 결심을 아시지 않겠습니까?"

모두 그 생각이 옳다며 뜻을 모았다. 그러나 누가 고양이 목에 방울을 달 것인가? 상주문을 누가 쓸 것인지를 두고 모두 침묵을 지키자 이몽양이 붓을 들기로 했다. 하지만 미처 일이 진행되기도 전에 비밀이 새어나가고 말았다. 유근은 재빨리 선수를 쳐서 이들을 제거할 만반의 준비를 했다. 특히 상주문을 쓰기로 되어 있던 이몽양은 가장 먼저 제거해야 할 대상이었다. 글로 말미암아 이미 두 차례나 화를 입은 데 이어, 세 번째로 감옥을 들어갈 처지에 놓인 이몽양은 꼼짝 없이 죽은 목숨이었다. 하지만 뜻밖에도 하늘이 강해康海라는 귀인을 이몽양에게 보내주었다.

강해는 유근과 동향으로 경사에서 이름난 인재였다. 이몽양과 함께 술을 마시며 때로 시를 짓던 강해는 평소 세속을 멀리했다. 그의 재주를 익히 잘 알고 있던 유근이 강해를 자신의 편으로 끌어들이기 위해 갖은 노력을 기울였지만 강해는 줄곧 '도둑의 배'에 발을 들이지 않고 있었다. 그러던 중 이몽양으로부터 "대산對山(강해의 호號), 나를 구해주게!"라는 내용의 쪽지를 받고는 친구의 목숨을 구하고자 그때까지 지키고 있었던 '정절'을 버리고 결국 유근의 배에 발을 들였다.

자신을 찾아온 강해를 보며 유근은 하늘이 임매매林妹妹(《홍루몽》의 임대옥林黛玉-옮긴이)를 보내주셨다며 버선발로 달려 나가 그를 맞았다. 강해의 요청으로 유근은 그 다음 날 감옥에 있던 이몽양을 풀어주었다. 그로부터 몇 년 뒤 유근이 실각하면서 그를 따르던 무리 역시 모래성처럼 무너져 내렸는데 이몽양을 구하기 위해 유근의 무리에 들었던 강해도 죄를 추궁받아 관직을 잃고 말았다.

한편 강해의 도움으로 출옥한 이몽양은 훗날 환관의 무리인 엄당세력과의 싸움에 기여한 공을 인정받아 강서제학부사江西提學副使로 승진했다. 청나라 사람 황본기黃本驥는《역대관직표歷代官職表》에서 강서제학이라는 관직은 평범한 관직이 아니라고 설명하고 있다.

"강소江蘇, 강서, 광동 등 재물이 풍부한 지역에서도 재물로써 높은 관직을 바라는 이가 이 자리에 임명되는 편이다. 학정學政이 주요 임무이지만 흠차대신欽差大臣 같은 대우를 받았고 독무督撫 못지않은 존경을 받았다. 지부 이하의 관리들이 모두 예로써 대했다. 학정이라는 자리는 비록 행정에 관여할 수 없지만 사방을 순시하며 조사를 해야 했기에 감부 이하와 밀접한 관계를 맺고 있었다."

한 마디로 황제에게 온갖 보고를 올리는 관리로 임명된 이몽양은 그 콧대가 하늘을 찔렀다. 강서 아문衙門에는 5일마다 순안어사巡按御史에게 업무를 보고하라는 규정이 있었는데 이몽양은 본 체 만 체했다. 뿐만 아니라 부하들에게 업무를 보고하러 갈 필요가 없다며 기강을 무시하기 일쑤였다.

"갈 필요 없다. 설사 가더라도 읍만 하면 된다. 그놈들에게 무릎 따위 꿇을 필요가 없다."

이 이야기가 총독總督 진금陳金, 어사御史 강만실江萬實에게 전해졌고

두 사람은 이몽양의 교만함에 분통을 터뜨렸다. 그러던 중 회왕부淮王府에 있는 군교軍校와 학생 간에 다툼이 일어났는데 이몽양은 학생의 편을 들며 회왕부의 군교를 매질했다. 팔은 안으로 굽는 법, 요주饒州에 머무르고 있던 회왕은 이 소식을 듣고 어사 강만실에게 이몽양의 평소 인물됨을 알려달라는 서신을 보냈다. 회왕부의 낌새가 심상치 않다고 판단한 이몽양은 진금과 강만실이 손을 잡고 자신을 비방하는 글을 회왕에게 보내면 화를 면치 못하리라 짐작했다. 결국 이몽양은 진금과 강만실을 이간질하는 것만이 자신이 살 길이라고 생각하고 강만실이 진금을 탄핵하는 거짓 상주문을 올렸다.

강서에 있는 법정에서 치열한 공방전이 전개되었다. 강서의 토황제土皇帝인 영왕寧王 주신호朱宸濠까지 끼어들면서 사태는 갈수록 복잡해졌다. 평소 이몽양을 흠모하고 있던 주신호는 이몽양에게《양춘서원기陽春書院記》를 써달라고 청했을 만큼 그 애정이 대단했다. 남다른 야심을 갖고 있던 주신호는 이몽양을 자신의 편으로 만들기 위해 가짜 증거를 만들고, 재판을 관장하는 포정사布政司 정악鄭岳을 탄핵하기도 했다. 하지만 모두 헛수고였다.

이몽양은 결국 광신옥廣信獄에 투옥되어 네 번째 감옥살이를 하게 되었는데, 강서 지역의 수많은 학생들이 그의 억울함을 호소하며 풀어달라고 간청했다. 이를 참작해 관부에서는 '동기들을 능멸하고 상관을 압박한 죄'를 물어 이몽양의 관직을 파하고 풀어주었다. 그때부터 자신의 호를 '공동자空同子'로 바꾼 이몽양은 기분에 따라 시를 짓고 술을 마시며 서한의 양운처럼 자유로운 전원생활을 즐겼다.

그렇다고 해서 모든 것이 끝난 것은 아니었다. 얼마 뒤 영왕 주신호가 모반을 일으켰다가 주살당하자, 어사 주정周定은 나머지 세력도 소탕해야 한다는 상주문을 올렸다. 한때 주신호를 위해《양춘서원기》를 썼던 이몽양은 주신호의 무리로 몰려 다섯 번째로 감옥에 가게 된다. 이번에도 다행히 대학사 양정화楊廷和, 상서 임준林俊이 온 힘을 기울인 덕분에 이몽양은 다시 한 번 목숨을 건질 수 있었다. 계속되는 감옥 생활과 마음고생 때문인지 비록 자유의 몸이 되긴 했지만 만신창이가 되어버린 이몽양은 57세라는 나이에 굴곡 많은 삶을 마감했다.

■ 참고문헌

《명사》〈이몽양전李夢陽傳〉·〈장학령전張學齡傳〉·〈강해전康海傳〉

북경에서 접화된
천문학 논쟁

탕
약
망

1600년 2월 17일 이탈리아의 수도 로마에서 평민 출신의 한 철학자가 이단 혐의를 받고 화형에 처해졌다. 재가 돼버린 그의 몸은 바람을 타고 '캄포 디 피오리Campo dei Fiori(꽃시장 혹은 꽃의 들판)'에 흩어졌다.

화형을 당한 사람의 이름은 브루노조르다노 브루노Giordano Bruno(르네상스시대의 철학자, 천문학자, 수학자로 자전설과 무한우주론을 주장했다-옮긴이)였다. 그는 '사회는 공인된 교리와 다른 의견이 있는 사람을 검(무력)으로 처벌해서는 안 된다'는 교훈을 죽음으로 알려주었다. 브루노는 세계는 태양을 중심으로 돌며 대주교가 살고 있는 지구 역시 태양의 주변을 도는 보통 행성이라고 말했다.

브루노가 입에 재갈이 물린 채 화형될 때 중국은 명나라 신종 황제

185

집권기로 만력萬曆 28년이었다. 그로부터 30년이 지난 명나라 말기, 천문학을 둘러싼 논쟁이 북경에서 점화되었다. 다행히 이번 논쟁의 판정관은 세상을 두루 보고 새로운 문물을 이해하고 수용하고자 노력했던 명의 마지막 황제 숭정제였다.

그 결과 북경에서 진행된 천문학 논쟁에서는 '브루노'가 승리를 거뒀다. 북경 논쟁에서 '브루노' 역할을 맡았던 사람은 중국에 천주교를 전파하기 위해 독일에서 온 선교사 요한 아담 샬 폰 벨Johann Adam Schall von Bell(중국명 탕약망湯若望, 이하 탕약망으로 통칭)이었다. 탕약망이 괄목할 만한 성과를 거둘 수 있었던 데에는 실용적인 사상을 바탕으로 새로운 학문과 진리에 대한 탐구열이 남달랐던 서광계徐光啓의 도움이 컸다.

서광계는《농정전서農政全書》의 편찬자이자 중국 근현대사에서 유명한 송씨 자매(송애령宋靄齡, 송경령宋慶齡, 송미령宋美齡) 의 모계 조상이기도 하다. 상해上海의 번화가 중 하나인 서가회徐家滙는 상해 출신인 그를 기념하기 위해 명명된 곳으로 과거에는 그의 가문 사람들이 모여 살았고 지금은 서광계의 무덤과 기념관이 자리 잡고 있다.

38세에 과거에 합격해 한림원 벼슬을 얻은 서광계는 남경을 지나던 중 유럽에서 온 전도사 마테오 리치Matteo Ricci를 만나 천주교에 귀의했다. 서광계는 특히 서양의 과학과 기술에 높은 관심을 갖고 한림원의 관복을 걸친 채 서양의 천문, 수학, 역법曆法, 무기 등을 익히고 연구하는 데 골몰했다. 그는 마테오 리치와 함께《기하원본幾何元本》을 번역하기도 했다.

그러던 중 하루는 일식日食이 일어났는데, 요즘으로 치면 국립기상대에 해당하는 기관인 흠천감欽天監에서 이를 미처 예측하지 못해 숭정제는 몹시 화가 나 있었다. 이 사실을 안 서광계가 상주문을 올렸다.

"지금 우리나라 흠천감에서 사용하는 역법은 과거 원나라 때 곽수경郭守敬(원나라 때의 천문학자로 그가 편찬한 수시력授時曆은 1281년부터 1644년까지 약 400년간, 원은 물론 명에서도 대통력大統曆으로 이름을 바꿔 사용했다-옮긴이)이 만든 것이옵니다. 그로부터 이미 많은 시간이 흘렀으니 잘못이 생기는 것은 당연한 일일 것입니다. 천체라는 것은 고정된 것이 아니며 역법 역시 불변하는 것이 아닙니다. 때때로 역법을 수정해야 합니다."

서광계의 건의에 따라 숭정제는 역법을 수정하는 전문기구를 세우고 서광계에게 그 책임을 맡겼다.

한편, 탕약망은 31세에 중국 땅을 밟은 후 월식月食을 세 차례나 정확히 예측해 명성을 얻고 있었다. 숭정제의 명으로 새 임무를 맡은 서광계는 곧장 각 서안西安에서 활동하고 있던 탕약망을 북경으로 불러들여 중책을 맡겼다. 이로써 젊은 이방인 선교사 탕약망은 자연스럽게 명나라의 조정에 입성할 수 있었다.

그러나 이 일에 대해 조정 내부 보수세력들은 불만이 이만저만이 아니었다. 프랑스의 전도사 조아심 부베Joachim Bouvet는 프랑스 왕 루이 14세에게 보내는 편지에서 당시의 상황을 이렇게 묘사했다.

"자신들의 무리가 아닌 사람에게는 적대적인 그들은 탕약망 일파를 배척했습니다. 직무상 어쩔 수 없이 하긴 했지만, 외국인의 제안과 지시를 따르는 것은 그들로서는 받아들이기 힘든 일이었습니다. 그들은 서양의 천문학자를 제거하기 위해 갖은 애를 썼습니다. …… 반면에 이

미 천주교에 귀의한 조정의 원로대신 서광계와 그 일파는 탕약망 신부
와 그 동료들에게 지원과 격려를 아끼지 않았습니다. …… 탕약망이 중
국 천문학자에게 각자 일식이 일어날 날을 맞춰보자고 제의했습니다.
중국 천문학자도 이를 받아들였습니다. 그 결과 탕약망은 일식이 일어
날 날을 정확하게 예측했습니다만 중국 천문학자는 그러지 못했습니
다. 이 일로 말미암아 탕약망은 중국 천문학자들에게서 온갖 시기와 질
투를 받았습니다."

탕약망의 정확한 천문 예측에 경탄을 금치 못하던 숭정제는 탕약망
에게, 점점 세력을 키우고 있는 만주인滿州人에게 대항할 수 있도록 대
포大砲를 만들라고 명했다. 그때까지만 해도 황제들은 기상관측과 무기
제조를 별개로 여기지 않았다. 모두 전쟁준비를 위한 일로 실제로 천문
을 담당하는 관리들이 무기를 제조하는 경우가 흔했다. 탕약망으로서
는 어처구니없는 일이었지만 황제의 명을 거절할 수는 없었다. 탕약망
은 가지고 있던 재물을 팔아 무기를 만들 재료를 구입하고 서적을 참
고하며 연구에 연구를 거듭한 끝에 각각 20근, 40근짜리 대포를 만드
는 데 성공했다. 뿐만 아니라 말과 낙타의 등에 싣고 이동할 수 있는 경
량輕量 대포도 만들었다.

숭정제는 크게 기뻐하며 금으로 만든 두 개의 편액을 그에게 주었다.
이로써 탕약망은 자신의 재주와 덕망을 중국 천하에 드높였을 뿐 아니
라 천주교를 널리 전파할 수 있는 기반을 마련했다.

1641년 숭정제는 탕약망으로부터 새로운 역서曆書를 받았다. 책에 기
록된 내용이 실제 천문 현상과 일치하고 일식도 정확하게 예측하자, 숭

정제는 기존의 회회력回回曆(이슬람식 역법)을 폐지하고 새로운 역법을 도입하려고 했다. 하지만 아쉽게도 당시 숭정제의 처지가 여의치 않았다. 농민 봉기가 일어나 정국이 혼란한 가운데 설상가상 만주족이 중원 땅을 향해 세력을 뻗치고 있었다. 2년 후 반란군에 북경이 함락되자 숭정제는 매산에서 목을 매달아 자살했다. 이로써 탕약망의 역법 역시 몰락한 명나라와 운명을 함께하는 듯했다.

그러나 명왕조가 멸망한 후 들어선 청나라의 순치제順治帝는 탕약망의 재능을 높이 사 그를 흠천감欽天監을 총괄하는 감정監正으로 임명했다. 또 그가 편찬한 서양의 역법을 '시헌력時憲曆'으로 명명하고 전국에 널리 알렸다. 이로 인해 과거 대통력이나 회회력으로 관직을 유지하던 보수적인 관리들이 흠천감에서 밀려났다. 반면 순치제의 두터운 신망을 얻은 탕약망은 승승장구했고 정일품正一品의 관직까지 얻게 됐다.

호사다마라고 했던가. 좋은 일만 이어질 것 같던 탕약망에게 시련이 찾아왔다. 순치 14년, 과거 회회력을 관장하던 오명현吳明炫이 상소를 올렸다.

"제 조부 묵사역흑黙沙亦黑 등은 서역에서 왔습니다. 수나라 개황 연간 중원에 발을 디딘 후 천문과 역법을 관장한 지 이미 1059년이 되었습니다. 순치 3년 탕약망은 저희에게 일식과 월식, 천문의 운행과 그 변화는 인사人事와 아무런 관계가 없으니 일일이 황상에게 상소문을 올릴 필요가 없다 했습니다. 허나 이러한 큰일을 어찌 숨길 수 있겠습니까? 탕약망은 천문학의 전문가라고 합니다. 허나 그는 올해 2월과 8월에 수성水星이 보이지 않을 것이라고 했지만 2월 24일 저녁에도 수성이 보였고,

2월 29일에는 수성이 동쪽에 나타났습니다. 이 점으로 보건대 탕약망의 천문학은 사실상 온갖 거짓과 억측으로 가득합니다. 그러니 부디 황상께서 이 점을 정확히 헤아려주십시오. 그리고 저희 회회력을 회복해 조상님들의 귀한 가르침이 널리 퍼질 수 있도록 살펴주십시오.”

상소문을 읽은 순치제는 대신 애성아愛星阿와 각 부원部院의 대신들에게 관측대에 올라 수성이 있는지 살피라고 명했는데 관측 결과 수성은 보이지 않았다. 결국 탕약망은 다시 한 번 승리했고 거짓된 내용을 올린 죄로 오명현은 교수형을 언도받았다가 훗날 누군가의 도움으로 풀려났다.

그러나 이후로도 탕약망을 모함하는 움직임은 끊이지 않았고 더 큰 시련이 그를 기다리고 있었다. 순치제가 붕어한 후 강희제가 등극했다. 강희 5년, 양광선楊光先이 탕약망을 탄핵하는 상주문을 올리면서 전쟁의 서막을 열었다. 양광선이 탕약망을 고발한 주요 죄목은 다음과 같다.

“첫째, 탕약망이 지은 시헌력이 이미 전국에 널리 퍼졌는데 책의 표지에 ‘서양의 역법에 의거한다’라는 글귀가 있다. 이는 중국의 과학을 비웃는 것이니 사용되어서는 안 된다. 둘째, 천주교는 효孝를 근간으로 하는 국교國敎에 위배되니 널리 전파되어서는 안 될 것이다. 셋째, 중국에서 전도 중인 탕약망 등 신부들은 인도, 필리핀, 일본에서 활동 중인 전도사들처럼 모두 국가를 전복하려는 음모를 품고 있다. 이들이 마카오에 비밀리에 군용 탄약을 대량 숨기고 있는 것 역시 그 증거다. 넷째, 탕약망은 순치 18년 음력 10월을 음력 7월로 잘못 계산했고 영친왕榮親王(강희제의 동생)의 하관식下棺式이 있던 날 시진時辰과 풍수風水를 잘못 읽었다. 하관식 역시 살인을 저지른 시일을 선택했다.”

거창하게 탕약망의 죄목을 열거한 양광선은 사실 별 볼일 없는 인물이다. 명나라 말엽, 양광선은 관을 짤 나무들을 전각 앞에 가져다놓고 대학사 온체인溫體仁과 급사중給事中 서계신徐啓新을 탄핵했는데 결국은 정장을 맞고 요서遼西로 유배되었다. 천문학에 대해서 아무것도 모르는 양광선이 탕약망의 학문적 깊이를 알 리 없었다. 오로지 ‘서양의 역법에 의거한다’는 문구가 완고한 국수주의자였던 그의 신경에 거슬렸던 것이다.

당시 16~17세 소년에 불과했던 강희제가 이 문제를 냉정하고 공정하게 처리하기는 어려웠다. 더구나 당시 조정은 오배鰲拜를 위시한 4명의 보정대신輔政大臣의 수중에 떨어진 상태였다. 탕약망은 동료 신부 3명과 함께 체포되었고 천주교도 금지되었다. 74세에 이른 탕약망은 무쇠 수갑을 찬 채 공당公堂에 꿇어앉아 있었다. 나이가 들어 거동이 불편하고 중국말도 어눌한 외국인 탕약망이 서슬 퍼런 양광선과 보정대신의 도발에 맞서기란 사실상 불가능했다. 결국 양광선 일파가 승리했다. 탕약망의 수양아들인 반진효潘盡孝는 요참을 당했고 탕약망이 이끄는 흠천감에서도 10여 명이 능지처참을 당했다.

여기서 ‘능지凌遲’라는 형벌에 대해 잠시 살펴보고 가자. 명나라 형부주사刑部主事 장문린張文麟은 대태감大太監 유근의 심리를 처음부터 끝까지 담당했다. 유근을 처형하라는 명을 받은 장문린은 인간으로서는 도무지 상상할 수도 없는 끔찍한 형벌을 내렸다.

“유근을 3일 동안 능지처참했다. 3일 동안 모두 3,357번 칼질을 했고 칼질을 열 번 할 때마다 반드시 잠시 쉬거나 죄인을 질책했다. 처형이 집행된 첫날 모두 357번 칼질을 시작했는데 엄지손톱, 가슴 주변부터 칼질을 시작했다. 저녁이 되자 유근을 순천부順天府의 완평현宛平縣에 있는 감옥으로 보냈다. 몸을 묶은 밧줄을 푼 뒤 몇 차례 칼질을 했는데도 유근은 죽 두 그릇을 먹을 정도로 아직 정신을 잃지는 않았다. 다음 날 동각두東覺頭로 끌고 갔다. 전날 형벌을 받은 유근이 자신의 죄를 털어놓았고 호두로 입을 틀어막은 뒤 열 번 칼집을 내자 그 고통을 참지 못하고 기절하고 말았다. 그때는 이미 해가 떠오르고 있었다.”

청대의 능지처참 방식 역시 이와 크게 다르지 않다.《용한재필기庸閑齋筆記》의 기록에 따르면 가경嘉慶 8년1803년 2월 원명원圓明園에서 환궁하던 황제가 순정문順貞門에 들어섰을 때 어주御廚(수라간) 진덕陳德이 그 행차를 방해하여 능지처참을 당했다고 한다. 그가 죽음을 당한 과정은 절로 눈살이 찌푸려질 정도로 잔인하기 그지없다. 먼저 나무 말뚝을 세우고 진덕을 묶은 뒤 그 남쪽에 나무 말뚝 두 개를 세웠다. 그런 뒤 진덕의 열여섯, 열네 살 난 두 아들을 끌고 와 나무 말뚝에 묶었다. 평소 준수한 외모를 자랑하던 소년들이었지만 오라에 묶인 소년들의 얼굴은 두려움과 눈물로 얼룩져 있었다. 진덕에게 머리를 숙이라는 명이 떨어지며 끔찍한 고문이 시작되었다. 진덕의 귀와 코, 가슴을 베어낸 뒤 왼쪽 어깨부터 포를 뜨고 다시 오른쪽 어깨와 가슴과 배에 포를 뜨기 시작했다. 칼이 닿는 곳마다 피가 나왔지만 고문은 계속 진행되었다. 많은 피와 함께 누런 고름이 뚝뚝 흘러나왔다. 몸 곳곳을 칼로 헤집어놓자 진덕이 차라리 빨리 죽여 달라며 울부짖었다. 그의 말이 떨어지기 무섭게 한 관리가 다가와 황제께서 더 많은 죄를 물으라는 명을 내렸다고 일러주었다.

그 말에 진덕은 눈을 감은 채 아무 말도 하지 못했다. 몸이 걸레조각처럼 만신창이가 되자 고통을 참지 못한 진덕은 끝내 죽었다.”

다행히 탕약망은 끔찍한 ‘대우’를 면할 수 있었다. 강희제가 특사령特赦令을 내린 덕분이었다.

“탕약망은 오랫동안 조정을 위해 힘써왔고 이제는 그 몸이 쇠하였으니 죽음을 면케 하라.”

그러나 탕약망은 계속 옥고를 치렀고 결국 그가 편찬한 시헌력도 자연스레 자취를 감추고 말았다. 그즈음 북경성에 혜성이 나타나더니 커다란 지진이 일어났다. 여진이 끊이지 않고 성 안 곳곳에서 큰불이 나자, 무고한 전도사를 사지로 몰고 간 일에 대한 ‘하나님의 보복’이라는 여론이 들끓었다. 결국 청나라 정부에서는 선교사들을 풀어주고 광동廣東으로 내쫓았다. 하지만 탕약망만은 여전히 감옥에 있다는 소식을 접한 강희제는 크게 노해 선제先帝께서 아낀 대신을 어찌 이리 함부로 대할 수 있냐고 질책한 뒤 그를 감옥에서 꺼내 주었다.

그럼에도 불구하고 탕약망에 대한 보수세력들의 박해는 멈출 줄 몰랐다. 자신들이 당한 질책이나 고초를 되갚아주겠다는 일념으로 그들은 탕약망의 교회를 폐쇄하고 성상聖像을 파괴했을 뿐만 아니라 성단聖壇을 짓밟았다. 게다가 폭도들을 동원해 숭정제가 내린 편액을 부숴버렸다. 더 이상 북경에 발붙일 수 없게 되자 탕약망은 부글리오S. Buglio, 마겔엥스A. Magalhaens와 함께 광동으로 터전을 옮겼다.

강희제의 곁에 남았던 페르비스트Ferdinand Verbiest는 이 사실을 알리기로 마음먹었다. 우선 강희제에게 서구 과학 기술의 힘을 선보이며 탕약망의 지식을 높이 평가해 그의 누명을 벗겨주려 했지만 생각처럼 쉽지는 않았다. 결국 페르비스트는 과학의 힘만으로는 부족하다는 사실을 깨달았다. 사람의 힘과 정치적 지원이 있어야 탕약망의 억울함을 벗겨줄 수 있다고 판단한 페르비스트는 양광선이 오배의 추종자이며 그가 탕약망을 탄핵한 것은 오배의 지시를 받았기 때문이라고 주장했다. 페르비스트의 끈질긴 노력 끝에 탕약망은 마침내 억울한 누명을 벗을 수 있었지만 그는 이미 이 세상 사람이 아니었다. 강희제는 탕약망을 위해 무덤을 세우라고 명한 뒤 그 무덤 앞에 일등 공신과 인재들에게만 허락하는 석수石獸와 옹중翁仲(동상 혹은 석조상)을 세워주었다.

시간과 장소는 달랐지만 천문학과 관련한 논쟁을 치른 부르노와 탕약망. 천국에서 열린 연회에서 두 사람이 만났다면 무슨 이야기를 나눌까. 먼저 천국에 오른 부르노가 탕약망에게 이렇게 묻는다.

"차오Ciao, 미스터 탕약망! 저보다 운이 좋으시네요. 황제의 총애를 받았고 당신의 사상을 현실에서 실현해볼 수도 있었잖소. 게다가 화형대에 오르지도 않았고 죽음 직전에 목숨을 구했으니 말이오. 그런데 당신을 구한 것이 무엇인지 곰곰이 따져보시오. 정치의 힘인지 아니면 과학의 힘인지……."

과연 이 물음에 탕약망은 뭐라고 대답했을까?

■ 참고문헌
《청사고》 〈탕약망전湯若望傳〉, 조아심 부베 《강희황제》, 주안 《인물풍속제도총담》

'강건성세'의 허울,
사료를 잿더미로 만들다

김
성
탄

청나라 조정에서 일하던 한 관리가 영국공사 살도의薩道義에게 시를 보내라는 황제의 명을 받았다. 그는 시에서 영국을 '천제신주天際神州' 라 칭했는데 몇몇 대신들이 시의 내용을 제대로 훑어보지도 않고 자극적인 문구만 골라 자희태후慈禧太后에게 올렸다. 함부로 오랑캐를 대국으로 취급하고 있으니 그 죄를 물어야 한다며 연신 자희태후를 꼬드겼다. 이 소식을 알게 된 영록榮祿은 자희태후에게 그렇지 않아도 나라가 어지러운데 문자옥을 세울 필요가 있겠냐며 조용히 넘어갈 것을 청했다. 영록의 생각을 눈치챈 자희태후는 시를 쓴 관리를 살려주었고 남서방南書房의 태감이 대신 곤장 20대를 맞았다.

영록의 말이 옳다. 내일 무슨 일이 일어날지 짐작도 못할 만큼 흉흉한 시절에 소란스럽게 문자옥을 일으켜봤자 득 될 게 하나도 없다. 그런 측면에서 보면 '문자옥'이 빈번한 시기는 그나마 황제의 권위와 국력이 상승하고 있거나 상대적으로 안정세를 보일 때였다.

'강건성세康乾盛世(강희제康熙帝-옹정제雍正帝-건륭제乾隆帝로 이어지는 청나라의 황금기-옮긴이)'에 대해 1927년 완성된 《청사고清史稿》는 높은 점수를 주고 있다.

"요遼의 왼쪽 땅에서 일어난 청나라는 30~40년도 안 되는 시간 동안 대륙의 한구석에서 맹렬하게 성장했다. 성조聖祖(강희제)께서는 어린 나이에 보위에 올라 넓고 따스한 마음으로 천하를 무려 60여 년 동안 다스리셨다. 고종高宗(건륭제)께서는 번영을 일으키시고 공평한 법제를 제정하셨다."

또한 《청사고》 중 〈형법지刑法志1〉에서는 청나라 이전 왕조의 형법을 비난하면서 강건성세 기간의 형법을 높이 평가하고 있다.

"열조列朝의 형사刑事 정책 중에는 공정한 것이 하나도 없었다. 명나라 대에는 창위廠衛(일종의 비밀경찰 조직-옮긴이), 정장처럼 사대부를 주살하고 벌하는 제도가 크게 발전했다. 또 당나라 때는 장탕張湯, 조우趙禹, 주흥周興, 내준신來俊臣 같은 흉포한 관리 외에 인자한 관리를 전혀 찾아볼 수 없었다."

어쩌면 입에 침도 바르지 않고 술술 거짓말을 늘어놓을 수 있을까? 청대에는 비록 창위 같은 조직이나 장탕 같은 혹리는 없었지만 그 어느 시대보다 수많은 문자옥이 세워졌다. 그리고 그 바람에 수많은 사료가 잿더미가 되고 말았다.

지금 우리가 볼 수 있는 청대의 사료는 크게 두 가지다. 하나는 청대 조정의 '검열'을 거친 의례적인 자료이고 다른 하나는 야사나 개인 문서다. 특히 후자는 그 수가 100편을 간신히 넘는데 이 점에서 청나라 때 얼마나 많은 문자옥이 세워졌는지, 또 그로 인해 얼마나 많은 사람이 목숨을 잃었는지 짐작할 수 있다.

청나라를 세운 만주족이 중원의 산해관山海關을 넘은 그날부터 청나라는 한족이 아닌 이민족(오랑캐)을 배척하는 민족정서와 반청복명反淸復明 운동이라는 거대한 벽에 부딪혔다. 이런 분위기는 일반 백성들 사이에서도 팽배해 있었지만 특히 지식인의 저항정신은 그 파괴력이 막강했다. 다분히 감성적인 백성과 달리 지식인에게는 논리적인 이론과 강한 행동력, 그리고 지금까지 사회를 떠받쳐왔다는 명분(혹은 호소력)이 있었다. 자존심 강하기로 유명한 한족을 다스리고 청나라 황실의 위엄을 유지하려면 무엇보다도 소란 피우기 좋아하는 지식인에 대한 효과적인 '사육'이 필요했다. 한마디로 지식인들의 마음을 훔칠 수 있다면 훔치고, 끝내 거부하면 찍소리 못하게 '밟아줄' 필요가 있다고 판단한 것이다. 이를 위해 청나라 조정에서 가장 먼저 한 일은 사사로운 집회나 붕당을 금하는 것이었다. 순치順治 9년1652년 예부에서는 전국에 있는 학교에 동맹이나 무리를 짓지 말라는 '와비臥碑(명청시대에 명륜당明倫堂에 세운 비로 생원들이 지켜야 할 교령이 새겨져 있음-옮긴이) 제 8조목'을 반포했다. 순치 17년1660년 급사중給事中 양옹건楊雍建이 제 8조목에 관한 상주문을 냉큼 올렸다.

"지금 마구잡이로 무리의 이름을 짓고 집회를 세우는 자들이 많으니 강남의 소주, 송주松州, 절강의 항주, 가주嘉州, 호주湖州가 특히 심합니다. 그곳에서 사사로이 무리를 짓는 일이 유행하고 있다고 하니 청컨대 형부에 칙서를 내려 죄 지은 자를 엄벌로 다스려야 할 것입니다.”

다음 해 양옹건의 청원대로 청나라 조정에서는 ‘붕당세력’들에 대한 대대적인 처벌에 나섰고, 이 과정에서 평론가이자 사상가인 김성탄金聖嘆이 본보기로 잡혀 들어갔다.

청조의 차가운 칼끝에 목숨을 잃은 김성탄은 파격과 기행으로 기인 취급을 받았던 인물이다. 이름은 인서人瑞, 자는 약채若采이고 성탄은 법호法號로 알려져 있다. 어릴 때부터 재화와 명예를 멀리했던 김성탄은 세상의 온갖 영화를 비웃었다고 한다. 세시歲試(청대에 3년마다 치러진 향시·회시·전시의 예비시험으로 매년 실시됨-옮긴이)에 응시한 첫해, 제출한 글이 괴이하다고 낙방했으나 그 이듬해 일등으로 뽑힐 정도로 학문이 출중했다. 학식이 남달랐던 김성탄이었지만 신의 도움을 받고 있다거나 신선이 김성탄의 모습으로 태어났다는 등 각종 유언비어에 시달리기도 했다.《이소離騷》, 장자莊子,《사기》, 두보,《수호전水滸傳》,《서상기西廂記》에 대한 김성탄의 평론은 오현吳縣 지역 선비들 사이에서 크게 회자했다. 평소 사람들에게서 괴팍하다고 평가받던 귀장歸莊조차 전통적인 틀을 부수고 다소 파격적이기까지 한 그의 글에 혀를 내둘렀다고 한다. 김성탄은 평소 언행도 남달랐는데 이는 모두 그의 남다른 생각에서 비롯된 것이다. 그의 작품《서역풍속기西域風俗記》에서 이를 엿볼 수 있다.

“친구가 죽었는데 그의 영혼이 어디에 있는지 우신雨新이 묻자 이렇게 대답했다. ‘하늘에서도 남기려 하지 않을 것이고 땅에서도 숨기려

하지 않을 것이오. 계단 앞에서 망우초忘憂草로 변하고 나무 위에서 짧게 피고 진 꽃이 되었을 것이오.'"

이 글에서는 삶과 죽음에 대한 김성탄의 생각을 짐작할 수 있다.

"건형愍兄이 길을 가다 호랑이를 만나면 어떻게 대처하는지 묻기에 호랑이는 호랑이를 잡아먹지 않는다고 일러주었다."

이에는 이, 눈에는 눈이라는 말처럼 김성탄은 악에는 악함으로 맞서야 한다고 생각했다. 호랑이를 상대하려면 호랑이가 돼야 한다는 뜻이 담긴 이 글은 모반을 부추기는 듯한 느낌까지 준다.

"악인이 후회하지 않는 연유를 건형이 묻자 악이 오래되면 정교해진다고 알려주었다."

김성탄은 악인도 칼을 내려놓으면 그 자리에서 바로 성불成佛한다는 '착한 거짓말'을 결코 믿지 않았다. 오히려 악인이 자신의 잘못을 후회하는 것은 더 큰 악행을 저지르기 위한 속임수라고 생각했다.

"같은 베개를 베고 한 이불을 덮고 자는 부부라 할지라도 잠이 들면 각자 다른 꿈을 꾸는데, 하물며 부모가 다른 이들은 어떻겠는가? 사람에게는 저마다의 일이 있을 것인데 언제 무리를 이룰 것인가?"

위의 글에서 볼 수 있듯 기존 질서를 인정하지 않으려는 김성탄의 도발적인 생각은 결국 화를 불러오고 말았다.

당시 오현 현령의 자리에는 산서 출신의 임씨任氏가 앉아 있었다. 기회가 왔을 때 한몫 단단히 잡아야 한다고 생각했던 임씨는 부임하자마자 형벌을 받고 싶지 않으면 미리 세금을 내라는 말도 안 되는 명을 내렸다. 폭정을 일삼는 현령을 향한 백성의 원망소리가 날마다 높아지자,

생원 설이장薛爾張, 예용빈倪用賓 등은 불쌍한 백성을 위해 탄원서를 올리고 경종警鐘을 울리려고 했다. 하지만 글이나 읽는 사람들이란 자고로 먼저 나서서 맞서 싸울 힘 따위는 없는 족속이 아니던가! 그저 울 줄만 알았던 이들은 공자의 문묘文廟 앞에 꿇어앉아 서로 마주보며 울음만 쏟아냈다. 이 소식을 듣고 다른 학생들도 동참했는데 순식간에 백 명도 넘는 사람들이 몰려들었다. 마침 이때 순치제의 유조遺詔(죽기 전에 남긴 조서詔書)가 소주에 내려왔다. 소주 순무 주국치朱國治가 관청 안에 사당을 짓고 위패를 모시고 있다는 소식을 들은 설이장 일행은 문묘를 박차고 나와 순치제의 위패 앞으로 몰려가 울음을 터뜨렸다. 그러고는 주국치에게 임씨를 엄벌에 처해 달라는 소장訴狀을 올렸다. 하지만 임씨가 주국치가 가장 아끼는 측근인 줄 그 누가 알았으랴? 소장 받기를 거절한 주국치와 그 앞에서 눈물로 하소연하는 설이장 일행 사이의 갈등이 점점 첨예해지자 1,000명도 넘는 사람들이 몰려들어 그 모습을 구경했다. 체면이 구겨진 주국치는 결국 설이장 무리에서 18명(또 다른 주장에 따르면 서생 11명을 체포했다고 한다)을 잡아들였는데 그중에 김성탄도 끼어 있었다.

당시 강남에는 해적이 창궐했는데 소주성이 혼란에 쌓인 틈을 타 누군가가 해적과 손을 잡고 청나라 정부를 전복하려 했다. 주국치는 설이장 일행의 소란과 해적의 반역 사건을 한데 엮어 재빨리 조정에 고했다. 아울러 현령의 부패에 대해서는 실제와는 정반대로 적어 올렸다.

"…… 여러 생원들과 선비들이 세금을 내지 않고 버티자, 현령이 어쩔 수 없이 세금을 내라고 독촉했는데 설이장 등이 끝끝내 명을 거역

했습니다. …… 또한 저 간악한 무리들은 선제의 위패가 당도한 날 사방에서 사람들을 끌어모았으니 분명 선제의 혼이 크게 놀랐을 것입니다……."

주국치의 밀조를 확인한 청나라 조정에서는 많은 사람이 무리를 지어 함부로 나라의 관리를 헐뜯고 있으니 신분고하를 막론하고 목을 치라는 명을 내렸다. 망나니가 휘두르는 칼날에 체포된 서생 18명의 목이 떨어졌다.

자신이 이렇게 죽을 것이라고는 예상하지 못했던 김성탄은 차가운 감옥 안에서 아내에게 이승에서의 마지막 편지를 보냈다.

"목을 치면 아플 것이고, 본적을 몰수하면 비참할 뿐이오. 그러나 나는 이런 사소한 것에 연연하지 않으니 평소와 다름없다오."

해탈의 경지에 이른 듯한 김성탄의 초연함에 사람들은 '역시 김성탄이로구나!' 찬탄했다. 하지만 김성탄의 아내와 아들은 북동쪽에 있는 영고탑으로 끌려가 고된 삶을 이어가야 했다.

참고문헌

《청조야사대관淸朝野史大觀》, 《청사고》 〈형법지1〉, 《우초광지虞初廣志》, 양장거梁章鉅의 《귀전쇄기歸田瑣記》, 저우구청의 《중국통사》

옛 무덤을 보며
《속 금병매》를 태우네

정
요
항

명나라 때 나온 장편소설《금병매金甁梅》는 천하제일의 기서奇書로 불린다. 그 때문인지 세상에 등장하는 순간부터 온갖 비난에 휩싸이며 시련을 받았는데, 그 고생을 말하자면 3박 4일 내내 이야기해도 부족하지 않을까.

명나라 만력 24년1595년, 문학가 원굉도袁宏道는 동기창董其昌에게《금병매》를 읽은 소감을 서신 한 통에 적어 보냈다.

"베개를 베고 누워 내용을 대략 살펴보니 구름과 안개가 종이 한 가득이니 매승枚乘의《칠발七發(한나라 때 성행한 문학 장르인 부賦의 기반이 된 작품으로 과장된 미사여구가 많고 묘사가 탁월한 것으로 유명하다-옮긴이)》보다 더하구려."

그런데《금병매》를 누가 썼는지는 아직도 밝혀지지 않고 있다. 자신이 쓴 책이 끝없는 재앙을 불러올 것을 예측하기라도 했는지 작가는 필명만 썼을 뿐 결코 모습을 드러내지 않았기 때문이다. 청나라에 이르러 《금병매》는 매승의 《칠발》을 훌쩍 뛰어넘을 정도로 큰 인기를 모으며 '열풍'을 일으켰다. 하지만 금서로 낙인찍힌 《금병매》는 황궁에 갇혔고 백성에게는 이 책을 모두 버리라는 금령禁令이 떨어졌다. 강희 40년, 황제가 또다시 이 책을 음서로 규정해 출판과 배포를 금했다. 그로부터 7년 후, 만주어로 된 《금병매》가 강희제에게 진상되었는데 책을 풀이한 사람은 다름 아닌 강희제의 동생이었다.

해방 후 백화제방百花齊放 정책에 따라 《금병매》는 세상에 그 모습을 다시 드러냈다. 1957년 마오쩌둥은 《금병매》가 정숙하지 못한 여인들의 비참한 말로를 보여주는 책이라며 각 성의 위원회 서기들에게 볼 것을 권했다. 문화부文化部, 선전부宣傳部와 출판사의 협조하에 '문학고적 간행사文學古籍刊行社'라는 이름으로 2,000권을 찍어 각 성의 위원회 서기, 부서기와 같은 계급의 정부正副장에게 지급했다. 모두 21권으로 구성된 이 책은 무삭제판으로, 그중 한 편은 삽화만 해도 200여 장이나 수록돼 있다.

결코 세상의 빛을 보지 못할 것이라고 생각했던 이 책이 대중에게 공개되었다는 사실을 정요항丁耀亢이 알게 되면 아마 너무 기뻐서 울음을 터뜨리지 않을까. 정요항은 《금병매》의 속편인 《속금병매續金瓶梅》의 작가로 산동山東 제성諸城 사람이다. 《속금병매》는 그를 120일 동안이나 어두컴컴한 감옥에 가둬놓았던 작품으로, 명나라에서 청나라에서 넘어가는 혼돈의 시기에 갖은 시련을 겪었던 그가 말년에 이르러 발표한 인생 최고의 역작이었다.

정요항1599~1671년의 자는 서생西生, 호는 야학野鶴이다. 아버지 정유녕丁惟寧과 사촌형 정자권丁自勸은 모두 진사가 되었고 각각 선비와 환관으로 이름이 널리 알려져 있었다. 동생 정요심丁耀心과 조카 정대곡丁大谷은 명나라 숭정제 때 향거鄕擧에 합격했지만 오직 정요항만 재주를 드러내지 못해 오랫동안 몸을 움츠리고 있었다. 그러던 중 정요항은 여러 사람들과 함께 강남에 갔다가 유명한 화가이자 《금병매》를 소장하고 있던 동기창을 알게 된다.

벼슬길에 오르지 못한 울분 때문인지 사회를 바라보는 정요항의 시선은 싸늘하기 그지없었다. 명나라 말엽의 혼란과 부패를 목격한 정요항은 《천사天史》 10권을 지어 사회에 경종을 울리기도 했다. 또한 전기傳奇 《염사담蚺蛇膽》에서는 황문黃門(내시)의 말을 빌려 명나라 사회의 폐단을 공격하고 악습을 파헤치기도 했다. 청나라 군대가 쳐들어왔을 때 정요항의 동생 정요심과 조카 정대곡이 돈을 들여 군대를 세운 뒤 성을 지켰지만 성은 함락되었고 두 사람은 전사하고 말았다. 또 다른 조카인 치가豸佳 역시 적들의 공세를 이기지 못하고 한쪽 다리를 잃는 큰 부상을 입었다. 전란이 휩쓸고 간 대륙은 갈기갈기 찢겨 만신창이가 됐다. 정요항은 《육방시초陸舫詩草》의 〈전가田家〉에서 전쟁으로 피폐해진 백성의 삶을 이렇게 묘사한다.

亂後有田不得種, 蠶後有絲不及用.

官家令嚴催軍需, 雜査十倍官糧重.

縣官皂隷猛如虎, 荒田不售鬻兒女.

門前空有十行桑, 老牛牽車運軍糧, 何時望得大麥黃.

전란 후 밭이 있어도 씨 뿌릴 수 없고, 누에도 제때 실을 뽑지 못하네.

관에서는 군수품 내라 무섭게 재촉하고, 이리저리 불려 다니는 일이 세금보다 열

배나 무겁구나.

백성을 부리는 관리들은 성난 호랑이 같고, 황무지 땅이라도 팔리지 않으면 자식

이라도 팔아야 하네.

집 앞 뽕나무 밭은 텅텅 비었고, 늙은 소는 군량미 수레를 끌고 있으니, 누런 보리

는 언제나 거둘꼬?

쌀 증산을 위해 순치 초년 회상准上으로 갔다가 다시 해북海北 지역을
돌아보던 정요항은 곳곳에서 도탄에 빠진 백성의 모습을 목격했다. 순
치 9년1652년 순천順天에서 발공拔貢(청나라의 관리 등용 시험으로 12년마다 각 성
에서 우수한 학생을 선발하여 수도로 보내어 정시廷試를 거친 후에 성적이 우수한 자는 소경
관小京官이나 지현知縣 등의 직에 임명했음-옮긴이)에 뽑혀 관직에 오른 정요항은
그때부터 유명한 인물들과 교제하며 이름을 크게 알리기 시작했다. 순
치 11년1654년 용성容城에서 가르침을 전하라는 명을 받은 정요항은 순
치 16년에 혜안惠安의 지현으로 이주했다. 정치에 참여할 생각이 없던
정요항은 어머니가 연로하다는 이유로 은퇴했지만, 사실 사람들과 섞이
기보다는 혼자서 조용히 자신이 좋아하는 일을 하기 위해서였다.
정요항은 평생에 걸쳐 많은 작품을 집필했는데《정야학유고丁野鶴遺

稿》라는 시사집詩詞集은 지금도 전해진다. 그 책에는 〈소요유逍遙遊〉, 〈초구집椒邱集〉, 〈육방시초〉, 〈강간초江幹草〉, 〈귀산초歸山草〉, 〈청산정초聽山亭草〉 등이 포함되어 있다. 건륭乾隆 때 지어진 《제성현지諸城縣志》에서 그에 대한 기록이 나오는데 "시를 위해 세속을 버리고 사람들의 귀를 즐겁게 하는 글을 거의 짓지 않았다. 말년에 이르러 그 글이 더욱 힘을 품으며 시대를 걱정하는 새로운 바람을 만들어 냈다. 현에 있는 많은 시인들이 모두 정요항을 선배라고 추대했다"고 적혀 있다. 정요항의 글 가운데는 《청대금훼서목淸代禁毀書目》에 포함된 것이 많았는데 그중에서도 〈소요유〉는 가장 불온한 작품으로 평가받았다.

소설 《속금병매》는 정요항이 순치 18년1662년 63세 되는 해에 지은 작품으로 추정된다. 그런데 책의 출간과 함께 정요항에게 시련이 찾아왔다. 강희 4년 을사乙巳 1665년 8월 67세 나이에 《속금병매》로 인해 감옥에 갇히게 된 것이다. 그가 쓴 〈귀산초〉에는 이때 감옥생활에 대한 기록이 있다.

"을사 8년 속서俗書(《속금병매》를 말한다-옮긴이)로 잡혀 들어가 죄를 받았다가 겨울이 되었을 무렵 사면되어 산으로 돌아올 수 있었으니 120일 동안 옥살이를 했다. 옥의 관리인 단자檀子는 연경燕京에서 이름난 문인으로 그 명성을 익히 들은 바 있어 서로 친구가 되었다. 사흘에 한 번씩 여러 관리, 아전과 함께 술상을 벌여놓고 모였다. 밤늦게까지, 때로는 동이 터오도록 술잔과 노래를 주고받으니 감옥에 갇힌 죄인 신세라는 것도 잊었다. 모두 시를 짓거나 글을 논하니 비록 술에 취해 삐뚤삐뚤하게 쓴 글이지만 시에 대한 저마다의 뜻과 감상을 적었다. …… 추운 밤에 홀로 앉아 있으니 사방의 벽에서 북소리가 일어난다. 눈에 반사된

빛은 이리저리 흔들리고 달그림자는 투명하다. 관리가 문사文士를 숨겨 주어 어려운 와중에 벗을 만나니 그 속에서 우정이 피어난다. 옛 이야 길랑 하지 말고 한잔 술과 노래에 취해보세."

홋날《분서焚書》에서도 정요항은 당시 이야기를 담담하게 묘사했다.

"황제의 명으로 책을 태웠으니 남은 것이 있겠는가? 사당 앞 난로를 보며 그 혼을 달랜다. 내 마음의 불꽃도 이미 재가 되었고 입으로 지은 빚도 모조리 털었다. 이상한 글자가 산귀신을 불러 울게 하지만 타버 린 재는 성왕의 은혜를 잊지 않는구나. 심중에 품은 뜻을 후대 사람들 이 어찌 알꼬?"

정요항의 억울함을 제대로 이해하기 위해서는《속금병매》에 대한 오 해를 풀어야 한다.《속금병매》라는 제목을 보면 누구나 이 책이 노골적 인 성性이야기를 꺼내놓은《금병매》의 속편이라고 생각할 것이다. 하 지만《속금병매》는 제목과 주인공 등 일부 내용만《금병매》에서 가져 왔을 뿐 사실상 헐벗은 백성을 외면한 채 향락에만 빠진 당시 기득권의 타락을 꼬집는 풍자소설이었다.

이러한 점에서 볼 때 유정기劉廷璣가《속금병매》에 대해 "상식을 비웃 고 망언된 말로 인륜을 뒤집어엎었다"는 죄목을 단 이유를 짐작할 수 있 을 것이다. 공정자龔鼎孳는《정산당시집定山堂詩集》중〈증정야학贈丁野鶴〉 3편에서《속금병매》가 분서를 당한 이유를 이렇게 풀이하고 있다.

"강산이 이처럼 사람이 남긴 것을 싫어하니 괴로운 마음으로 옛무덤 을 보며 책을 태우네. 뜨거운 피가 서리 맞은 풀을 불쌍하게 여기니 유 민들은 대나무 밭을 보며 떠도네. 기울어진 태양이 슬픔에 잠긴 손님을 위로하니, 저기 드문드문 자란 기장이 가을 왔음을 알리는구나. 세상을 피하는 것보다 세상을 잊고 사는 것이 좋네. 세상을 잊고 황금 송아지를 잊으며 살려네.”

훗날 강희제가 정요항을 감옥에서 풀어준 이유는 그가 내린 조서에서 찾아볼 수 있다.

“명나라의 풍경과 생활을 담은 책을 누군가가 보내달라고 한다면 어찌해야 할 것인가? 비록 금지된 말이 있으나 그 죄를 다스릴 수 없다.”

비록 간신히 목숨을 건졌지만 120일 동안의 철창생활과 ‘기서’를 쓴 작가로 곤욕을 치른 일흔 살의 정요항은 씻을 수 없는 충격을 받았다. 출옥한 정요항의 눈에서 총기가 사라졌고 예전의 명석한 모습은 더 이상 찾아볼 수 없었다. 이때부터 정요항은 자신을 ‘목계도인木鷄道人’이라 불렀다. 문인들이 치른 시련과 고통 중에 이보다 더 심한 것이 어디 있으랴!《속금병매》는 이때 지옥으로 떨어진 뒤 다시는 푸른 하늘을 볼 날이 없었다.

황림黃霖의 분석처럼 정요항이 문자옥에 갇힌 원인은 망국亡國(명나라)의 아픔을 애도하고 민족의 한을 남김없이 드러냈기 때문이다.

정요항이《금병매》를 선택해 그 속편을 쓴 것은 푼돈깨나 벌 수 있는 유명한 ‘음서’이기 때문이 아니다.《금병매》의 속편은 송나라와 금나라 사이에 전쟁이 일어나던 시대를 배경으로 삼고 있는데 이를 통해 명나라에서 청나라로 넘어가는 시대를 간접적으로 비유한 것이다. 소설 전체에서 작가는 송나라를 명나라에, 금나라를 청나라에 비유하고 있다. 소설에서 금나라 사람들이 양주揚州의 백성을 살육한 대목은 청나라 초기에 자행됐던 ‘양주십일揚州十日(청나라 초기 명나라 잔존 세력의 저항에 부딪혀 양주에서 큰 피해를 입은 청군이 10일에 걸쳐 양주 성민을 무자비하게 학살한 사건-옮긴이)'을 떠올리게 한다. 따라서 그 시대 독자들로서는 작가가 진정으로 말하고 싶어 한 것이 무엇인지 금방 알 수 있었다. 글에서 작가는 자신을 때로 고국을 그리워하는 유민遺民으로 묘사하기도 한다. 제14회에서 정요항은 '대명大明 만력 연간 금릉주金陵朱의 번番이 장원이 되었다'고 했는데 청나라 개국 초기였던 당시 망국을 여전히 '대명'이라고 부르는 행동은 대범하기 짝이 없다.

작가는 망국에 대한 뜨거운 그리움과 함께 청나라 초기 야만적인 폭정에 대한 적개심을 거리낌 없이 드러냈다. 한족 백성이 치욕을 당하고 노역奴役을 당하는 상황을 묘사하며 분노를 숨기지 않았다. 독자들은 책을 통해 명을 망하게 한 청나라에 대한 원망과 폭압에 시달리는 백성을 가엾게 여기는 작가 정요항의 외침을 들을 수 있다.

그런가 하면 정요항은 통치 계층, 특히 고위층의 만행을 낱낱이 공개하고 통렬하게 비웃으며 분노를 표출했다. 7회의 내용을 살펴보자.

"큰 벼슬자리에 있는데도 백성의 피와 땀을 빨아먹고 자신의 이익을 위해 사람을 기꺼이 죽인다. 나라에서 주는 녹을 먹는 자가 백성을 위하지 못하고 도리어 폭정을 일삼기가 도적놈보다 더하니 왕법王法에 어긋나는 것은 물론이요, 천형天刑을 받아 마땅하지 않은가?"

바로 이러한 점 때문에 정요항은 '상식에 어긋나고 천륜을 어기는 부정한 글을 썼다'는 혐의를 받아 옥에 갇히는 신세가 된다. 하지만 그 덕분에 오늘날 우리는 민족정신과 저항의지가 활활 타오르는 그의 글을 읽을 수 있다.

가문의 영광 이루려다
대학살을 부르다

장정롱莊廷鑨 사건은 강희 연간의 유명한 문자옥 중 하나로 손꼽힌다. 장정롱이 《명사》를 새기는 작업을 하고 있었는데 재물에 눈이 어두운 오지영吳之榮이 장정롱이 글로 새기는 책의 내용 중에 청나라에 반역하는 증거가 있다고 고발했다. 이로 말미암아 장정롱은 물론이고 관련된 수많은 사람들이 억울하게 죽었다.

장정롱은 사학자나 문학가가 아니라 그저 호주성湖州省에서 행세깨나 하는 집안의 자제였다. 아버지 장윤성莊允城은 조정에 몸을 담고 있었고 이복동생이 두 명 있었는데 그중 한 명의 이름이 장정월莊廷鉞이다. 이 복동생의 됨됨이를 알고 있던 장정롱은 동생들이 가업을 잇지 못할 것이라고 확신하고 가문을 세우기 위해 책을 쓰기로 마음먹었다. 어떤 책을 써야 할까? 장정룡은 무엇을 써야 할지 막막하기만 했다.

마침 옆집에 명나라의 신하로《명사》를 쓴 주국정朱國楨의 후손이 살고 있었다. 그런데 주국정이 쓴《명사》〈제신열전諸臣列傳〉이 '갑신지변甲申之變(1644년 이자성의 반란군이 북경을 함락하고 명나라 마지막 황제인 숭정제가 목을 매 자살한 사건-옮긴이)'으로 미처 판각板刻이 되지 못하는 바람에《명사》는 미완성된 상태로 골방에 갇혀 있었다. 명나라 왕조가 멸망한 후 주씨 집안은 몰락의 길을 걷기 시작했고 그 후손들은 책을 펴낼 능력이 없었다. 명성을 얻을 생각에 장정룡은 곧장 주국정의 원고와 저작권을 모두 사들인 후 장인匠人을 집으로 불러 활판을 새기도록 했다. 그리고 많은 명사들을 찾아가 서문을 청했다. 그러는 사이 작가 이름 역시 어느 순간 장정룡으로 바뀌어 있었다.

판각 작업이 절반쯤 진행되었을 무렵 장정룡이 갑자기 눈이 멀며 심하게 발작하더니 얼마 못 가 죽고 말았다. 그의 이복동생인 장정월은 가만히 앉아서 막대한 유산을 물려받았다. 주색잡기와 도박에 눈이 먼 장정월은《명사》의 각서 따위는 새까맣게 잊은 뒤였다.

당시 장씨 가문의 집 앞으로는 책을 파는 사람들이 타고 다니는 선박들이 자주 오갔다. 아직 다 새기지 못한《명사》의 원고가 장씨 집안에 있다는 소식을 접한 호사가들이 장정월을 찾아와 각서를 완성하라고 부추겼다. 게다가 이 책의 가치를 알고 있던 책장수들마저 앞으로 책을 완성하면 상상도 할 수 없는 큰돈을 벌 것이라고 꼬드겼다. 그 이야기에 귀가 솔깃해진 장정월은《명사》의 각서 작업에 다시 박차를 가했다. 그러던 중 주국정이 숭정제에 있었던 일을 미처 다 쓰지 못했다는 사실을 알게 되었다. 내용이 누락되면 책을 완성할 수 없다는 생각에 장정월은 잠시 고민에 빠졌지만 사실 그에게 역사적 사실이나 진실 따위는 별 의미가 없었다. 그저 어떻게든 책을 완성해 큰돈을 줄 생각뿐이었다. 장정월은 결국 제법 이름이 난 사람들을 집으로 불러들여 주국정이 미처 쓰지 못한 부분을 채워 쓰도록 했다. 이렇게 해서 장정월의 집에는 10여 명의 문사들이 모였는데 그들은 기회다 싶어 이민족(청나라)에게 가지고 있던 온갖 울분과 원망을 마음껏 쏟아냈다. 하지만 무지한 장정월은 그 내용을 자세히 살피지 않고 자신에게 있는 건 돈밖에 없다며 1,000자당 금 30냥을 주겠다고 떠벌리며 그저 글을 독촉하는 데만 바빴다.

그때 호주성에는 기관아문機關衙門이 설치된 오정현烏程縣과 귀안현歸安縣이 있었다. 귀안현의 현령縣令 오지영은 뇌물을 받고 법을 어긴 죄로 파관되어 옥살이를 했다. 출옥한 그는 '화려한 재기'를 꿈꾸며 이름을 알릴 기회를 찾느라 혈안이 돼 있었다. 그러던 중 누가《명사》를 구실 삼아 장씨 가문을 협박하면 평생 써도 다 쓰지 못할 정도의 재물을 얻을 수 있을 것이라고 귀띔해주었다. 오지영은 판각이 완성돼 출판된《명사》를 들고 장정월을 찾아가 협박했다. 그러나 예상과 달리 장정월이 꿈쩍도 하지 않자 결국 마지막 카드를 쓰기로 했다. 즉 재물은 얻지 못하더라도 천하에 명성을 떨치겠다는 생각에 장정월을 관부에 고발한 것이다. 오지영은 먼저 장군 송괴松魁에게 반청 색채가 짙은《명사》를 보냈다. 책을 읽은 송괴는 순무巡撫 주창조朱昌祚에게 이 사실을 보고했고, 주창조는 독학督學 호상형胡尚衡에게 일을 처리하라고 명했다.《명사》가 관부에 고발당했다는 소식을 접한 장정월은 놀란 마음에 한걸음에 관부로 달려가 조용히 넘어가자며 뇌물을 건넸다. 결국 관부에서는 책은 출판할 수 있으나 일부 내용은 삭제해야 한다는 판결을 내렸다. '대역 죄인'을 고발한 충신이라는 명성이라도 얻으려 했던 오지영은 상황이 예상했던 것과 다르게 돌아가자 판결에 불복하고 원본《명사》를 가슴에 품고 북경으로 올라갔다. 일개 현령 출신인 오지영은 대담하게도 강희제에게 직접 상소를 올렸다.

아마도 강희제는 이 책을 직접 보았던 것 같다.

"책 속에서 옛 명나라를 높이 받들고 우리 청나라 왕조를 비방하는 것은 무엇 때문인가? 태조太祖(청나라의 태조)를 '○○라는 사람'이라고 부르는 까닭은 또 무엇인가? 상왕尚王(상가희尚可喜: 청나라의 무장으로 조선과 요서지방 공략에 종군하고 유적流賊, 명나라의 계왕을 토벌했다. 광주廣州에 번부藩府를 개설하여 삼번三藩이라 불렸으나 삼번의 난에는 가담하지 않았다-옮긴이)과 경왕耿王(경정충耿精忠: 청나라의 무장으로 권세를 누리다가 훗날 삼번의 난을 일으켰다-옮긴이)을 도둑놈이라고 부르는 까닭은 무엇인가? 우리 청나라가 후금後金을 계승했다고 하는데 그 이유는 또 무엇인가?"

강희제는 계속해서 핵심을 찌르는 날카로운 질문을 던졌다. 그 물음에 상처를 입은 것은 한족의 민족의식을 고양하고 다시금 한족의 세상을 꿈꾸던 지식인들의 자존심이었다. 강희제는 명나라가 멸망할 수밖에 없었던 이유와 수많은 폐단을 조목조목 꼬집으며 답변을 요구했지만 누구 하나 입을 열지 못했다. 이렇게 해서《명사》와 관련된 자들은 강희제로부터 무거운 처벌을 받아야 했다.

애당초 이 일을 시작했던 장정롱은 이미 이 세상 사람이 아니었지만 살아 있는 자들에게는 난데없는 벼락이 떨어졌다. 장정롱의 아버지 장윤성과 이복동생 장정월, 조카 등 18명이 전부 요참을 당했다. 전 예부시랑禮部侍郎 이령철李令晢은 《명사》에 서문을 달았다가 역시나 요참을 당했고 그의 네 아들도 요참을 면치 못했다. 이령절의 막내아들은 고작 16세였는데 죄 없는 소년을 가엽게 여긴 법관이 그를 겨우 15세에 불과한 어린아이라고 거짓 보고해준 덕분에 간신히 목숨을 건질 수 있었다. 군대로 가서 노역을 하라는 벌을 받게 된 소년은 목숨을 보존한 것에 기뻐하기는커녕 아버지와 형들이 모두 죽었으니 혼자 살아 무엇하겠냐고 울부짖었다고 한다.

이 사건을 일으킨 오지영은 평소 남심진南潯鎭의 부자 주우명朱佑明을 몹시도 미워하고 있었는데 벼르고 벼르던 복수의 기회가 찾아왔다. 오지영은 장정롱이 완성한 《명사》 중에 구사舊史 주씨朱氏라는 사람이 자주 평론을 발표했다는 대목이 있는데, 주우명이 바로 구사 주씨라고 포졸에게 고해 바쳤다. 입술에 침도 바르지 않고 거짓을 늘어놓은 오지영 때문에 주우명과 그의 다섯 아들이 모두 참수형을 당했다.

장정롱 사건을 가장 먼저 보고받은 장군 송괴, 막료幕僚 정유번程維藩은 이 일을 제대로 처리하지 않고 뇌물까지 받은 죄를 물어 북경으로 압송되었다. 송괴는 다행히 죽음을 면했지만 관직에서 쫓겨났고 정유번은 연시燕市에서 죽음을 당했다.

귀안현과 오정현은 모두 호주성의 관리하에 있었는데, 두 현에 있는 학관들도 장정롱의 역심을 알고도 이를 조정에 알리지 않았다고 하여 모조리 참수형에 처해졌다. 호주태수湖州太守 담희민譚希閔은 호주성에 부임한 지 반 년도 안 되어 추관推官 이환李煥과 함께 은닉죄로 교수형을 당했다. 호서관리護墅官吏 이상백李尙白은 소주 창문閶門 서방書房에 장정룡의 《명사》가 있다는 소식을 듣고 호기심에 심부름꾼을 시켜 책을 사오도록 했다. 심부름꾼이 서방에 갔을 때 마침 주인이 가게를 잠시 비우는 바람에 주씨朱氏라는 옆집 사람의 집에서 주인을 기다리고 있었다. 얼마 뒤 서방으로 돌아온 주인과 심부름꾼이 책값을 흥정을 하자 옆집 주씨가 중재에 나섰다. 이러한 이유로 호서관리 이상백은 참형에 처해졌고 주씨, 심부름꾼은 모두 항주로 끌려가 참형을 당했다. 다행히 70세가 넘은 가게 주인은 살 날이 얼마 남지 않았다는 이유로 죽음은 면했지만 늙은 아내와 함께 변방으로 쫓겨났다.

귀안의 모원석茅元錫은 오지용吳之鏞, 오지명吳之銘 두 형제와 함께 이 책의 교정 작업에 참여했다가 죽음을 당했다. 강초江楚 지역의 여러 명사 가운데도 이 책 때문에 목숨을 잃은 자가 많았다. 판서나 인쇄, 수정뿐만 아니라 책을 보내는 일을 했던 사람들까지,《명사》와 관련된 인물은 이유를 막론하고 모두 죽음을 당했다. 판각 작업에 참가했던 한 젊은 장인이 법관 앞에서 살려달라고 눈물로 호소했다.

"소인에게는 팔십이 넘은 노모와 이제 열여덟이 된 어린 아내가 있습니다. 제가 죽어 마누라가 재가라도 한다면 늙은 제 어미는 누가 보살펴주겠습니까? 불쌍한 소인을 살려주십시오!"

당연히 이런 호소가 통할 리 없었다. 형장에서 멀지 않은 그의 집 앞에 누군가가 그의 머리를 던졌는데, 데굴데굴 문턱까지 굴러간 아들의 머리를 늙은 어미가 보고 말았다고 한다.

《명사》로 인한 대학살에서 유일하게 목숨을 보전했던 사람은 사계좌査繼佐, 육기陸圻, 범양范驤 세 사람뿐이었다. 장정롱은 자신의 가문을 빛내고자 당시 절서浙西 지역에서 유명세를 떨치고 있던 이 세 사람의 이름을 몰래《명사》의 교정자 명단에 집어넣었다. 이를 알아챈 세 사람은 먼저 관부로 달려가 장정롱과 역서를 고발했다. 그리하여 다행히 목숨은 건졌지만 이들 세 사람과 그들의 가족이 겪은 충격과 공포는 죽음에 못지않을 만큼 컸을 것이다.

육기의 딸 육신陸莘은 자신의 책《노부운유시말老父雲遊始末》에서 당시의 두려움을 자세히 묘사하고 있는데, 당시 그들이 느꼈던 공포가 고스란히 전해진다.

■ 참고문헌
《청조야사대관》, 황상의 《필화사담총》

문풍은
시대를 따라야 하나니

대
명
세

어느덧 2년째 옥살이를 하고 있는 남자의 마음은 조용히 가라앉아 있었다. 어두운 감옥 안에 누워 있으면 마치 시간이 멈춘 것처럼 느껴졌다. 하얗게 서리가 내린 수염과 머리를 흔들며 남자는 종일 혼자 중얼거렸다.

"안 된다, 안 돼! 책을 읽고 글을 아는 것은 절대로 안 된다. 그런데 어쩌자고 역사에 관심을 가졌단 말인가? 어찌하여 남명南明의 야사野史를 수집하는 일에 이리도 몰두했던 것인가? 어찌하여 우운악尤雲鄂이 나를 위해 《남산집南山集》을 편찬하도록 허락했단 말인가? 어찌하여 방효표方孝標 선배의 〈전검기문滇黔紀聞〉을 그 문집 안에 넣도록 내버려두었단 말인가? 방씨 가문 사람들까지 연루되었으니 내 무슨 면목으로 고

217

향땅을 다시 밟을꼬. 이제 내 나이 육십이 넘었으니 죽어도 여한이 없구나. 나를 고향의 남산 등성이에 묻어 준다면 죽어서 평안을 찾을 수 있을 터인데……."

감옥 안에 갇혀 울분을 쏟아내고 있는 남자는 바로 《남산집》사건의 주인공인 대명세戴名世이다. 그는 역모의 주범으로 몰려 강희 50년1711년에 투옥되었다. 대명세는 동향 사람이자 자신보다 15세나 어린 방포方苞가 같은 감옥에 있다는 것을 전혀 몰랐다. 꿈에서조차 그리던 사람을 코앞에 두고도 대명세는 자신에 대한 원망과 방포에 대한 미안함으로 가슴에 시퍼런 피멍이 들어 있었다.

사건의 시작은 방포의 조상인 방효표에서 비롯되었다. 방효표는 방공건方拱乾의 큰아들로, 부자가 모두 국록을 먹었다. 방효표는 굉문원시독학사宏文院侍讀學士 자리를 지키며 순치제에게 학문을 가르쳤기에 사람들은 그를 방학사方學士라고 불렀다. 순치 14년, 방우方獷라는 사람이 시험감독으로 참가한 강남 향시에서 방공건의 다섯째 아들이자 방효표의 동생인 방장월方章鉞이 합격했다. 이때 과거에서 낙방한 사람들 사이에서 방공건의 친척인 방우가 방공건에게서 아들 녀석을 잘 '부탁한다는 서신을 받고 방장월을 합격시켰다는 소문이 크게 돌았다.

과거를 매우 중시했던 청나라 정부는 소문을 듣자 즉각 시험감독을 맡았던 방우와 과거에 급제한 방장월을 북경으로 압송했다. 사실을 알게 된 방공건이 득달같이 순치제에게 달려갔다.

"소신의 본적은 강남 동성桐城으로 방우와는 고향이 다를 뿐만 아니라 같은 가문도 아닙니다. 소신의 아들인 방장월은 정당하게 강남에서 열린 향시에 참가했습니다. 제 실력으로 과거에 급제했으니 부디 폐하께서 혜안으로 굽어 살펴주시옵소서!"

하지만 순치제는 과거시험을 둘러싸고 떠도는 의혹에 직접 팔을 걷어붙였다. 향시에 합격한 75명의 응시생 중 양과兩科의 회시會試(향시에 합격한 사람들이 치를 수 있는 3년에 한 번 열리는 시험으로, 여기서 합격한 자는 전시殿試에 응시할 자격을 얻는다—옮긴이)에 응시할 자격을 박탈당한 이가 24명에 달했고, 문리文理가 통하지 않은 14명이 쫓겨났다. 시험감독을 맡았던 방우는 교수형을 당했고 방장월 등은 곤장 40대를 맞고 재산과 관직을 몰수당한 뒤 일가족이 모두 동북쪽에 있는 영고탑寧古塔으로 쫓겨났다. 그로부터 2년 후 순치제는 책을 읽다가 우연히 책에서 방효표가 쓴 강의講義를 보고 방씨 부자를 떠올렸다. 그러고는 그들을 풀어 주고 고향으로 돌려보내라는 명을 내렸다.

끔찍한 풍파를 겪은 방효표는 관직에 대한 미련을 깨끗하게 버렸다. 강희 12년 귀양貴陽의 관리로 있던 한 친척이 전검滇黔(운남雲南, 귀주貴州 일대) 지역을 함께 돌아보며 산수나 즐기자는 서신을 보내왔다. 평소 이곳을 여행하고 싶었던 방효표는 흥분을 감추지 못하며 여정에 올랐다. 방효표가 운남과 귀주의 산수에 흠뻑 빠져 있을 때 마침 오삼계吳三桂가 운남에서 반란을 일으켰다. 반란군이 외부인을 모두 가두는 바람에 방효표는 속수무책으로 감옥에 갇히는 신세가 되고 말았다. 방효표는 감옥 안에서 미친 척하며 호시탐탐 기회만 노리다가 간수가 잠시 한눈을 판 사이에 탈출에 성공했다. 자신의 신분이 들통 날세라 방효표는 도중에 머리를 깎고 방공方空이라는 승명僧名을 지은 뒤 호남 형주衡州

까지 도망쳤고, 다행히 유친왕裕親王의 부대를 만나 겨우 위험에서 벗어날 수 있었다. 집으로 돌아온 방효표는 자신의 경험담을 《둔재문집鈍齋文集》에 〈전검기문〉이라는 제목으로 수록했다.

한편 평소 역사에 큰 관심과 흥미를 느끼던 대명세는 남명南明, 1644-1622(명나라가 공식적으로 멸망한 후에 화중華中 및 화북華北 지방에 4대에 걸쳐 유지된 지방 정권-옮긴이)에 대한 역사서를 쓰고 싶어 줄곧 남명의 흔적과 관련자료를 수집하고 있었다. 그러던 중 방효표의 〈전검기문〉을 보고는 연구를 시작했는데, 책의 일부 내용에 대한 궁금증을 풀지 못해 무척 답답해하고 있었다. 한숨을 내쉬는 대명세를 보고 그의 학생인 소주蘇州 사람 여담余湛이 예전에 자신이 여지黎支라는 승려를 만났는데, 명나라 계왕桂王 시대의 일에 훤할 뿐만 아니라 방효표와 비슷한 수준의 지식을 갖추었다고 이야기해주었다. 그 말에 대명세는 여담과 함께 여지를 방문했지만 마침 그가 여행을 간 바람에 허탕을 치고 말았다. 그 후 대명세는 자신의 생각을 담은 서신을 여지에게 보냈다. 이 서신을 보면 '반청복명'의 정서에 알레르기 반응을 보이던 청 왕조의 막료가 내놓고 지난 왕조의 역사 연구에 골몰할 수 있었던 이유를 짐작할 수 있다.

첫째, 대명세는 당시 정치상황을 지나치게 낙관했다. 그 예로 대명세는 서신에서 "최근 들어 문자를 금하는 사례가 완화되었다", "전날 한림원이 각 주군州郡에서 유서遺書를 구입했다. …… 사관들이 이름을 지목해 구입한 것 외에 잘 알려지지 않은 책이다. 패관稗官(민간에서 떠도는 이야기를 기록하는 벼슬아치 혹은 그 이야기를 토대로 한 문학-옮긴이), 비석에 새겨진 비지碑志 등이 있었는데 이는 사관이 미처 알지 못하는 것들이다"

라고 적고 있다.

사실 삼번三藩의 난 이후 강희제는 더 큰 반란을 막기 위해 한족에 대한 고삐를 풀겠다고 선언했다. 하지만 이는 그야말로 눈 가리고 아웅 하는 격이었다. 그러나 어리석은 대명세는 한족에 대한 청나라 정부의 감시가 정말로 사라졌다고 생각하고 재야에 있는 유서를 수집해 지난 왕조의 역사를 기록하는 것이야말로 청 왕조를 돕는 길이라 여겼다. 심지어 자신이 귀중한 문화유산을 보존하는 선구자라는 자부심을 느낄 정도였다.

둘째, 대명세는 순진하게도 자신의 생각과 뜻을 솔직하게 밝혔다. "나의 모든 생각과 뜻은 명나라의 역사를 아는 데 온통 쏠려 있다", "그 책(남명南明에 관한 역사서)이 아직 나오지 않았다. 이는 그 자료가 쉽게 모아지지도 않고 전해지지도 않기 때문일 것이다. 아마도 얼마 지나지 않아 찬밥 취급을 당하고 말 것이다. 노장老將들은 사라지고 옛 신하, 유민들이 세상을 뜨면서 문헌에 대해 증거를 제공하거나 증언해줄 이가 없다. 아무런 성과도 거두지 못하고 나 홀로 외로이 충성을 다하다 죽는다면 정처 없는 내 마음을 후세에 전하지도 못할 터인데 어찌 한숨이 절로 나오지 않겠는가?"

대명세가 이 서신을 쓴 것은 강희 22년의 일이다. 일찍이 강희 18년에 보화전保和殿에서 열린 어시御試에는 뛰어난 문인들이 응시했는데 이를 통해 팽손휼彭孫遹 등이 시독侍讀, 시강侍講, 편수編修 검토檢討 등의 관직을 받았다. 또 명나라의 역사를 고치는 사업을 총괄하는 자로 학사 서원문徐元文, 엽방애葉方藹, 서자庶子 장옥서張玉書가 선정되는 등 명나라의 역사를 수정하기 위한 전담반이 조직되었다. 이들이 지난 4년 동안 작업에 몰두했음에도 대명세는 여전히 "문헌에 증거가 없다"느니 "한숨만 절로 나온다"는 등의 말을 내뱉었다. 이는 분명히 청나라 조정을 무시하는 행위였다. 단언컨대, 강희제가 대명세를 너그럽게 용서해주었다고 해도 대명세에게 모욕을 당한 대신들, 예를 들면 장옥서 등이 '오성梧城에서 온 이름도 없는 일개 서생'을 가만히 내버려둘 리 없었다.

고향을 떠난 지 어언 19년 만에 다시 고향땅을 밟은 대명세는 남산에서 50무畝의 전답을 산 뒤 그것을 가꾸며 여생을 보내고 있었다. 그러던 중 그의 제자인 우운악이 스승을 위해《남산집》을 엮었는데, 거기에 방효표의 〈전검기문〉과 그가 쓴 편지인 〈여여생서與餘生書〉가 수록되었다.

강희 44년 하늘의 뜻에 따라 향시에 응시한 대명세는 59등으로 합격하는데 이때 그의 나이 쉰하고도 셋이나 되었다. 강희 48년 회시에서 1등으로 합격한 대명세는 이어 열린 전시 제 1갑甲에서 2등을 하며 한림원 편수로 임명되며 북경에서 공직 활동을 시작했다.

한참 여유롭게 노년을 즐기고 있던 대명세에게 난데없는 벼락이 떨어졌으니 이는 어사 조신교趙申喬가 올린 상주문 때문이었다.

"한림원 편수 대명세는 글의 이름을 함부로 훔치고 보잘것없는 재주를 가지고 오만방자하게 굴었습니다. 예전 유생 시절, 사사로이 문집을 파고 뚫린 입이라고 함부로 지껄였습니다. 옳고 그름을 뒤집고 허무맹랑한 이야기를 쏟아내며 한때의 생각으로 큰 혼란을 일으켰습니다. …… 걸핏하면 소란을 일으키는 자를 어찌 너그러이 용서하고 맑은 무리와 어울리도록 내버려두겠습니까? 소신은 대명세와 개인적인 원한

이 한 톨만큼도 없으나 법과 기강에 관련된 일이니 어찌 가만히 입을 다물고 있을 수 있겠사옵니까?”

조신교는 성품이 매우 악독했던 모양이다. 《청사고》에 기록된 바로는 다른 사람을 고발하거나 탄핵하기를 좋아했다고 한다. 한마디로 남을 향해 채찍 휘두르는 것이 취미이자 특기였다. 오죽하면 강희제조차도 그에게 “그대는 성격이 지나치게 엄하고 급하니 사람을 쉽게 받아들이지 못한다”고 말했을까. 이렇듯 사람을 매장시키기로 유명한 조신교의 손에 걸렸으니 어리숙한 대명세의 목숨은 내어놓은 것이나 다름없었다. 그런데 설상가상 대명세 한 사람에 대한 처벌로 끝날 줄 알았던 일이 일파만파 확대되기 시작했다. 그도 그럴 것이 의심이 많던 강희제에게 충성과 결백을 증명하기 위해 당시 대신들은 황제나 황실과 관련된 일이라면 무조건 과장하고 민감하게 다루는 경향이 있었다. 그러니 심의 결과는 불 보듯 뻔한 것이었다.

“방효표는 이성을 잃고 미쳐 날뛰다 〈전검기문〉을 지었습니다. 훗날 대명세가 세상을 속이고 책을 유포했는데 그 안의 내용은 대부분 질서를 어지럽게 하는 것으로써 군친君親의 대의를 전혀 알지 못하고 있습니다. 국법이 이를 가만히 두지 않을 것이고, 하늘의 이치 역시 이를 받아들이지 못할 것입니다.”

이 사건으로 인해 수많은 사람이 연루되어 죽음을 당했는데 형부刑部에 자세한 기록이 나와 있다. 대명세는 심문에서 스스로 죄를 인정했다.

“《혈유록孑遺錄》은 청나라 군대가 남하하여 오성을 불태웠을 때의 사건을 기록한 책으로 방정옥方正玉이 새긴 것입니다. 《남산집》은 우운악이 엮은 것입니다. 우운악은 제 문하생으로 저는 서문만 쓰고 이름만 넣었을 뿐입니다. 왕호汪灝, 방포, 방정옥方正玉, 주서朱書, 왕원王源의 서문은 그들이 스스로 지은 것입니다. 유암劉岩만이 서문을 짓지 않았습니다. 제가 쓴 〈여여생서〉에서는 방학사, 즉 방효표만 언급되어 있습니다. 그가 쓴 〈전검기문〉 안에는 영력永曆이라는 연호年號가 언급되어 있습니다. 제가 이것을 그대로 써 질서를 어지럽혔으니 백 번 죽어 마땅합니다.”

그러자 방등역方登嶧이 담담히 입을 열었다.

“소신은 어릴 때 방조급方兆及을 이어 그의 아들이 되었습니다. 제 생부生父인 방효표가 〈전검기문〉을 썼고, 탄핵된 대명세가 지은 책 중에 방학사라는 사람이 지은 글이 있다고 들었습니다. 놀란 마음에 조카인 방세초方世樵에게 《둔재문》 서판이 있는지 물었습니다. 화를 면할 생각에 방세초에게 돌아가서 서판을 불태우라는 서신을 쓰도록 했습니다.”

방세초 역시 서판을 불태우라는 서신을 썼다는 것을 인정했다. 방포는 대명세와 함께 서판에 서문을 달고 책을 배포해서는 안 되는 것이었다며 백 번 죽어 마땅한 죄를 지었다고 고백했다.

심의 결과, 대명세는 능지처참을, 동생인 대평세戴平世는 참수를 선고받았다. 대명세의 조부, 부친, 아들, 손자, 형제, 숙백과 그 피붙이 모두 사지四肢가 잘리고 참수를 당했다. 대명세의 모친과 딸, 아내, 누이와 여동생들, 첩, 열다섯 살 미만의 손녀들은 모두 공신 집 여종이 되었다.

방효표 역시 법에 따라 능지처참을 선고받았는데 세상을 이미 떠난 터라 그 시신을 파내 산산조각 내고 뼈를 부수었고 가문의 재산을 모두 몰수했다. 방효표의 자손인 방등역, 방운려方雲旅, 방세초 역시 참수형을 면치 못했다. 또한 방씨方氏 가문의 사람이라면 이미 출가한 아녀자를 제외하고 신분고하를 막론하고 모두 흑룡강黑龍江으로 유배되었다. 왕호, 방포는 교수형에 처해졌다. 방정옥, 우운악은 스스로 자백했기에 간신히 목숨을 건졌지만 식솔들을 끌고 함께 영고탑으로 유배되고 말았다. 편수 유암은 비록《남산집》에 서문을 달지 않았지만 사태를 알고도 관부에 보고하지 않은 죄를 물어 아내와 함께 삼천 리 밖 먼 곳으로 유배되었다. 여담 등 여섯 명은 밖으로 도망쳤지만 체포된 후 벌을 받았다.

교수형을 선고받은 방포가 죽음을 면할 수 있었던 것은 태학사 이광지李光地 덕분이었다. 강희제가 이광지에게 고문古文에 밝은 자가 누구냐고 묻자, 이광지가 방포라는 대답을 올렸다. 이렇게 해서 방포는 강희제의 특별 사면 조치로 구사일생할 수 있었다. 방포가 사면을 받고 풀려날 수 있었던 데 반해 대명세가 참수형을 당한 것은 아마도 방포 쪽으로 강희제의 마음이 더 기울었기 때문일 것이다. 이 점에 대해 일본 학자 사토 이치로佐籐一郎는 정확히 짚고 있다. "방포의 문장은 청대의 정통파에 속하지만 대명세의 문장은 명나라의 것을 계승하고 있으며 귀유광歸有光과 더욱 비슷하다", "산문의 경우, 명나라 말엽에서 청나라 초기로 넘어가는 시대를 살았던 대명세의 글은 상당한 슬픔과 분노를 드러내고 있다. 하지만 방포의 글은 이와는 전혀 다르다. 그는 좀 더 함축적이고 소극적인 경향을 보여준다. 방포의 '의법이론議法理論'은 철저히 엄격하지만 그의 마음속에는 청나라 사람 특유의 외로움이 있다. 주변의 여러 가지 상황을 조용히 살핀 끝에 방포는 상대적으로 조금 덜 엄격하고 딱딱한 고문을 만든 것이다."

시대는 문풍文風을 낳고, 문풍은 시대를 따라야 한다. 울분으로 가득한 대명세의 글이 어떻게 청나라에 포용될 수 있었겠는가?

사실 사건 자체만 본다면 방효표 일가만큼 억울한 이도 없을 것이다. 이런 사태를 불러온 원흉은 다름 아닌 강희제 자신이었다. 사건의 경위는 간단하다. 강희제가 사람을 잘못 보았기 때문이다.

운남에서 반란을 일으켰던 오삼계는 안휘성 흡현歙縣 사람인 방광종方光琮을 재상으로 삼았다. 방광종의 아들과 조카 등 모두 아홉 명의 사람이 오삼계를 위해 일했는데 그중에서도 가장 유명한 사람은 방학시方學詩와 방학례方學禮였다. 오삼계의 반란이 실패로 그친 후 먼 곳으로 도망친 방학시를 제외하고 나머지 사람들은 모두 법의 심판을 받았다. 대명세 사건에 대해 강희제는 흥미를 보이며 조정의 대신들을 향해 입을 열었다.

"〈전검기문〉의 작가가 방학사(방학사方學士와 방학시方學詩의 중국어 발음이 같음-옮긴이)라고 하던데 그가 혹시 오삼계를 위해 일하다가 꽁지 빠져라 도망친 자인가?"

조정 대신들이 아무 대답도 하지 못하는 바람에 강희제는 방씨이면서 안휘성 사람이면 무조건 역모에 가담한 반역자라고 생각했던 것이다. 차디찬 겨울바람에는 사람들은 몸을 더욱 움츠리지만 따뜻한 햇살에는 마음을 연다는 사실을 뒤늦게 깨달은 것일까. 얼마 후 강희제는《남산집》사건과 관련된 사람들의 형을 감형해주었다.

"대명세를 너그러이 용서하여 능지처참에 처하지 않고 참수형에 처하겠다. 방등역, 방운려, 방세초에게 참수형을 처하겠다는 명을 거두겠다. 이 사건과 관련된 모두 사람들에게 그 죄를 묻지 않고 노비로 삼겠다."

강희제는 한족의 민족정서가 확산되는 것을 막고 명나라 왕조를 부활시키려는 세력의 기반을 무너뜨리기 위해서는 당근과 채찍을 번갈아가며 주어야 한다는 사실을 마침내 깨달았던 듯하다. 그렇기에 과거 장정룡 사건에 심한 채찍을 휘둘렀다면, 대명세 사건을 처리할 때는 맛난 당근을 주어가며 살살 달래 자신의 편으로 삼았다.

■ 참고문헌
《청조야사대관》, 《청사고》, 황산서사黃山書社 편 《동성파연구논문선桐城派研究論文選》, 사토 이치로의 《동성파에 관한 몇 가지 의문》

토끼 사냥이 끝나면 사냥개를 잡는다

대명세의《남산집》사건을 처리했을 당시 옹정제는 아직 보좌에 오르기 전이었다. 드디어 꿈에 그리던 보좌에 오른 옹정제는 당시 여야 모두를 술렁이게 만든 일에 가장 먼저 착수했는데, 그것은 바로《남산집》사건에 연루된 모든 죄인을 사면한 것이었다. 흑룡강으로 끌려간 사람은 고향으로 돌려보냈고 노비가 된 사람은 본적을 회복시켜 주었다. 물론 이미 죽은 대명세에게는 아무런 의미도 없는 일이겠지만 말이다.

임기응변과 권모술수에 강한 옹정제는 여기서 자신의 능력을 유감없이 발휘했다. 강희제에게는 35명의 아들이 있었는데 윤진允禛이라고 불리던 넷째 아들 옹정제가 쟁쟁한 경쟁자를 물리치고 보좌를 차지하기란 결코 쉬운 일이 아니었다. 보좌를 둘러싸고 여러 황자들과 벌인 치열한 생존싸움에서 옹정제는 먼저 일곱째 동생인 윤사尹禩를 내리누른 후 여덟째 동생인 윤당允禟도 제쳤다. 얼마 뒤에는 아홉째 동생인 윤아允䄂와 열세 번째 동생인 윤제允禵를 찍어 눌렀다. 진심으로 윤진을 지지한 황실 사람은 오직 열두 번째 동생인 윤상允祥뿐이었다. 이러한 상황에서 보좌를 차지하기 위해 윤진에게 가장 절실한 것은 무엇보다도 조정 대신들의 지원과 이해였다. 이를 위해서 윤진은 관대하고 부드러운 태도로 일관하며 대신들에게 자신의 좋은 점을 알리기 위해서 갖은 애를 썼다.

감사함을 고하는 악이태鄂爾泰의 상주문을 본 윤진은 이렇게 말한다. "짐과 경은 서로 뜻과 생각이 맞으니 실로 대단한 일이 아니오? 이는 바로 좋은 인연으로 얻은 귀한 것이오."

역시나 감사함을 전하는 연갱요年羹堯의 상주문을 본 윤진은 빙그레 미소를 지으며 입을 열었다.

"옛말에 군신의 만남은 개인적으로 서로의 뜻과 생각이 맞아야 얻을 수 있다고 하오. 그대와 나 우리 두 사람은 이미 서로를 알고 지낸 지 오래요. 또 서로 기꺼워하고 기뻐하는 것은 두말할 것도 없소. 천년만년 좋은 군신의 모범으로 평가받을 만한 우리의 관계를 후세에서도 분명히 부러워할 것이오."

연갱요의 또 다른 상주문을 읽으며 윤진은 역시 낯 뜨거운 대답을 날렸다.

"하늘을 두고 맹세하노니 짐이 그대를 저버린다면 하늘과 땅이 무너질 것이오. 만일 그대가 과인을 저버린다면 하늘이 어떻게 벌하실지 알 수 없구려."

위의 글에서 볼 수 있듯 도대체 황자의 위엄이나 군신관계의 엄격함은 찾아보려야 찾아볼 수가 없다. 마치 연인의 마음을 얻기 위해 늘어놓는 허접한 아부요 고백 같다. 보좌를 차지하기 위한 기반을 다지기 위해서 윤진은 대신들을 향해 '싸구려 사랑 노래'를 연신 불러야 했고 심지어 어울리지도 않는 애교까지 떨었다.

옹정 2년1724년 7월 옹정제는 《붕당론朋黨論》을 직접 집필한 뒤 신하들에게 자신이 지은 어제御製의 이론과 내용에 대해서 깨끗한 마음과 생각을 가지고 꼼꼼히 읽어두라고 일렀다. 대규모 숙청의 밑거름이 될 이론과 강령을 담고 있는 이 책은 훗날의 여론몰이를 하기 위해 옹정제가 사전에 치밀하게 준비한 것이었다. 그 내용은 크게 다음과 같다.

첫째, 살아생전 부황父皇(강희제)이 붕당을 몹시도 싫어하셨는데 그 이유인즉 지금껏 내려온 폐단이 너무 심했기 때문이다. 비록 그 폐단을 쉽게 제거하지 못했지만 이제라도 반드시 그 뿌리를 뽑아야 한다. 둘째, 신하 된 자는 반드시 군주의 시비是非를 따르고 군주의 호불호好不好를 받들어야 한다. 셋째, 일찍이 구양수는 군자 중에 같은 도를 가지고 있는 사이를 '붕朋'이라고 주장했지만 이는 시대에 부합하지 않는 것이다. 붕당을 이룸으로써 생겨나는 갖은 병폐는 모두 구양수의 죄라고 하겠다. 만일 구양수가 죽지 않고 지금껏 살아오면서 이러한 주장을 여전히 펼치고 있다면 그 목을 베어 천하 사람들에게 본보기로 삼아야 한다. 넷째, 무리를 사사로이 세운 윤사 등은 반드시 그 마음을 깨끗이 씻고 새로 태어나야 한다.

옹정제가《붕당론》이라는 '칼'을 빼 든 것은 단지 실각한 황자들을 제압하기 위한 구실에 불과한 것일까?

대장군 연갱요는 과거 옹정제 관저에서 기거했으며, 서북지역에서 막강한 군사력을 보유하고 있었다. 옹정제의 외삼촌인 융과다隆科多는 연갱요와 함께 옹정제를 보위에 앉히기 위한 치열한 전투에서 최대 공훈을 쌓았다. 제업帝業이 무쇠처럼 공고해지면서 옹정제는 본격적으로 자신을 위해 열심히 '토끼'를 잡던 '사냥개'를 사냥하기 시작했다. 첫 사냥감은 다름 아닌 연갱요였다. 옹정제는 그에게 모두 93가지 죄목을 내렸는데 그중에서 글과 관련된 죄목은 2개였다. 하나는 '석척조건夕惕朝乾' 사건이고 나머지 하나는 왕경기汪景祺가 쓴《독서당서정수필讀書堂西征隨筆(이하《수필》로 통칭)》사건이었다.

'조건석척朝乾夕惕'은《역경易經》의 〈건乾〉편에 나오는 구절이다. "군자가 종일토록 최선을 다해 일하고 저녁이 되어서도 자신의 일에 걱정하고 내일의 일을 준비하니, 어렵고 험하여도 허물이 없으리라君子終日乾乾, 夕惕若, 歷, 無咎." 건건乾乾은 스스로 부지런히 힘써 일한다는 뜻이며, 척약惕若은 조심하고 신중한 모습을 가리킨다. 이를 합한 '조건석척'은 하루 종일 게으름 부리지 않고 성실히 일하는 모습을 의미한다. 연갱요는〈일월합벽오성연주日月合璧伍星聯珠〉라는 상주문에서 '조건석척'이라는 단어를 쓰며 부지런한 옹정제를 찬양했는데, 원래의 '조건석척'을 '석척조건夕惕朝乾'으로 바꿔 썼다. 사실 두 단어의 위치를 바꾼다고 해서 뜻이 크게 달라지지는 않는다. 예를 들어 '조사모상朝思暮想(아침에 그리워하고 저녁에 생각한다는 뜻-옮긴이)'이라는 말을 '모상조사暮想朝思'라고 바꿔

써도 의미상 별 차이가 없듯 말이다. 문장을 지을 때 발음하기 편하고 듣기 좋도록 의미가 달라지지 않는 범위에서 글자의 위치를 바꾸는 것은 지극히 일상적인 일이다. 하지만 불온한 싹을 깨끗하게 잘라버리겠다고 이미 마음을 굳힌 옹정제에게는 좋은 구실이 됐다. 옹정제는 얕은 지식으로 수많은 지식인과 문인을 황천으로 보냈던 명나라 태조 주원장의 전철을 밟기 시작했다.

“연갱요는 대담하기 짝이 없구나. 조건석척이라는 말을 석척조건으로 바꿔 쓰고 조건석척을 짐의 귀에 끝내 되돌려주지 않으니. …… 잘못된 곳이 있는데도 그렇지 않다고 발뺌을 하고 있구나!”

옹정제의 총애를 한몸에 받으며 대장군으로서 부러울 것 없는 권세를 누렸던 연갱요는 단어 하나로 자신의 운명이 나락으로 떨어질 줄은 결코 알지 못했다. 뒤이어 옹정제는 연갱요의 자택에 대대적인 수색을 명령했다. 아마도 미리 대비를 한 듯 집안에서는 종이 한 조각도 발견할 수 없었다. 결정적인 증거를 잡지 못해 발을 동동 구르던 관리들은 지푸라기라도 잡자는 심정에 버린 지 한참이나 된 쓰레기더미 속을 뒤지다가《수필》필사본 두 권을 찾아냈다.

이 사실을 몰래 보고받은 옹정제는 결정적 증거를 찾아낸 관리들에게 후한 상을 내렸다.

“너희들이 쓰레기더미를 뒤지며 일일이 증거를 찾지 않았다면 대역죄인들이 법망을 빠져나갔을 것이다. 증거로 찾아낸 요망한 사본 두 권에서 몇 구절을 골라내어 심사할 것이다. 짐은 이를 여러 사람에게 보여주고 난 뒤 비밀에 부쳐 세상 밖으로 새어나가지 못하게 할 것이다.”

이렇게 해서《수필》은 무근전懋勤殿 상자에 봉해졌다가 200년이 지난 뒤에야 세상에 다시 그 모습을 드러냈다.

옹정제는 책冊의 머리에 이러한 글을 남겼다.

"질서를 문란케 하고 혼란을 일으키는 것이 지극히 심하도다. 이것을 늦게 본 것이 원망스러울 따름이다. 이를 남겨 훗날 이러한 반역 무리들이 법망을 빠져나가지 못하도록 경계해야 할 것이다."

《수필》은 연갱요가 받은 93개 죄목 중 세 번째 죄목에 해당한다.

"왕경기의 책을 본 사람들은 모두 손가락질했다. 연갱요 역시 이 책을 보았는데 대수롭지 않게 생각하고 이를 조정에 올리지 않았으니 이는 대역죄 중 세 번째 죄목에 속한다."

그렇다면 왕경기는 누구인가? 강희제 52년 과거에 급제한 왕경기는 전당錢塘 사람으로 옹정 20년에 연갱요를 모시는 자리에 등용되었다.《수필》에 있는 서문을 보면 시대를 바라보는 그의 시선이 사뭇 날카로우며 백성을 크게 걱정하는 시인임을 알 수 있다.

"지금껏 살아온 자신을 스스로 돌아보며 묻건대 옳은 곳이 하나도 없구나. 어린 시절 어느 한곳에 얽매이지 않고 씩씩하게 살았으니 아름다운 시절이라 하겠지만 벗이 될 만한 사람이 없구나. 무턱대고 온갖 사람을 욕하는 장군, 오만방자하게 다른 사람을 무시하는 선비. 합당치 않은 사람들뿐이니 칼을 빼어 들고 싸우는 것이 뭐가 어렵겠는가? …… 이렇듯 세상 사람들이 서로를 죽이려고만 하니 그 사이에 과연 믿음이라는 것이 있으랴?"

청나라 초엽 부패한 관직 사회에 대한 왕경기의 비난은 거침없었다.

그는 특히 사치와 향락에 빠진 대신들을 향해 거침없는 공격을 펴기도 했는데《수필》중에 이러한 대목이 있다.

"관리 중에서도 섬서 출신의 관리만큼 악독하고 부패한 자들이 또 있으랴? 수십 년 동안 번藩을 비롯한 지방을 다스리는 사람은 모두 만인滿人(만주족)이었다. 눈으로 봐도 글자를 알지 못하니 무릇 일이 생기면 비장(명청시대에 지방 관서나 군대에서 관직이 없이 업무를 보좌하던 고문-옮긴이)에게 허가 여부를 묻는다. 관아의 현명한 말은 사실상 비장의 혀를 빌려 나온 것이나 판결을 내리는 날에는 마치 자신의 생각인 듯 입을 놀리는구나. 상황이 이러할진대 관리들의 무능함과 그로 인한 백성의 고달픔은 불 보듯 뻔하기만 하다. 그런 그들이지만 백성을 핍박하고 재산을 빼앗거나 화려한 잔치와 맛난 술을 즐기기 위해서는 열심히 생각을 쥐어짠다. 예를 들어 감신監臣 오혁吳赫이 죄를 지었는데 이를 재판하러 온 흠차대신 앞에 기녀와 함께했다. 감신과 기녀가 함께 무릎을 꿇고 죄를 받으니 이는 두고두고 웃을 일이 아닌가. 관리의 위신과 강직함을 크게 훼손했다."

이처럼 비판적이고 도발적인 글들이 많지만 옹정제의 눈을 빛나게 한 것은 바로《수필》에 기록된 짧은 시였다.

皇帝揮毫不值錢, 獻詩杜詔賜綾箋.

千家詩句從頭寫, 雲淡風輕近吾天.

황제의 휘호는 한 푼의 가치도 없는데, 시를 헌상한 두조는 비단에 쓴 글씨를 받았네.

《천가시》앞머리 구절을 베껴 썼으니 구름 맑고 바람 가벼운 한낮이라네.

1705년 남쪽지방 순방에 나섰던 강희제에게 두조가 시를 헌상하자 황제가 비단에 글씨를 써 주었다. 두조는 황제의 휘호가 새겨진 비단을 높이 내걸고 시시때때로 바라보며 '황제가 내려준 비단 글씨가 마치 환한 대낮처럼 밝다'는 글을 남긴 적이 있다. 왕경기는 시에서 이 일을 들먹이며, 황제가 쓴 글이라 해도 별 가치가 없는데 걸핏하면 비단 글을 내렸다며 황제를 비웃고 있다. 또한 어린아이들이 언문言文을 깨치기 위해서 읽는《천가시》의 구절('운담풍경구오천雲淡風輕近吾天'은 송대 시인 정명도程明道의 시구로《천가시》에 수록돼 있다-옮긴이)이나 베껴 쓴 것 같다며 글의 내용에 대해서도 조롱하고 있다. 자신도 모자라 부왕까지 조롱하는 글이었으니 옹정제뿐만 아니라 요순 같은 성군聖君이라도 진노했을 것이다.

그런 까닭에 옹정제에게 가택 수사 결과를 알린 관리들은《수필》의 내용이 하나같이 대역죄에 속하는 것이기에 오금이 저릴 정도로 무섭고 놀랄 따름이라고 말했다. 예상대로 왕경기는 대역무도죄로 효시梟示를 당했고 그의 아내는 흑룡강으로 끌려가 노예가 되었다. 친형제들과 친척들까지 모두 파직된 후 영고탑으로 쫓겨나 종이 되었다.

'문자'를 이용해 연갱요를 처리한 옹정제의 다음 사냥 대상은 외삼촌인 융과다隆科多였다. 연갱요가 오만방자함으로 옹정제의 눈엣가시가 되어갈 무렵 옹정제는 융과다에게 자신에 대한 충성을 증명하라며 연갱요를 감시하라는 조서를 내렸다.

옹정 4년 강서江西 지역에서 치러진 과거 예비시험에 시험관으로 임명된 예부시랑 사사정査嗣庭은 시제詩題로 '유민소지維民所止'라는 네 글자를 내걸었다. 그런데 누군가가 제목에 문제가 있다는 상소를 올렸다. 내용인즉 '유維'와 '지止'는 곧 옹정제의 머리를 치겠다는 뜻이라는 것이었다(옹雍과 정正이라는 글자의 윗부분을 빼면 유維와 지止가 된다-옮긴이). 이리하여 사사정이 감옥으로 끌려가는 사이 옹정제의 마음속에는 시커먼 음모의 씨앗이 무럭무럭 자라고 있었다.

옹정제가 융과다를 조정으로 불러들이면서 피비린내 나는 숙청의 서막이 펼쳐지기 시작했다.

"사사정은 외삼촌께서 추천한 사람인데 어찌하여 그가 도리에 어긋나고 황실을 모욕하는 일을 하는 것입니까?"

옹정제의 물음에 융과다는 얼굴이 하얗게 질린 채 자신은 모른다고 대답했다. 옹정제가 이미 사사정의 집에 사람을 보내 가택을 뒤지라고 명령한 사실을 융과다가 알 리 없었다. 집에서 찾아낸 두 권의 일기日記에는 질서를 어지럽히는 내용과 온갖 원망과 비방, 거짓이 뒤섞여 있었다고 관리들이 보고했다. 예를 들어 한림翰林을 수과도授科道라고 개명改名한 것에 대해 사사정은 수치스럽다고 고백하고 있으며, 조정에서 남아도는 인원을 감축한 일에 대해서도 굴욕적이며 액운이 끼었다는 비난을 퍼부었다. 또한 황제가 진사進士를 내리는 일에 대해서는 황제가 함부로 사람을 뽑는다고 비난했고, 대명세의 죄에 대해서는 억울하게 문자옥을 당했다고 적었다. 심지어 관리 800명을 물에 빠뜨려 죽였다는 소문까지 날조했다.

빼도 박도 못할 증거가 발견되자 옹정제가 직접 나섰다. 옹정제는 융과다의 잘못을 지적하는 조서를 내렸는데 그 내용은 대략 다음과 같다.

"사사정은 줄곧 융과다에게 아부했고 융과다는 사사정을 추천했다. 짐이 사사정에게 내각학사內閣學士라는 직위를 내리도록 했으나 후에 사사정이 거짓을 고하고 있음을 알았다. 사사정이 승냥이마냥 비열한 모습을 가지고 있을 뿐만 아니라 그 마음이 거칠고 곧지 못함을 알고 신뢰하지 못했다. …… 지금 강서에서 냈다는 시제를 보니 마음속에 숨겨두었던 원망이 훤히 드러나는구나. 또한 세상을 비웃고 있으니 그 마음이 천박하고 정도正道에 크게 어긋나 있음을 짐작할 수 있다."

사사정의 시제에서 비롯된 숙청 계획에 융과다는 맥없이 걸려들었다. 하지만 제아무리 황제라고 해도 외삼촌에게 죽으라는 이야기를 할 수는 없었던지 옹정제는 끓어오르는 분노를 참으며 조용히 때를 기다렸다.

옹정제의 측근 중 하나인 전문경田文鏡의 수하 중에 눈치가 귀신같이 빠른 소흥사야紹興師爺 교鄡 선생이라는 자가 있었다. 어느 날 교 선생이 전문경을 향해 입을 열었다.

"천고에 길이 이름을 남길 사람이 되고 싶으십니까, 아니면 하남독무河南督撫라는 자리에 만족하며 그냥저냥 사시겠습니까?"

"사내라면 당연히 청사에 이름을 남기고 싶지 않겠소?"

"청사에 길이 이름을 남기고 싶으시다면 저를 등용해주십시오. 그리하면 제가 그 꿈을 이루어 드리겠습니다. 허나 한 가지 조건이 있습니다. 간섭도 하지 마시고 신경도 쓰지 마십시오!"

평소 교 선생을 의지했던 전문경이 도대체 무슨 일을 하려고 하는지 묻자 전문경은 음흉한 미소를 지었다.

"황제에게 올릴 상주문을 쓸 것입니다. 그 안에 뭐라고 쓰였는지 보시면 안 됩니다. 이 상주문으로 선생은 청사에 길이 이름을 남기는 것뿐만 아니라 세상의 모든 영광과 부귀를 거머쥐실 수 있을 것입니다!"

교 선생이 쓴 상주문은 융과다를 탄핵하는 내용으로 빼곡히 채워져 있었다. 절묘한 순간에 옹정제의 가려운 곳을 긁어준 교 선생의 지략은 실로 대단하기 짝이 없었다. 상주문을 본 옹정제는 즉각 융과다의 작위를 박탈하고 다섯 명의 대신들에게 그를 심문하라고 명했다. 심문을 통해 모두 41개의 죄목이 정해졌는데 그중에서 가장 흥미로운 죄목은 바로 사사로이 황자들을 찾아가 마구잡이로 상주문을 올려 그 마음을 어지럽게 했다는 것이다. 즉 융과다가 여러 황자들을 찾아다니며 부추기는 바람에 황자들이 역심을 품게 돼 옹정제가 어쩔 수 없이 처단해야 했다는 면죄부까지 만든 것이다. 이로써 권력을 위해 피붙이를 죽였다는 모든 욕은 융과다에게 돌아갔고 옹정제는 나라를 지키기 위해 눈물을 머금고 피붙이를 처단한 강건한 군주이자 외로운 임금이라는 동정표를 얻을 수 있었다.

융과다가 참수형을 선고받았다는 소식을 들은 외척들이 옹정제에게 달려와 눈물로 호소했다. 이에 옹정제는 한발 물러섰다.

"융과다의 죄는 백 번 이야기해도 명백하나 황고皇考(강희제를 가리킴)께서 승하하실 때 그 성지를 받든 사람은 오직 융과다 한 사람뿐이다. 지금 그 죄를 물어 참수한다면 과인의 마음 역시 편치 않을 것이니 그 목숨은 살려두되 창춘원暢春園 밖에 큰 기둥 세 개를 세우고 영원히 가둬두어라."

옹정제 때 일어난 문자옥은 전제통치를 강화하기 위해서 옹정제 스스로 일으킨 것이지만, 각 사건을 자세히 살펴보면 그 성격이 저마다 다르다. 왕경기 사건에서 왕경기는 연갱요라는 호랑이를 잡기 위해 쳐둔 함정에 운 나쁘게 걸려든 '토끼'였다. 반면에 융과다의 경우엔 치밀한 전략을 자랑한다. 즉 사사정의 시제를 핑계로 곳곳에 함정을 파놓은 뒤 서서히 사냥감을 몰아 덥석 물어 챌 수 있었다. 옹정제의 문자옥은 간교하고 잔혹했지만 모두가 이를 무서워한 것은 아니었다. 사사정의 딸인 사혜랑査蕙娘은 집안이 풍비박산이 된 후 도망치는 길에 들른 역관驛館의 벽에 연약한 아녀자의 몸으로 대담한 시를 썼다.

薄命飛花水上游, 翠蛾雙鎖對沙鷗.
賽垣草沒三韓路, 野戌風凄六月秋.
口讀父書心未死, 目懸國難淚空流.
傷神漫譜琵琶怨, 羅袖香消土滿頭.

바람에 흩날려 물 위를 떠도는 꽃잎처럼 기구한 이내 팔자, 모래 위 갈매기에게 둘러싸인 푸른 나방이로구나.
울타리를 뒤덮은 잡초는 삼한의 길을 훌쩍 넘어서고, 들판은 무성하고 바람은 차가우니 음력 6월인데도 춥구나.
입으로 아버지의 책을 읽으니 그 마음은 아직 죽지 않았고, 눈으로 나라의 어려움을 보고 있노라니 눈물이 한없이 흘러내리네.

끝없이 슬픈 마음을 비파에 실어 원망하노니, 얇은 소매 아래 남은 향의 재만 수북하구나.

입으로 아버지의 책을 읽으니 그 마음이 아직 죽지 않았다는 구절은 아마도 후환을 깨끗이 제거했다며 안심했던 옹정제의 간담을 서늘하게 했을지도 모르겠다.

■ 참고문헌

주안의 《인물풍속제도총담》, 《청사고》 〈융과다전隆科多傳〉, 황상의 《필화사담총》, 《청조야사대관》, 저우구청의 《중국통사》, 량치차오梁啓超의 《음빙실시화飮氷室詩話》

역모 이용해
반역의 씨를 말리다

옹정제의 죽음을 둘러싸고 당시 백성들 사이에는 많은 소문이 떠돌았는데, 그중에서 가장 큰 화제를 모은 것이 여사낭呂四娘이 옹정제를 칼로 찔렀다는 이야기였다. 소문의 주인공 여사낭에 대해 알려면 우선 여유량呂留良 사건부터 살펴봐야 할 것 같다. 옹정제 때 일어난 여유량 사건은 역사적으로도 중요한 사건으로 꼽힐 정도로 대형사건이었다.

옹정 7년1729년 천섬川陜 총독이자 대장군인 악종기岳鍾琪는 호남에서 온 불청객을 접대하고 있었다. 불청객의 이름은 형주衡州 출신의 장탁張倬으로, '남쪽 바다에서 주인 없이 떠도는 사람'이라고 자칭한 하정夏靚이라는 자가 쓴 서신을 들고 악종기를 찾아왔다. 서신의 겉봉투에는 '천리원수天吏元帥'라고 쓰여 있었고 서신에는 악종기에게 청나라를 버리고 명나라를 되살리자는 내용이 담겨 있었다.

"그대는 송나라 무목왕武穆王 악비의 후예로서 지금 군사 요충지에서 막강한 병력을 보유하고 있으니 기회를 틈타 송나라와 명나라를 위해 복수합시다!"

이 서신을 보자마자 악종기의 가슴은 방망이질 치기 시작했다. 얼마 전 누군가가 자신이 역모를 꾸미고 있다고 고발하는 바람에 온갖 고초를 치렀는데 또 누군가가 역모를 권하자 무릎이 다 떨릴 지경이었다. 지난번 모함을 받았을 때 옹정제가 그의 결백을 믿는다는 조서를 내려준 덕분에 가까스로 죽음을 면했던 아찔한 기억이 머리를 스쳤다.

"몇 년 동안 악종기를 비난하는 비방서가 광주리 하나를 채우고도 남았다. 악종기가 자신은 악비의 후예로 송나라가 당한 모욕을 복수하겠다고 떠들었다는 내용도 있었다. 허나 악종기는 힘써 노력하여 큰 공을 세웠으니 짐은 이에 그에게 요지要地를 내어주고 군대를 내려주려고 한다. 천섬의 군민들은 60여 년에 걸쳐 성조聖祖의 은혜를 입으며 군주를 제 어버이 모시듯했다. 이는 만천하가 다 아는 일이다. 그런데 천섬을 다스리는 악종기를 비난한다면 이는 나라의 대신을 비방하는 것이자 선량한 천섬군민들마저 욕하는 것 아닌가?"

이 조서만 보아도 옹정제가 남들보다 한 걸음 앞서서 걸을 줄 아는 인물임을 알 수 있다. 작은 것에 치우치지 않고 넓은 관점에서 문제를 보려 했던 옹정제의 결단은 다른 황제들에게서는 쉽게 찾아보기 힘든 면모다. 이 조서 덕분에 목숨을 얻은 악종기는 이후 옹정제에게 충성을 보이기 위해 안간힘을 써왔는데 어찌 역모를 꾸미는 일에 선뜻 나설 수

있겠는가? 역모를 도모하자는 서신을 들고 온 장탁의 방문으로 악종기
는 옹정제에게 자신의 충성을 보일 기회를 잡았다. 악종기로부터 역모
의 조짐을 발견했다는 보고를 받은 옹정제는 악종기에게 장탁을 잡아
들여 범인을 찾으라는 밀지密旨를 내렸다. 옹정제의 명으로 악종기는 장
탁을 잡아들이고 심하게 고문했지만 장탁은 죽을지언정 절대 실토하
지 않겠다고 이를 악물었다. 채찍질이 소용없자 악종기는 장탁에게 '당
근'을 꺼내들었다. 장탁을 밀실로 유인해낸 악종기는 겉으로 청나라 조
정을 받들고 있지만 속으로는 누구보다도 청나라에 대한 복수심이 크
다며 자신도 '대의'에 동참하고 싶다는 뜻을 밝혔다. 악종기의 회유책
에 걸려든 장탁은 순순히 진실을 털어놓기 시작했다.

"사실 내 이름은 장탁이 아니라 장희張熙라고 하오. 나를 이곳에 보
낸 사람 역시 하정이 아니라 증정曾靚이라는 사람으로 호남성 영흥현永
興縣 출신이지요. 제 동기들이 하나같이 받들고 있는 사람은 여만촌呂晚
村 선생으로 여유량이라고 부른다오. 절강성 석문石門 출신인 선생은 과
거 청나라에 대항했던 장황언張煌言과 왕래를 해왔고 남동 지역 일대에
서 큰 명성을 누리고 있소. 여 선생의 집에서 그분이 쓰신 《비망록備忘
錄》과 《여자문집呂字文集》을 본 적이 있소. 선생은 이미 작고하셨는데 그
아들인 여보중呂葆中이 불초하여 부친의 뜻을 저버리고 탐욕에 눈이 멀
어 지금 청나라 조정의 개가 되었소. 내 주머니 속에 여만촌 선생이 지
은 시집이 있는데 최고의 작품만 모은 것이라오."

악종기에게서 이러한 소식을 접한 옹정제는 즉각 그에게 낯간지러
운 조서를 내렸다.

“짐과 여러 대신 사이의 정은 영겁永劫 속에서도 변하지 않는 좋은 인연에서 비롯된 것이오. 짐은 평소 성실이라는 두 글자를 가슴에 새기고 행동하고 일을 처리하오. 그렇기에 대신들에게 성지를 내릴 때 입과 마음에서 나오는 소리가 다른 적이 없었소. 만약 그런 일이 조금이라도 있었다면 하늘에서 벼락을 내릴 것이오. 짐의 성실함에 대해서 대신들도 모두 잘 알고 있고, 대신들의 충성심도 짐이 잘 알고 있소. 짐이 아침저녁으로 향을 피워 머리를 숙이고 하늘에 절을 올리는 것도, 현명하고 훌륭한 대신들을 바르게 이끌고 보호할 수 있도록 지혜를 달라고 기도하는 것이오.”

악종기를 칭찬한 후 옹정제는 반청복명反淸復明의 정신적 지주인 여유량을 처리하는 일에 본격적으로 착수했다. 정주리학을 연구했던 여유량은 명나라 왕조가 멸망한 뒤 청나라 조정에서는 결코 관직에 오르지 않겠다고 맹세하고 한족의 비참한 처지를 개탄하는 책을 주로 집필했다. 내용이 내용인지라 은둔을 권하는 군수郡守의 뜻에 따라 여유량은 머리를 깎고 중이 된 뒤 ‘내가耐可’라는 법명을 지었다. 하지만 중이 된 뒤에도 여유량은 남동 지역에서 여전히 상당한 영향력을 발휘하고 있었다. 예를 들어 총독 이위李衛가 지방관으로 부임한 뒤에도 전례에 따라 성의를 표시하는 뜻에서 여유량의 사찰에 걸 편액을 보냈다고 한다.

“시동리時同里에 있는 육문악陸雯若이 사원 수리를 논의하기 위해 매일같이 선군先君(여유량)에게 가서 겸손하게 그 의견을 물었다. 선군이 의견을 내놓기만 하면 그 이름을 따라 보통 수천 명이 모여들고 하나같이 그 뜻을 받들었다.”

이러한 여유량의 영향력에 대해 황상은 날카롭게 지적했다.

"여만촌은 사실상 막강한 세력을 이끄는 종교 집단의 지도자와 다름 없다. 많은 사람이 그의 말 한 마디, 행동 하나를 믿고 따랐다. 이러한 영향력 덕분에 지방의 큰 세력들도 비위를 맞추며 그 주위를 맴돌았다. 상황이 이러하니 여만촌이 평소 허튼 소리를 늘어놓는다고 해도 어느덧 그 허튼 소리는 사회의 여론으로 바뀌며 무시할 수 없는 영향력을 발휘하게 되었다. 통치자에게 이보다 더 위협적인 존재는 없을 것이다"

상식적으로 이해할 수 없는 주장조차 누구나 믿고 따르는 정의로 바꿀 만한 힘을 가진 존재라면 반드시 뿌리째 뽑아내 불경한 존재들에게 경종을 울려야 할 것이다. 옹정제가 아니라 다른 황제였더라도 틀림없이 그렇게 행동했을 것이다.

이 사건의 심리 과정에서 옹정제는 역시나 기대를 저버리지 않고 주도면밀한 모습을 보여 주었다. 옹정제는 먼저 이미 고향으로 돌아간 증정과 이 세상 사람이 아닌 여유량을 분명히 구분했다. 역모 사건의 주모자로 여유량을 지목하고 그의 죄를 묻는 조서를 내렸다.

"증정은 짐을 비웃었지만 여유량은 성조 황고의 성덕을 비난했다. 또한 증정은 헛소문을 잘못 듣고 비방을 하고 있지만 여유량은 스스로 요망한 말들을 만들어냈으니 증정과 비교했을 때 그 죄가 더 크다고 할 수 있다."

옹정제는 이번 심의를 구경九卿에 넘겨 심사를 진행한 뒤 직성直省과 독무의 논의를 거쳐 판결을 내리도록 했다. 여기서 옹정제의 아이디어가 번뜩이는데 어쩔 수 없는 상황에서 떠올린 것치곤 그 효과가 대단했다. 악종기에게 보내는 서신에서 증정은 옹정제의 10대 죄목을 하나하나 열거하고 있다. 아버지를 속이고 어머니를 핍박한 죄, 형을 시해하고 동생들을 도살한 죄, 재물을 탐내고 사람 목숨을 함부로 빼앗은 죄, 폭음과 호색한 성격, 의심이 많아 충신들을 주살한 죄, 남에게 걸핏하면 아부하는 죄……. 자신의 단점을 조목조목 지적하는 글을 보면서 옹정제는 내심 식은땀을 닦고 있었다.

"증정이 쓴 역서를 짐 역시 보았다. 외부의 역모세력이 이것을 백성에게 뿌려 거짓말을 만들어낸 뒤 혼란을 일으키려고 하는 계획에 대해서도 이미 알고 있다.", "역서를 보며 짐은 그 내용에 너무 놀라 눈물을 흘렸다. 이 자처럼 짐을 증오하는 자가 있을 것이라고는 꿈에도 생각해본 적이 없도다."

옹정제는 이번 일을 어영부영 처리했다가 백성으로부터 황제가 함부로 사람을 죽이는 것이 아니냐는 의심을 사느니 차라리 속 시원하게 공개하는 편이 낫다고 판단했다.

'차라리 조정의 모든 대신과 백성에게 이번 일을 공개하고 함께 논의하는 편이 좋겠군. 나 윤진이 보좌에 오른 것은 광명정대한 것이니 누가 감히 배 놔라 감 놔라 할 것인가?'

결자해지結者解之라는 말처럼 사악한 무리를 숙청하고 진실을 밝히는 임무는 자연스레 당초 이번 반역을 주동한 증정에게 떨어졌다.

옹정제는 증정을 죽이지 않고 그 자손들에게도 죄를 묻지 않았다. 대신 증정에게 자신의 결백함과 관대함을 증명하는 '산 증인'이 될 것을 요구했다. 백성에게 여유량의 잘못된 사상에 오염돼 대역죄를 지었지만 성은으로 목숨을 부지하고 있다고 증명하게 한 것이다. 이는 곧 자신의 관대함을 보여주는 것이라고 옹정제는 생각했다. 이에 증정은 일개 백성도 모두 이해할 수 있을 정도로 쉬운 말로 명확하게 자신의 죄를 고하고 옹정제의 성덕을 찬양했다. 옹정제의 작전이 주효했음은 두말할 것 없었다.

증정의 후회와 고백, 이를 너그럽게 포용해주는 옹정제의 관대함 등 모든 내용을 한데 모아 네 권의 책에 기록했으니 바로《대의각미록大意覺迷錄》이다. 이 책은 옹정제의 지원을 받아 전국에 널리 퍼졌다. 역모의 주도자인 증정을 자신의 정통성을 강화하는 증인으로 활용한 옹정제의 치밀함과 용의주도함은 중국 역사상 그 유례를 찾아볼 수 없다. 반면 옹정제는 이 세상 사람이 아닌 여유량에 대해서는 결코 인정사정 봐주지 않았다. 여유량이야말로 사악한 무리들이 떠받들고 있는 정신적 지주, 말 그대로 '악의 축'이라고 생각한 옹정제는 그 무덤을 파내 육시戮屍하라고 명했다. 여유량의 아들 여보중은 청나라 조정에서 벼슬을 했는데, 증정 사건이 발생했을 당시 이 세상 사람이 아니었다. 하지만 연좌죄로 육시를 당했다. 여유량의 또 다른 아들 여의중呂毅中 역시 참수형을 면치 못했다. 여씨 가문 사람이면 성별을 가리지 않고 죄다 벌을 받았다.

사상죄를 무겁게 생각했던 옹정제는 한 통의 성지를 다시 내렸다.

"대역 죄인인 여유량이 지은 문집과 시집, 일기와 모든 책, 이미 출판되었거나 베낀 책을 일 년 안에 모두 태우라는 방을 전국에 붙여라!"

뿐만 아니라 옹정제는 여유량으로 인한 후환이 일어나지 않도록 철저한 숙청을 주문했다.

"천하가 넓으니 책을 읽는 자 또한 많다. 아마도 많은 선비들 중에 여유량의 죄가 큰 것을 모르는 자가 있을 것이다. …… 만일 지금 그 흔적을 태운다고 해도 모조리 다 태우지 못하면 그의 죄를 알려 사람들을 경계하고자 하는 일이 물거품이 될 수도 있다. 허나 그 흔적을 깨끗이 다 태워 앞으로 그 책을 보는 자가 없고 대신 성현의 책을 읽도록 한다면 환하고 맑은 정신이 아름답게 피어날 것이다. 그저 다시 되돌릴 수 없음이 안타까울 따름이로다. 이에 대해 조정 대신들이 논의한 바를 전국에 있는 학생감學生監에 알릴지어다."

위의 내용을 통해 옹정제의 주도면밀함에 다시 한 번 혀를 내두를 수밖에 없다. 사림 출신이었던 여유량의 주장이 선비와 지식인에게 퍼질 수 있다고 생각한 옹정제는 여유량의 죄를 공개적으로 전국에 알리고 사림의 집결지인 학교에도 알렸다. 정신적인 반역이 구체적인 행동보다 더 위험하다는 사실을 옹정제는 그 누구보다 정확하게 알고 있었다. 잘못된 생각을 뿌리째 뽑기 위해 옹정제는 먼저 선비와 지식인이 모여 있는 학교에서부터 정화淨化작업을 시작했다. 무력 진압에서 사상 통제로 전략을 바꾸면서 옹정제는 절대 권력에 대한 지식인의 노예근성을 부추기고 강화했다. 정부에 대항하던 세력들도 시간이 지나면서 점차 자금성紫禁城을 향해 머리를 숙이기 시작했다.

옹정제의 정화 작업은 여기서 그치지 않았다. 엄홍규嚴鴻逵, 심재관沈在寬을 비롯한 수십 명을 모두 주살했다. 증정의 오랜 벗인 엄홍규는 평소 증정과 자주 서신을 주고받았는데 일기 때문에 화를 입고 말았다. 열하熱河에 홍수가 일어나자 엄홍규는 자신의 일기에 "열하에 물이 크게 일어 2만여 명의 만주인이 그 속에 빠져 죽었다"고 적었다. 또한 조정에서 누군가가 자신을 《명사》를 수정하는 자리에 추천했다는 것을 알게 된 엄홍규가 "나는 스스로 죽음으로써 그 뜻을 거절할 것"이라는 내용을 일기에 적어 넣었다. 엄홍규의 불온한 글에 비위가 상한 옹정제는 성지를 내렸다.

"열하의 땅에는 만천하 사람들이 함께 모여 살고 있는데 어찌하여 그대는 유독 만주 사람만 죽었다고 하는가? 그 말에 근거가 있는가? 무엄하기 짝이 없구나!"

그의 학생인 심재관은 시로 화를 당했다.

陸沈不必由洪水, 誰爲神州理舊疆.

땅이 무너지는 것은 반드시 홍수 때문만은 아니니, 누가 중원을 위해 옛 강토를 다스릴 것인가?

이 시를 본 옹정제는 나라를 누구에게 맡기려는 뜻이냐며 불같이 화를 냈다.

"심재관은 아직 마흔도 되지 않았는데 그 스승의 불경한 마음을 따라 본 왕조를 비방하고 역적 증정의 학생인 장희와도 어릴 때부터 인연을 맺었다. 오랫동안 서로 시를 주고받으며 그 감상을 나누었으니 마치 물과 젖처럼 서로 그 뜻이 잘 어울렸다. 이번 반역죄 역시 서로 오랫동안 마음에 품고 있었을 터이니 그 죄를 어찌 모른 척할 수 있단 말인가?"

화가 날 대로 난 옹정제는 이들에게 무거운 형벌을 내렸다. 옹정제로부터 능지처참을 선고받았지만 이 세상 사람이 아닌 엄홍규는 육시를 당했다. 그리고 엄씨 가문에서 열여섯 살 이상의 모든 사내는 참수형을 당했고 열다섯 살 아래의 소년과 모든 여인들은 공신 집에 노예로 보내졌다. 심재관은 능지처참을 당했고 그 아들은 법에 따라 처벌을 받았다.

스스로 여유량의 사숙문인私淑門人(직접 배운 제자는 아니나 그의 도를 따르는 사람들. 설사 고인故人이라고 해도 그의 사상을 정신적으로 의지하는 행위 역시 포함된다-옮긴이)이라고 부르던 황보암黃補庵은 참수형을 당했고 그 아내와 딸들은 노예로 끌려갔다. 황보암의 부모와 형제, 손자들은 고향에서 3,000리 떨어진 먼 곳으로 유배당했다.

여유량의 '역서'를 간행한 차정풍車鼎豊, 차정분車鼎奔도 참수형을 당했고, 금서를 몰래 소장하고 있던 공용객孔用客, 주경여周敬輿는 '자신들의 죄를 깨우치지 못하고' 여전히 여유량의 무리를 좇았기에 참수형을 당했다. 여유량의 제자 방명주房明疇, 김자상金子尙은 곤장 100대를 맞은 뒤 생원의 자리에서 쫓겨났고 식구들과 함께 변방으로 끌려갔다. 진조도陳祖陶, 심윤회沈允懷, 심성지沈成之 등 11명은 관직에서 쫓겨나고 곤장 100대를 맞은 뒤 3년 동안 감옥살이를 했다.

소학생小學生인 주하산朱霞山, 주지년朱芷年 등은 엄홍규에게서 학문을 배울 당시 나이가 어렸다는 이유로 별다른 추궁을 당하지는 않았지만 그들의 부모는 모두 법정에 끌려갔다.

"장성범張聖范, 주우채朱羽采 등은 엄홍규에게 아들을 보내 학문을 익히도록 했지만 심의 결과 심재관과 특별히 사이가 좋았다고 할 수 없으니 이에 석방한다."

악한 자들을 내쫓고 선량한 백성을 구제하기는커녕 대대적인 체포와 심의를 실시하면서 백성은 공포와 분노에 몸을 떨어야 했다. 현실에서 돌파구를 찾지 못한 민심은 상상으로 이어졌는데 이 과정에서 옹정제를 둘러싸고 여러 가지 소문이 쏟아졌다. 특히 옹정제의 미스터리한 죽음을 둘러싸고 갖가지 소문이 들끓었는데 그중에서도 여사낭의 전설이 가장 유명했다. 강남의 8대 협객 중 하나인 여사낭은 여유량의 손녀로 선조의 복수를 위해 옹정제를 칼로 찔러 죽였으며 평생 약자들의 편에 서서 불의에 맞섰다고 한다.

이 밖에 역사상 그 전례를 찾아볼 수 없는 사건이 한 가지 더 있다. 《대의각미록》이 발표된 지 얼마 지나지 않은 시기에 즉위한 건륭제는 아버지의 정책이 그다지 마음에 들지 않았던지 즉위한 후 《대의각미록》을 금서로 정했다. 아버지가 펴낸 책을 아들이 금서로 정한 일 역시 중국 역사에서 그 유례를 찾아볼 수 없는 것이다.

■ 참고문헌

《청사고》〈악종기전岳鍾琪傳〉, 《청조야사대관》, 황상의 《필화사담총》

붕당의 싹 말려버린
깊고 교묘한 함정

제아무리 한 시대를 풍미한 영웅이라고 해도 언젠가는 하늘의 부름을 받아야 하는 법이다. 청나라 조정을 호령하던 옹정제는 말년에 병이 들자 후계를 정하기로 결심했다.

"악이태와 장정옥張廷玉은 고종高宗(건륭제)을 황태자로 세운다는 옹정제의 친필 밀조密詔를 받들었다. 황태자의 자리에 오른 건륭제, 즉 홍력弘曆이 악이태 등에게 자신을 성심껏 보좌하라는 성지를 전했다."

여기에 등장하는 황태자가 바로 건륭제 홍력이다. 옹정제와 건륭제를 보필한 원로대신인 악이태와 장정옥은 건륭제를 보필한 지 얼마 지나지 않아 팽팽한 신경전을 벌이기 시작했다. 《청사고》〈장정옥전張廷玉傳〉 뒷부분에 그 내용이 나온다.

"……보좌한 지 시간이 오래되자 두 집안의 자제들과 빈객賓客들이 점차 권력과 가문의 힘을 경쟁하였다. 이에 고종께서 붕당의 화로 이어지지 않도록 그 싹을 잘라버리셨다."

건륭제 역시 옹정제의 아들답게 조정 내 붕당의 싹을 제거하고 문자옥을 세우는 데 남다른 솜씨를 자랑했다.

"본 왕조가 들어서고 지금껏 한족 대신들 중에 태묘太廟를 배향配享한 사람은 오직 장정옥 한 사람뿐이다."

건륭제가 장정옥을 이렇게 크게 칭찬한 것은 아마도 화이華夷의 경계를 무너뜨리고 한족의 많은 지식인들을 자신의 편으로 끌어들이기 위한 포석으로 짐작된다. 이와는 달리 건륭제는 만주 양람기鑲藍旗 출신인 악이태의 자손들에게는 냉랭하기 짝이 없었다.

건륭제는 자신의 보좌를 호시탐탐 노리고 있는 적은 한족이 아니라 바로 팔기八旗(청나라에서 17세기 초부터 설치한 씨족제에 입각한 군사·행정제도로, 여덟 가지 색깔의 깃발에 따라 편성돼 '팔기'라 불렀다. 초기에는 각 기의 왕인 패륵貝勒들의 합의에 의하여 정치가 이루어졌다-옮긴이)의 후예라는 것을 알고 있었다. 게다가 건륭 17년1752년에 가짜 상주문 사건에 악이태의 조카인 악창鄂昌이 연루되면서 그의 의심은 한층 확고해졌다.

가짜 상주문 사건을 이야기하기 전에 먼저 손가감孫嘉淦이라는 사람에 대해 알아보자. 옹정제는 보위에 오른 후 언론 자유의 문을 활짝 여는 정책을 취하며 모두에게 지금 조정의 문제가 무엇인지, 어떻게 해결해야 하는지를 허심탄회하게 털어놓으라고 했다. 이때 한림원의 한 관리가 용감하게 입을 열었다. 그는 옹정제가 저지른 3대 실책을 지적했다. 친형제를 죽인 것, 백성에게 가혹한 세금을 부과한 것, 연갱요의 군대를 지나치게 총애한 것이 그 세 가지다. 그는 여기에 그치지 않고 이러한 문제를 해결하기 위해서 피붙이를 가까이하고 세금을 줄이며 모든 사람을 총애해야 한다고 지적했다. 모두들 눈을 둥그렇게 뜨며 누가 이리도 대담한 말을 하는 것인지 시선을 집중했다. 그 주인공은 이제 막 벼슬길에 든 손가감이었다. 손가감의 지적을 들은 옹정제는 불편한 심기를 드러내며 중신들에게 한림원에서 어찌하여 이리도 오만방자한 자를 가만히 두는지 물었다. 그러자 대학사 주식朱軾이 한참을 머뭇거리더니 제멋대로 구는 손가감의 담력에 자신도 두 손 들었다고 털어놓았다. 반나절이 지난 후 옹정제 역시 자신도 손가감의 담력에 두 손 두 발 다 들었다며 미소를 지었다.

이 일로 손가감의 이름이 천하에 널리 알려졌다. 주변의 뜨거운 반응에 아무렇지도 않다는 듯 손가감은 여전히 자신을 엄격하게 대하며 여덟 가지 원칙을 정했다. 첫째, 주군을 위해 열심히 일하되 함부로 그 공을 드러내지 않는다. 둘째, 여러 사람과 함께 어울리며 교만하지 않는다. 셋째, 싸움이 될 만한 일은 반드시 피한다. 넷째, 공을 숨기고 함부로 이름을 드러내지 않는다. 다섯째, 맡은 일을 마치면 바로 물러선다. 여섯째, 불필요한 말을 삼간다. 일곱째, 지나치게 사람들에게 영합하지 않고 뜻을 지킨다. 여덟째, 사치를 부리지 않고 검소함으로 스스로를 경계한다.

옹정제부터 건륭제에 이르기까지 손가감은 청렴함과 솔직함으로 이름을 떨치며 세간으로부터 주목 받는 명신의 자리에 올랐다. 하지만 누군가 그의 이름을 도용하는 사건이 일어났다. 건륭 4년1739년 북경에서 《손가감주고孫嘉淦奏稿》라는 제목의 책이 크게 유행했다. 그 내용인즉 대학사 악이태, 장정옥을 탄핵하는 것으로, 정치적 음해가 분명했다. 건륭제는 사람을 풀어 사건을 조사했지만 별다른 소득을 얻지 못했다. 그로부터 8년 후 북경에 최신판《손가감주고》가 다시 나돌았는데 전보다 강도가 한층 세져 건륭제의 실덕失德을 노골적으로 지목하고 있었다.

도대체 누가 연이어 조정의 대신, 나아가 황제를 비방하는 책을 썼단 말인가? 화가 머리끝까지 난 건륭제는 이번에 반드시 범인을 색출하라고 엄명을 내렸다. 그로부터 3년이 지난 후 육성六省을 샅샅이 뒤진 끝에 강서위천총江西衛千總 노로생盧魯生이 류시달劉時達과 함께 책을 지었다는 사실이 밝혀졌다. 일을 꼼꼼하게 처리하지 못하고 구렁이 담 넘듯 일을 처리하는 각 지방 정부의 태도에 강한 불만을 느낀 건륭제는 이들에게 조서를 내렸다.

"각 성의 독무는 얼렁뚱땅 일을 처리하니 그 폐해가 심각하다. 속관들에게 자세한 내막을 조사하라고 한 뒤 대충 그 내용을 훑어보고 사건을 종결지어 마치 미로에 갇힌 것마냥 사건이 방향을 잃고 헤매기 일쑤이다. 각 성의 일처리가 모두 이와 같은데 그중에서도 강서 지역이 더욱 심각하다. …… 노로생은 강서에서 두 번이나 혐의를 받았으나 모두 교묘히 빠져나갔다."

강서 순무巡撫는 마침 섬감총독陝甘總督에서 막 승진한 악창이었다. 조정에서는 악창, 안찰사按察使 정연양丁延讓, 지부知府 척진로戚振鷺를 파직한 뒤 심문했다. 그 밖에 총독 윤계선尹繼善과 강서 동문同問으로 파견된 고린훈高麟勳, 주승발周乘勃은 관직을 반납하고 처분을 받았다. 이렇게 해서 강서성 관리는 신분고하를 막론하고 거의 모두 벌을 받았다.

그렇다면 자신의 이름을 도용당한 손가감은 이번 사태에 어떻게 대처했을까? 하룻밤 사이에 많은 동료들이 자리를 떠나자 손가감은 더욱 언행을 신중하게 했다.

그런데 악창의 시련은 여기서 끝나지 않았다. 미처 한숨도 돌리기 전에 가짜 상주문으로 벼랑 끝까지 몰리고 말았다. 건륭 19년 밝혀진 호중조胡中藻 사건을 자세히 들여다보자. 강서 신건新建 사람인 호중조는 건륭 원년에 벼슬길에 올랐다. 악이태의 제자인 호중조는 자신을 '서림西林(악이태의 성이 서림각라西林覺蘿이다)의 제 1 제자'라고 부르며 평소 악창과 술잔을 주고받으며 시를 짓고 감상하는 일이 많았다. 이렇게 해서 지은 시를 자신의 《견마생시초堅磨生詩鈔》에 수록했다.

이 시집에 대해 건륭제는 크게 비판했다. 건륭제는 성지에서 먼저 이 책의 정의에 대해 비판하고 있다.

"맑고 아름다운 이름을 내걸고 있지만 그 마음은 음험하기 짝이 없으니 그 시를 읽다보면 글 속에 가득한 불경함과 원망을 느낄 수 있다. 호중조 같은 자는 사람 중에 마땅히 있어서는 안 되는 자이다. "

둘째, 시집의 제목을 건륭제는 날카롭게 분석하고 있다.

"이 시집의 제목은 《견마생시초》이다. 견마堅磨라는 단어는 《노론魯論》에 나온 것으로 공자가 말한 마열磨涅은 바로 불힐佛肸을 가리킨다. 호중조가 견마를 자신의 호로 삼은 것은 무슨 생각에서 그리한 것인가?"

건륭제의 지적에 대해 호중조는 아무 반박도 하지 못하고 그저 쓴웃음만 지을 수밖에 없었다. 그도 그럴 것이 건륭제는 말도 안 되는 궤변을 늘어놓았기 때문이다. 먼저 '마열'이라는 단어는 《논어論語》에 등장한다. 불힐은 진晉나라 대부 범중행范中行의 가신으로, 중모中牟에서 반란을 일으켜 조간자趙簡子에게 대항하다가 공자에게 도움의 손길을 뻗었다. 공자가 그에게 가려 하자 자로子路가 공자에게 물었다.

"예전에 군자는 나쁜 짓을 하는 사람이 있는 곳에 가지 말아야 한다고 하셨는데 어이하여 지금 선생께서는 배신을 한 불힐에게 가려 하시는 것입니까?"

그러자 공자가 입을 열었다.

"옳은 말이다. 네 지적대로 내가 그렇게 말했다. 허나 가장 견고한 물건은 제아무리 갈아도 닳지 않는 법이고, 정교하고 아름다운 물건은 때가 타도 쉽게 색깔이 변하지 않는 법이다(《논어》〈양화陽貨〉제 17장)." 이렇듯 '마열'이라는 단어를 곧이곧대로 풀이한다면 영겁의 세월을 보내도 처음 품은 그 뜻이 변하지 않으며, 제아무리 더러운 것에도 쉽게 더럽혀지지 않는다는 뜻으로 이해할 수 있다. 그런데 건륭제는 말도 안 되는 해석을 곁들였다.

"공자는 불힐의 박해를 받고 나서 자신을 마열이라고 불렀다. 호중조는 스스로를 '견마堅磨(어떤 고난에도 물러서지 않고 굳세게 대응한다는 뜻-옮긴이)'라고 부르고 있다. 누가 호중조에게 박해를 가한단 말이냐? 이는 분명 짐과 황실을 우롱하고 비난하는 것이 아닌가?!"

건륭제는 호중조의 시구에서 일부를 뽑아 억지 논리를 펼치고 있는데 그 수준이 딱 주원장과 옹정제의 중간쯤이었다.

"'한 줌의 심장으로 탁고 맑음을 말하네一把心腸論濁淸'라는 시구에서 그대는 '탁濁'이라는 글자를 국호(청淸) 앞에 갖다 썼는데 그 의도가 무엇인가?", "서로 마주보며 덕스러운 모습을 보기 청하니, 빛나는 얼굴을 보고 가죽옷을 입은 사람인지 누가 알 것인가相見請看都盎背, 誰知生色屬裘人?'라고 하였는데 이는 전구旃裘(가죽옷이란 뜻으로 북방 유목민족을 폄하해서 부르는 말-옮긴이) 사람을 뜻하는 것이 아닌가?"

북방 민족인 만주인이 가죽옷을 입고 있었기 때문에 가죽옷을 뜻하는 단어를 만주족에 대한 멸시로 이해했고 이것이 건륭제의 심기를 건드린 것이다.

"'남쪽의 싸움으로 나는 남으로 가고, 북쪽의 싸움으로 나는 북으로 가니, 남북 사이에 난 싸움으로 기장도 잘 자라지 못하네南斗送我南, 北斗送我北, 南北斗中間, 不能一黍闊'라고 하더니 또다시 '비록 북풍이 좋으나 부리기 어려우니 이를 어찌해야 하는가雖然北風好, 難用可如何?'라고 했다. 이렇듯 남북을 대치시켜놓고 그 말을 여러 번 반복하니 그 의도가 무엇인가?"

당시 남북이라는 단어 역시 사용이 금지되었다. 그 이유인즉 남북이라는 단어는 남북 분열을 부추기며 결국에는 반청복명을 암시한다고 생각했기 때문이다.

"'늙은 부처가 지금 병이 없으나, 조정은 열리지 않았다는 말이 들리네老佛如今無病病, 朝門聞說不開開'라고 한 이 시구는 더욱 그 의미가 괴이하다. 짐은 매일 조정 대신들을 불러들여 정사를 돌보고 있는데 어찌하여 조정이 열리지 않았다고 하는가? 그대는 악이태의 제자로 시에서 자신을 서림의 제1제자라고 하더니 그의 명성에 빌붙어 함부로 입을 놀리다니 과연 수치라는 말을 아는 자인가?”

건륭제는 서릿발 같은 호통을 친 후에 이번에는 자신을 방어하기 시작했다.

“10여 년 동안 조정의 여러 중신들이 바친 시와 상주문, 글이 어찌 1,000만 부에 그치겠는가? 그중에도 단속하지 못한 글이 있으나 짐은 그냥 내버려두고 별다른 평을 내리지 않았다. 여태껏 글로 사람에게 벌을 내린 적이 없거늘 호중조의 시는 그 내용과 의도가 글에만 그치는 죄가 아니로구나. 짐을 비난하는 것은 받아들일 수 있으나 왕조 전체를 비난하고 역모를 도모한 것을 어찌 보고도 모른 체할 수 있단 말인가!”

주도면밀한 성격의 소유자였던 건륭제는 일찌감치 호중조를 공격할 만반의 준비를 마친 상태였다.

“짐이 이 시집을 본 지 이미 몇 년이 지났다. 그동안 대의에 밝은 자가 있어 이를 탄핵할 것이라 여겨 기다렸다. 그러나 아무도 상주문을 올리지 않았으니 이는 잘못을 보고도 모른 체하는 풍토가 이미 깊숙이 뿌리박혔음을 의미하는 것이 아닌가? 그리하여 짐은 어쩔 수 없이 국법에 따라 사악한 기운을 내쫓고 올바른 기강을 세우기 위해 황고께서 사사정을 주살한 사례를 따르고자 한다!”

건륭제는 자신이 한 말을 곧장 행동으로 옮겼다. 꼬투리를 잡으면 끝까지 물고 늘어져 원하던 사냥감을 잡고야 말았던 아버지 옹정제의 전술을 멋지게 구사한 것이다. 옹정제의 사냥감이 자신의 외삼촌인 융과다였다면 건륭제의 사냥감은 악이태와 그 무리들이었다. 호중조를 잡아들인 후 건륭제는 중신들에게 이를 경계하라는 조서를 내렸는데 조서에서는 대신 악이태와 그 조카 악창을 향해 노골적으로 화살을 겨누고 있었다.

"호중조는 악이태의 제자로 그 문장이 음험하고 괴이함을 세상 모두 알고 있는데 오직 악이태가 아무런 기탄도 하지 않고 홀로 칭찬하고 있다. 또한 그의 조카 악창은 호중조와 우정을 나누며 술잔을 주고받았다. 악이태는 그 우정을 칭찬했으니 이는 역모를 꾸미기 위한 준비가 아니었는가?"

이렇게 해서 사냥감을 잡기 위한 함정을 깊게 판 후 건륭제는 악창의 과거 동기에게 밀조를 보내 섬감총독 류통훈劉統勳을 돕도록 했다.

"너는 직접 악창이 무독으로 있던 곳으로 가서 호중조와 주고받은 시문과 서적, 서신들을 조사해라. 절대로 이 사실이 밖으로 빠져나가서는 안 될 것이다!"

건륭제의 뜻대로 류통훈은 직접 악창의 집에 가서 여인네들이 보는 수본繡本부터 소소한 영수증에 이르기까지 집에서 나온 모든 글을 꼼꼼히 살핀 끝에 악창이 적은 시를 발견했다. 불만으로 가득 찬 시가 발견되면서 악창은 물론 이미 숨진 아버지를 대신하여 악이태의 큰아들인 악용안鄂容安이 죄를 받게 되었다.

건륭제는 악창에게 집에서 죽음을 맞이할 수 있는 '성은'을 베풀었다. 이 세상 사람이 아닌 악이태가 만약 살아 있었다면 그와 함께 그를 따르는 불손한 무리들의 죄를 깨끗이 물었을 것인데 그러지 못했다며 건륭제는 이를 갈았다. 분한 마음에 건륭제는 악이태의 제사를 지내지 못하도록 조서를 내렸다. 호중조의 경우, 그의 자손 중에 열여섯 살 이상의 사내는 모두 참수형에 처했다. 여든이 넘은 노모와 어린 손자만이 간신히 목숨을 건졌지만 험한 세상에서 어떻게 살았는지, 살기는 했는지 알 길이 없다.

■ 참고문헌

《청사고》〈손가감전孫嘉淦傳〉·〈악창전鄂昌傳〉·〈악이태전鄂爾泰傳〉, 양장거의 《귀전쇄기歸田瑣記》

글과 말을 막아도
마음을 얻을 수는 없다

홍
량
길

1799년 가경嘉慶 4년 중국 대륙을 60년도 넘게 통치했던 건륭제가
89세의 나이로 붕어하자, 인종仁宗 애신각라옹염愛新覺羅顒琰이 그 뒤를
이었다. 건륭제가 세상을 떠난 그 달에 인종은 건륭제가 아끼던 권신이
자 권력과 탐욕에 눈이 멀었던 화곤和坤과 복장안福長安을 처형한 뒤 글
과 말로 죄인을 만들어내기 시작했다.

그 첫 회초리는 상주常州 출신의 시인 홍량길洪亮吉이 맞았다. 홍량길
은 유명한 시인인 황종칙黃宗則의 절친한 벗이었다. 두 사람은 안휘학
정安徽學政인 주균朱筠의 막료로 일했는데 훗날 홍량길이 섬서독무 필
원畢沅의 휘하로 들어갔다. 홍량길은 필원을 위해 고서의 문장을 다듬
고 새겼다. 건륭 55년, 45세의 홍량길은 진사에 겨우 들어 한림원 편수

로 임명되었다.

건륭제가 죽은 뒤 《고종실록高宗實錄》을 수정하는 일에 참여하게 된 홍량길은 첫 원고를 완성한 뒤 그 내용을 확인하다가 '문제가 있다'고 판단했다. 아마도 원고의 대부분이 지나친 아부와 미사여구로 뒤범벅되었기 때문이었을 것이다. 곧 죽어도 할 말은 하는 성격이었던 홍량길은 충동적으로 당시 군기대신軍機大臣인 영성永瑆에게 실록의 문제점과 불만을 적어 보냈다.

영성은 중국 서예계에서 손꼽히는 인재로, 건륭제의 열째 아들이다. 가경제嘉慶帝 즉위 초기, 영성은 호부戶部의 삼고三庫를 관리하는 엄연한 대신이었다.

모든 분야에서 골고루 실력을 드러낸 홍량길이었지만 그의 천진한 성격은 문제가 됐다. 당시 건륭제는 이미 붕어했고 그의 충신인 화곤까지 처형을 당한 상태였다. 게다가 기존의 정책들도 개혁을 표방하고 있었기에 홍량길은 하고 싶은 말을 마음대로 할 수 있는 세상이 왔다고 생각한 듯하다. 아울러 가경제가 그러한 세상을 열 것이라고 내심 기대했던 모양이다. 홍량길이 영성에게 보낸 서신의 일부 내용을 살펴보자.

"지금 천자께서 다스림을 구하려는 마음이 급합니다. 허나 천하가 올바르게 다스려지기를 바라는 마음은 더욱 급하고 급합니다. 아직까지 바뀌지 않은 상황들이 있으니 여기에는 몇 가지 원인이 있습니다. 풍속이 나날이 문란해지고 있으며 상벌賞罰은 여전히 불명확합니다. 또한 말할 수 있는 길이 열렸다고 하나 열린 듯하면서도 실제로는 아직 제대로 열리지 못하였습니다. 게다가 관리의 다스림 역시 날로 각박해지고 있습니다.”

선제先帝 건륭제의 이미지에 흙탕물을 튀기는 것을 자식 된 도리로 어찌 가만히 보고 있을 수 있겠는가? 그럼에도 불구하고 홍량길은 영성의 불편한 심기를 전혀 눈치채지 못하고 있었다. 부정과 비리가 난무한 사회적 분위기의 원흉이 바로 상류층이라고 지목한 홍량길의 분석은 청나라 내부의 문제를 정면으로 파헤쳤다. 밑바닥에서부터 성장해온 홍량길이었기에 각급 관리들이 어떻게 뇌물을 받는지 손바닥 들여다보듯 훤하게 알고 있었다. 그는 백성의 고충에 대해서도 절박한 심정으로 호소했다.

“백성이 관아에 아뢰는 사건이 수천, 수백 가지라고 했을 때 그중 한두 가지만 채택된다면 그 어려움이 어떨지 생각해보십시오. 다행히 흠차가 조금의 양심이 있어 임의로 법을 만들었다고 하여도 큰 손해를 보지 않게 할 뿐 근본적으로 문제를 해결하지는 못합니다. 게다가 흠차가 시찰을 나가면 그 피해가 성 전체, 백성에게까지 이르니 성으로 돌아올 때는 수레에 온갖 금은보화가 항상 한가득입니다.”

탐욕과 부패의 결과는 무엇인가? 홍량길은 서신의 마지막에서 이렇게 경고하고 있다.

“주현에서는 백성이 이렇게 할 수밖에 없는 처지에 놓여 있다는 것을 잘 알고 있습니다. 그래서 온갖 수단을 가리지 않으려는 심정도 익히 알고 있습니다. 백성 역시 위를 움직이려면 결코 혼자 힘으로 할 수 없다는 점을 익히 잘 알고 있습니다. 그래서 때때로 격변激變이 일어나기도 하는데 호북의 당양當陽, 사천의 달주達州는 그 힘이 상당히 위험합니다.”

건륭제 시대의 심각한 부패 현상에 대해 홍량길은 거칠 것 없이 붓을 놀렸다. 거친 붓질에 황실의 곤룡포袞龍袍에 시커먼 먹물이 튀었다. 이 서신을 받은 영성은 놀란 마음에 가쁜 숨을 몰아쉬었다. 혼자 이 일을 처리할 엄두가 나지 않았던 영성은 즉각 가경제에게 서신을 올렸다. 홍량길의 통렬한 비난에 진노한 가경제는 관직을 박탈한 후 조정 대신들에게 그를 심문할 것을 명했다. 홍량길은 사형을 선고받을 뻔했지만 다행히 죽음을 면하고 천산天山 이북의 이리伊犁로 쫓겨났다.

제아무리 큰 문자옥을 세운다고 해도 민족적 갈등과 통치 위기라는 문제를 철저하게 해결할 수는 없는 법이다. 그 예로, 만청 정부에 대항하는 민중들의 투쟁이 정부의 탄압과 공포정치로 인해 중단된 적은 단 한 번도 없었다. 가경 8년1803년 원명원에서 환궁하던 가경제를 어주 진덕이 암살하려다가 미수에 그쳐 능지처참을 당했다. 10년 후인 가경 18년1813년, 휴주睢州, 활현滑縣 등지의 팔괘교八卦教가 모반을 일으켜 장원長垣, 산동 조현曹縣까지 세력을 일으킨 뒤 소식을 듣고 뜻을 함께한 현지 세력과 함께 경기京畿 지역까지 압박했다. 같은 해 9월 15일 진상陳爽 등 수십 명이 자금성을 공격해 가경제가 머무르는 내궁까지 쳐들어갔고 월화문月華門 성벽에서 황궁의 병사들과 대치하기도 했다. 계속되는 정변과 궐기에 놀란 가경제는 스스로를 돌아보기 시작했다.

"9월 15일, 황궁 안에 큰일이 일어났으니 이는 일찍이 다른 왕조에서는 일어난 적이 없는 일이다. 짐은 실로 부끄럽기 짝이 없도다. 무릇 왕조가 바뀌면 화가 쌓인다는 것은 잘 알고 있으나……."

맞는 말이다. 여기서 말한 '화'라는 것은 강희제로부터 옹정제, 건륭제에 걸쳐 행해진 잔혹한 민족적 압제와 사상 통제로 인해 유발된 오랜 분노를 가리킨다. 가경제는 무력을 통해서는 자신만의 태평천하를 세울 수 없음을 깨닫고 정책을 바꿀 때가 왔음을 직감했다. 가경제는 홍량길 사건을 계기로 곤경에서 벗어날 평계를 찾아낼 수 있었다.

"홍량길이 죄를 지은 후, 발언을 하는 이가 날마다 줄어들었다. 설사 있다고 해도 일상적인 이야기만 할 뿐, 군주의 덕이나 백성의 고민, 나라의 기쁨과 걱정 등에 대해 이야기하는 자가 없었다. 홍량길의 처지를 보고서 누가 감히 다시 입을 열려고 하겠는가?"

이렇게 해서 가경제는 이리의 장군에게 홍량길을 석방하라는 조서를 내렸다. 전해지는 이야기에 따르면 가경제의 조서가 하달되기 전 천하에 극심한 가뭄이 기승을 부리고 있었는데 홍량길을 석방한다는 조서가 발표되자마자, 감로 같은 비가 내려 가뭄이 해소되었다고 한다.

천문天文과 인사人事를 함께 이야기한다는 것 자체가 황당하기 짝이 없지만 이 이야기는 '사필귀정事必歸正'을 강조할 때 곧잘 쓰인다. 사람들이 이 이야기를 통해 드러내고자 하는 바는 간단명료하다. 제아무리 큰 문자옥을 세우고 언론을 탄압해도 민심을 얻기는커녕 하늘도 등을 돌린다는 사실을 따끔하게 전하고 싶은 것이다.

그 사실을 뒤늦게 깨달은 가경제는 세상을 떠날 때까지 별다른 문제를 일으키지 않았다. 덕분에 이후로 가경제 치하에서 일어난 문자옥은 겨우 두 건에 그친다. 하나는 가경 10년 서양인들이 간행한 기독교 전도서적을 조사하여 금지한 것이고, 다른 하나는 가경 13년 호남 순무 선학령仙鶴翎이 황손皇孫이 태어난 것을 축하하는 표를 써서 파직

당한 사건이다.

　사람을 죽이지도 않고 가문을 무너뜨리지도 않고, 주살하지도 않고 무고한 죄를 덮어씌우지도 않았으니 건륭제 시대와 비교했을 때 가경제는 얼마나 관대한 군주인가!

■ 참고문헌

《청사고》〈홍량길전洪亮吉傳〉·〈고종제자열전高宗諸子列傳〉·〈인종본기仁宗本紀〉

새로운 세상을 꿈꾼
청년들의 '혁명'

장
태
염

외

청나라의 마지막이자 가장 유명한 문자옥은 〈소보蘇報〉 사건이다. 광
서光緒 22년1896년에 창간된 〈소보〉는 상업잡지이다. 회상會湘 사람 진
정陳鼎이 무술정변戊戌政變(1898년에 청나라 덕종이 채택한 변법자강책을 반대하
던 서태후 등의 보수파가 덕종을 유폐한 사건-옮긴이)으로 죄를 지어 영구 감금
당했고, 강서 연산현鉛山縣의 교안教案이었던 동생 진범陳范도 관직을 박
탈당해 상해에 은거하고 있었다. 만청 정부를 전복시킬 뜻을 품고 있
던 두 사람 중에 상대적으로 활동이 자유로웠던 진범이 〈소보〉를 물려
받게 되었다.

〈소보〉에서는 광서 28년1902년에 혁명이 시작된다는 내용을 홍보했
는데 '학계풍조學界風潮'라는 목록을 추가하며 남동 지역 학자들로부터

주목을 받기 시작했다.

당시 국내 상황은 혼란스럽기 짝이 없었다. 의화단義和團운동이 일어난 후 만청 정부에 대한 백성들의 실망은 이미 절정에 달해 있었다. 차르 러시아 정부가 동삼성東三省(만주의 봉천성奉天省, 길림성吉林省, 흑룡강성黑龍江省 지역-옮긴이)에서 철수를 요구하는 조항을 수정하라며 만청 정부에 압박을 가하자, 이 문제를 둘러싸고 국내 여론이 들끓었다. 일본에서 유학 중인 학생들을 중심으로 러시아에 대항하는 의용대義勇隊가 자발적으로 생겨났는데 만청 정부가 도리어 이들 유학생들의 귀국을 막자 사태는 점점 악화일로를 걷기 시작했다.

귀국 학생들을 위한 환경을 조성하기 위해서 채원배蔡元培, 장태염章太炎, 오치휘吳稚暉 등은 중국교육회中國敎育會를 세운 뒤 남동육사학당南東陸師學堂의 퇴학생들을 끌어들여 애국학사愛國學社를 세웠다. 만청 정부를 전복하고 혁명을 일으키자는 이들의 외침에 중국 전역은 뜨겁게 달아올랐다.

급하게 조직된 애국학사는 운영비가 늘 쪼들렸다. 학사 운영자들은 〈소보〉와 논의 끝에 매일 애국학사에서 7명의 교원敎員을 보내 글을 추리고 편집하는 일을 돕는 대신 〈소보〉에서 애국학사에 매월 일정 금액의 지원금을 제공하기로 결정했다. 이를 통해 애국학사에서는 자신들의 의견을 자유롭게 기고할 수 있는 〈소보〉라는 매체를 확보할 수도 있었다.

광서 29년1903년 5월 1일 〈소보〉는 장사쇠章土釗를 총편집장으로 초빙하면서 반청 혁명의 기치를 더욱 높이 세웠다. 〈소보〉는 장태염의 《박강유위론혁명서駁康有爲論革命書(강유위康有爲의 혁명을 반박하는 책-옮긴이)》와 《혁명군서革命軍序》를 실은 뒤 세상을 놀라게 한《혁명군》을 연이어 발표했다.

장태염은《박강유위론혁명서》에서 강유위를 신성불가침한 존재로 취급하고 있는 광서 황제를 '꼭두각시'라고 대놓고 비웃었다. 또한 청나라 정부가 '오로지 황제만 떠받들고 백성을 어리석게 만드는 정책'을 펴고 있으며 '공자'와 '유교'에만 집착하고 있다고 비난했다. 장태염의《박강유위론혁명서》는《혁명군》과 동시에 출간되었는데 한 달도 안 돼 수천 권이 팔렸다고 한다. 독자들의 가슴을 후련하게 하면서도 간담을 서늘하게 만든《혁명군》의 작가는 만 스무 살도 되지 않은 사천 출신의 추용鄒容이라는 청년이었다. 청나라 정부를 신랄하게 성토하고 있는《혁명군》은 장태염이 서문을 썼고, 각처의 지원금으로 세상에 등장할 수 있었다. 만청 사회에 엄청난 파문을 일으킨 이 책의 내용을 잠시 살펴보자.

"중국인은 노예다. 노예에게는 자유나 사상 따위는 없다!", "우리 중국은 지금 혁명 없이는 안 된다. 우리 중국이 지금 만주인의 속박에서 벗어나고자 한다면 혁명이 없어서는 안 될 것이다. 우리 중국이 세계 속의 강대국이 되려면, 그 세계의 주인공이 되려면, 혁명 없이는 불가능하다.", "진시황제가 우주를 통일할 때부터 거침없이 자신의 존엄을 내세우며 세상을 억지로 부리려 했다. 또한 나라를 사사로이 여기고 백성을 노예로 부렸다. 자신만의 왕국을 세우기 위해서 미신과 불경스러운 말에 의존하여 백성을 우롱하고 하늘의 뜻을 왜곡했다. 자손들이 영원토록 제왕의 자리에 설 수 있도록 백성의 것을 빼앗고 모든 것을 차지했다.”, “중국의 선비들은 실로 아무런 생명력도 없는 자들이다. 그들이 말려든 문자옥은 순치順治 때부터 시작되었고 건륭 때 남용되었다. 이로 인해 세상의 인재가 물고기 떼처럼 모여들어 죽음을 각오하며 유림儒林을 이루니, 대항하고 자신의 뜻을 내세운 이들은 소리 소문도 없이 사라지고 천하에는 애통함이 들끓는다. 이러한 세상 속에 사는 선비는 차라리 죽는 이보다 못할 것이다.”, “화려한 건물, 높고 높은 저 이화원頤和園, 그곳을 짓는 데 들어간 벽돌 하나, 기와 하나에게 물어보라. 어느 것 하나 우리 한족의 피와 땀이 묻지 않은 것이 있는지! 이 모든 것은 매음부 납씨拉氏(서태후西太后-옮긴이)의 미소를 자아내기 위한 것이구나! 무릇 무도한 진나라는 아방궁阿房宮을 지어 후세로부터 비난받고 있는데 원명원은 무엇이고, 이화원은 또 무엇이란 말이냐? 내 동포들은 사악함을 감히 알지 못하노니, 만주 정부의 전제정치가 얼마나 무섭고 흉포한 것인 줄 알겠노라.”, “사실상 교육을 하는 중국은 없다. 사회에서 일어나는 여러 가지 추악함, 더러움, 증오, 혐오감을 끝내 이기지 못하고 붓을 들어 쓰노니, 오관五官이 완전하지 못하고 사지 또한 온전하지 못하고 인격은 미완성되었구나.”, “혁명은 반드시 먼저 노예근성을 뿌리 뽑는 것에서부터 시작해야 한다.”, “중국인에게 역사는 없다. 중국의 소위 24대 왕조라는 것은 사실상 거대한 노예사奴隷史일 뿐이다.”

5장章, 2만여 자로 이루어진 이 책은 사람들의 눈을 의심케 할 만큼 ‘불온한 내용’으로 가득 차 있었다. 책이 완성되자 추용은 자신의 글이 경박하거나 깊이가 부족할지도 모른다는 생각에 원고를 들고 장태염을 찾아가 문장을 다듬어 달라고 청했다. 그러자 장태염은 일반 대중들에게 선보이는 것이니 읽기 쉽게 쓰는 편이 좋다며 문장을 다듬을 필요가 없다고 대답했다. 장태염의 격려에 흥분한 추용은《혁명군》을 위한 서문을 써달라고 장태염에게 청한 뒤 〈소보〉에 게재했다. 주편집장인 장사쇠 역시《혁명군》에 대한 평론을 발표하며 크게 칭찬했으니 그 내용은 다음과 같다.

"뛰어나도다, 추용의《혁명군》은 국민주의를 방패삼아 반청이라는 기치를 내걸고 과거의 일을 끄집어냈다. 날카로운 붓으로 쉽고 직설적인 말을 사용해 공리公理를 밝히고 있다. 제아무리 비겁한 사람이라고 해도 눈으로 그 일을 보고 귀로 그 말을 들었다면(그 부끄러움과 분노에) 얼굴과 귀가 새빨갛게 변하고 심장이 미칠 듯이 뛸 것이다. 또한 칼을 뽑아 땅에 박고 바다에 몸을 던질 것이다. 오호라! 실로 오늘날 온 백성이 배워야 할 최고의 교과서라고 부를 만하다."

글이 발표된 후 중국 전역은 그야말로 충격에 빠졌다. 만청 정부 역시 이로 인한 충격을 수습하기 위해 고군분투했다. 청나라 상인들은 대신 여해환呂海寰을 찾아가 강소 순무인 은도恩濤에게 전보를 몰래 보내달라고 청탁을 넣기도 했다.

"상해 조계租界에서 혈기 넘치는 젊은이들이 장원張園에 모여 회의를 열고 프랑스와 러시아에 대항하려는 준비를 한다고 합니다. 이는 실로 상상할 수도 없는 혼란을 일으킬 것이니 부디 그 주모자들을 붙잡아 엄하게 처리해주십시오."

이 사건의 '블랙리스트'에는 채원배, 진범, 장병린章炳麟(장태염), 추용 등의 이름이 올라 있었다. 하지만 조계 당국은 만청 정부에 그다지 협조적이지 않았다. 서양인들이 조계에 대한 청나라 정부의 실력 행사를 허락하지 않은 것은 반청 혁명을 지지해서가 아니라 자신들의 치외법권治外法權을 보호하기 위한 방편이었을 뿐이다.

어쩔 수 없이 청나라 정부는 '합법적인 투쟁'에 나설 수밖에 없었다. 조계 내의 회의실이나 심의실에 장태염, 추용 등을 고발하는 공문을 내걸었는데 그 내용인즉 조정을 무시하고 반역을 꾸몄기에 대역죄에 해당한다는 것이었다. 또한 〈소보〉에 대해서도 고의로 만청의 황제를 능멸하고 정부를 조롱하였기에 대역죄를 저질렀다는 판결을 내렸다. 정부에 대한 국민들의 원망을 부추기는 것을 넘어서 정부를 증오하고 그 마음을 흐리게 하여 반역을 꾀했다는 것이 주요 죄목이었다.

〈소보〉는 변호사 박이博易를 고용해 반박에 나서며 청나라 정부의 온갖 추태를 끄집어냈다.

"이 사건의 원고와 피고는 누구입니까? 정확히 지목해주십시오! 현재의 원고는 누구입니까? 북경 정부입니까? 아니면 강소성의 순무입니까? 그것도 아니면 도대道臺(성省의 각 부처 장관이나 각 부, 현의 행정을 감찰하는 관리-옮긴이)입니까?"

〈소보〉 사건이 터지자, 장태염은 조계에서 조용히 체포되었고 추용은 충의를 맹세하며 스스로 순포巡捕의 방을 찾아가 자수했다. 그 후 〈소보〉 역시 보수 세력에 의해 폐간되었다.

감옥에서 장태염과 추용은 온갖 시련과 수모를 당해야 했다. 장태염은 감옥에서 사람들의 양말을 꿰매는 재봉질을 하다가 주방으로 끌려가 취사를 담당하게 되었다. 감옥에서는 보리쌀로 된 밥을 먹었는데 말이 좋아 밥이지 너무 거칠어 물 없이는 제대로 삼키기도 어려운 상태였다. 한편 뜨거운 피가 끓었던 청년 추용은 억울하게 감옥에 끌려왔기 때문인지 몸 상태가 말이 아니었다. 건장하던 모습이 점차 초췌하게 변해갔고 밤에는 제대로 잠을 자지 못하고 큰소리로 욕설을 퍼붓기 일쑤였다. 처음에는 두 사람이 같은 감방을 썼던 터라 장태염은 제정신이 아닌 추용을 달래며 밥을 챙겨 주기도 했다. 또, 평소 추용의 심장과 신장이 좋지 않다는 것을 알고 있었기에 몰래 사람들에게 부탁해 그의 병세를 조금이라도 낫게 해줄 약재를 사오기도 했다. 그러나 장태염이 다른 감방으로 끌려가면서 추용의 병세는 더욱 심각해졌다. 추용의 상태가 점점 나빠지고 있다는 사실을 안 장태염은 추용을 치료할 약을 달라고 청하기도 하고 일본 의원을 불러달라고 요구하기도 했지만 번번이 퇴짜를 맞았다. 그렇게 40일 동안 감방 안에 방치됐던 추용은 병을 이기지 못하고 2월 29일 한밤중에 감옥 안에서 비참한 죽음을 맞았다. 그의 나이 고작 스물한 살 때의 일이다.

〈소보〉 사건의 심리 과정은 길고 지루하기 짝이 없었다. 청나라 정부는 참수형으로 대역죄를 다스려야 한다며 장태염, 추용 등을 인도하라고 요청했지만, 조계 당국은 치외법권을 보호한다는 입장을 고수하며 여전히 청나라 정부의 요청에 난색을 표했다. 영국 공사 살도의薩道義의 태도는 분명했다.

"〈소보〉 사건과 관련된 사람들은 절대로 청나라 정부에 넘기지 않고 조계에서 심문을 받게 될 것입니다. 어떠한 경우에도 조계 밖으로 한 발도 나갈 수 없습니다!"

미국 외교부 역시 영사領事에게 〈소보〉 사건과 관련된 사람들을 절대로 중국 관리에게 넘기지 말고 상해 총영사에게 인도하여 사건을 처리하라고 지시했다. 〈소보〉 사건은 '영국 공사관의 의견을 받아들여 관대하게 종결짓겠다'는 청나라 정부의 입장 표명으로 마무리되었다. 광서 30년1904년 5월 21일 상해 지현 왕무곤王懋琨이 조계 당국과 함께 재판장에 섰다. 재판에서는 장태염과 추용에게 각각 3년, 2년 징역형을 선고했다.

추용은 비록 살아서 석방을 맞이할 수는 없었지만 그의 뒤에는 혁명군이 떡하니 버티고 있었다. 혁명군은 중국 역사상 마지막 봉건 왕조의 숨통을 쥐고 무덤 속으로 끌고 들어갔다. 장태염은 차가운 감옥 안에서 이렇게 예언했다.

"하늘의 뜻이 새로워지면 새로운 세상이 멀지 않을 것이다. 50년 후, 구름 밖으로 동상이 우뚝 설 것이다. 너와 나, 우리는 가만히 앉아 지켜보면 될 것이다."

참고문헌

탕지쥔湯志鈞의 《장태염연보장편章太炎年譜長編》, 추용의 《혁명군》, 장황한張篁漢의 《소보안실록蘇報案實錄》

마치면서

길고 긴 중국 역사에서 일어난 문자옥은 이미 널리 알려진 것부터 그렇지 않은 사건에 이르기까지 그 수를 헤아릴 수 없을 정도로 많습니다. 출판사로부터 문자옥에 대한 책을 써달라는 요청을 받은 이후 마음을 가라앉히고 책상에 앉았다가 시작도 못한 채 펜을 몇 번이나 내려놓았습니다. 그도 그럴 것이 25개 왕조의 역사를 한 권에 담아야 하는데 어디서부터 어떻게 이야기를 꺼내야 할지 엄두가 나지 않았기 때문입니다. 글을 쓰기에 앞서 몇 가지 측면에서 원칙과 기준을 세워야 했습니다. 그것은 다음과 같은 문제들입니다.

첫째, 최초의 문자옥은 언제 발생했는가?

일반적으로 중국 역사상 문자로 인해 죽음을 당한 최초의 인물은 양운으로 알려져 있습니다. 그러나 저는 평소 이 부분에 대해 의구심을 갖고 있었습니다. 그 이유인즉 "우寓가 도산塗山에서 제후諸侯를 소집했는데 방풍씨防風氏가 늦게 와 죽음을 당했다"라는 구절 때문입니다. 방풍씨가 늦게 온 것은 여러 제후를 관리하기 위해 동분서주하던 대우의 권위를 무시한 것으로 풀이할 수 있습니다. 대우시대에 이미 자신의 권위를 무시하는 대상을 탄압한 사례가 있었는데 하물며 통치 기교가 한층 더 발달한 춘추전국시대는 어떠했겠습니까? 목적을 위해서는 적과 손을 잡기도 하고 친구는 물론이고 피를 나눈 친족에게까지도 칼을 들이댔던 시대에 글을 핑계로 사람을 죽이지 않았다면 오히려 더 이상한 일이겠지요.

그래서 이 책에서는 BC 548년 제齊나라 태사太史가 최서崔抒에게 죽음을 당한 사례를 글머리에 가장 먼저 소개했습니다. 문자옥이 발생한 시기를 기존의 주장보다 400여 년 더 앞당긴 것이지요. 그렇다고 이 사건을 중국에서 일어난 최초의 문자옥이라고 말하기는 어렵습니다. 최서의 사례를 든 것은 이 사건이 '최초'라는 것을 증명하기 위해서가 아니라 춘추시대 혹은 그보다 더 앞선 시대에도 문자옥이 있었다는 사실을 이야기하고 싶어서였습니다.

《정기가》에서 문천상이 설명한 '진晉나라의 동호董狐 사건'을 왜 언급하지 않았느냐고 궁금해하실지도 모르겠습니다. 이 사건은 진나라 조천趙穿이 자신이 모시던 군주를 시해하자, 당시 사관이었던 동호가 이를 있는 그대로 기록하여 빚어진 사건입니다. 권신인 조순趙盾과 조천

이 동호에게 불만을 품었지만 사람을 죽이지는 않았습니다. 바로 이 점이 제가 이 책에 소개할 문자옥의 사례들을 고를 때 중요한 잣대가 되었습니다. 즉 글로 화를 당했다고 해도 끔찍한 결과(예를 들어 폄관, 감옥, 주살, 참수 등)를 당하지 않았다면 문자옥이라고 보지 않았습니다. 이런 이유로 이번 책에 실리지 않은 사례가 많은데, 예를 들면 당나라 맹호연孟浩然의 "재주가 부족하니 임금도 나를 버리네不才明主棄", 송나라 유영柳永의 "어찌 헛된 명예를 위하여 술 마시며 노래하는 즐거움을 바꿀 수 있으랴忍把浮名, 換了淺斟低唱?", 남송시대 강여지康與之가 술에 취해 휘종의 어화에 시를 적은 일 등이 있습니다.

둘째, 문자옥의 원인이 된 '문자'의 범위를 어디까지 할 것인가?

옛사람들이 쓰던 글은 용도가 각기 달랐습니다. 상소문이나 서신, 시문, 사론史論, 격문, 정론政論, 비명碑銘, 주석註釋 등은 모두 글로 된 것들입니다. 뭉뚱그려서 이야기하자면 문자옥은 '글로 말미암아 화를 입은 것'을 가리킵니다. 이렇게 본다면 수천 년에 달하는 중국 역사에서 일어난 문자옥의 사례는 아마 헤아릴 수도 없을 만큼 어마어마할 것입니다. 따라서 이 책에서는 주요 사례별로 대표적인 문자옥을 한두 개만 뽑아서 썼습니다.

제 나름대로 고른 문자옥의 사례는 다음과 같습니다. 먼저 유명한 지식인들이 법을 어겨 죽음을 당한 경우가 있습니다. 한나라의 공융, 명나라의 이몽양, 청나라의 김성탄 등이 여기에 속합니다. 이들의 죽음이 단지 글에서 비롯된 것은 아니지만 글로 말미암아 사람들로부터 지탄을 받고 미움을 산 경우가 적지 않았습니다.

다음으로 글이 유명해져 화를 당한 사례도 한두 가지만 소개했습니다. 서한시대 양운의 〈보손회종서〉는 역사상 가장 유명한 글로,《전한서前漢書》와《소명문선昭明文選》에 전문全文이 소개되었습니다. 구양수의 〈답고사간서答高司諫書〉는 당시에는 평범한 서찰이었지만 많은 세월이 지난 뒤에는 유명한 산문으로 평가받고 있습니다.

시대의 병폐를 신랄하게 꼬집은 시론으로 화를 당한 사례도 소개했습니다. 이들 시론은 부패하고 무능한 관리와 그들의 폭정을 낱낱이 파헤치고 있습니다. 이러한 문자옥으로는 송나라의 진동, 청나라의 홍량길, 만청시대 〈소보〉가 있습니다.

이 밖에도 세상에 잘 알려지지 않은 이야기를 추가했습니다. 예를 들어 송나라의 이지의가 죽은 이의 생전 언행을 기록했다가 죽음을 당한 일, 청나라의 탕약망이 신역법을 썼다가 화를 당한 사건 등이 그것입니다.

셋째, 사료의 출처와 진위를 놓고도 고민했습니다. 수천 년에 걸친 역사 속에서 문자옥의 사례들을 소개하는 이 책을 쓰면서 제가 의지할 만한 것이라고는 25개 왕조를 담은 역사서와 수십 개의 패사稗史(일상의 사소한 일을 기록한 야사野史나 소설 따위를 가리킴-옮긴이)가 전부였습니다. 그런데 정사正史든 야사든 저마다 믿음이 가지 않는 구석이 있습니다. 정사 중 춘추시대에 대한 기록을 보면 의도적으로 사실을 숨기거나 빼기도 하고 악의를 갖고 사실을 애매하게 기록한 부분도 있습니다.《명사》에서는 주원장이 문자옥을 크게 지은 일은 기록하지 않았고,《청사고》에서도 청나라의 여러 황제들이 일으킨 문자옥에 대해 기록하지 않거나 내용을 축소한 사례가 흔합니다. 이런 점에서는 야사도 크게 다르지는 않은데 한 가문의 말에 치중하는 경우가 특히 많습니다. 예를 들어 송나라의 〈철위산총담鐵圍山叢談〉은 채경의 조카가 채씨 가문을 변호하기 위해 쓴 글입니다. 게다가 글이라는 것은 전부 사람이 쓰는 것이기 때문에 감정이입을 피할 수는 없는 법이지요. 진수陳壽처럼 위대한 역사학자라고 해도 조금은 아첨하지 않을까요? 진수마저 정의丁儀 형제에게 뇌물을 요구하며 멋들어진 전기를 써 주겠다고 했으니 이러한 동기를 품고 기록된 사료가 진실한가에 대해서는 오직 귀신만이 알겠지요.

저는 25개 왕조의 정사를 기본으로 참고하여 통사적인 틀을 잡은 다음 소소한 이야기는 패사에서 보충하는 식으로 사료를 활용했습니다.

넷째, 인물 평가에 대해서도 고민했습니다.

문자옥을 이야기하면서 대상이 되는 인물에 대한 평가를 피할 수 없습니다. 물론 역사에 남을 위대한 공로와 커다란 죄에 대해서는 가타부타 할 여지가 없습니다만 그렇지 않은 경우도 있습니다.

전종서錢鍾書 선생은 이런 말을 한 적이 있습니다.

"학문에는 오로지 두 경우밖에 없다. 뽑아내거나 대의大義에 집어넣는 것이다."

저는 기존의 잘못된 관점을 뽑아낼 힘도 없고 제 나름대로의 새로운 관점을 억지로 집어넣겠다는 뜻은 더욱 없습니다. 때문에 역사적 사실에 의거해 가능한 한 객관적인 관점에서 기술하려 노력했습니다. 역사는 냉혹하고 공정합니다. 당시에 아무리 미사여구로 분칠을 했다 하더라도 시간이 지나면 그 참모습이 밝혀지기 마련입니다.

조비는《전론논문》에서 공융의 글을 이렇게 비판하고 있습니다.

"문장이 높고 오묘하여 남다른 재능이 있었으나 이치가 글을 이기지 못해 천박하고 말장난만 친다."

'이치가 글을 이기지 못한다'는 결점은 아마 저의 것인지도 모릅니다. 독자 여러분들이 이 책을 읽으며 말장난만 치는 부분을 발견한다면 흔들리는 차 속에서, 혹은 잠들기 전이나 화장실에서 심심할 때 크게 웃으며 넘어가 주기만을 바랄 뿐입니다.

영혼을 훔친 황제의
금지문자

초판 1쇄 인쇄 2010년 11월 10일
초판 1쇄 발행 2010년 11월 19일

지은이 왕예린
옮긴이 이지은
펴낸이 이범상
펴낸곳 (주)비전비엔피 · 애플북스

기획 편집 최정원 윤수진 이미아
디자인 정정은 강진영
영업 한상철 한승훈
마케팅 이재필 김희정
관리 박석형 이미자 박철호
교정교열 박남정

주소 121-865 서울시 마포구 서교동 377-26번지 1층
전화 02) 338-2411 | **팩스** 02) 338-2413
이메일 ekwjd11@chol.com/visioncorea@naver.com
블로그 http://blog.naver.com/visioncorea

등록번호 제313-2007-000012호

ISBN 978-89-94353-06-7 03900

· 값은 뒤표지에 있습니다.
· 잘못된 책은 구입하신 서점에서 바꿔드립니다.